新能源
项目开发建设
合规管理法律实务

主　编◎赵　峰
副主编◎淮锦锦　杨　晗　张　蕊　任瑞琳

NEW ENERGY PROJECT
Development And Construction
Compliance Management Legal Practice

法律出版社 | LAW PRESS
北京

图书在版编目（CIP）数据

新能源项目开发建设合规管理法律实务 / 赵峰主编. 北京：法律出版社，2024. -- ISBN 978 - 7 - 5197 - 9358 - 6

Ⅰ. D922.675

中国国家版本馆 CIP 数据核字第 2024MS2845 号

新能源项目开发建设合规管理法律实务

XINNENGYUAN XIANGMU KAIFA JIANSHE HEGUI GUANLI FALÜ SHIWU

赵 峰 主编

策划编辑 蒋 橙
责任编辑 蒋 橙
装帧设计 鲍龙卉

出版发行 法律出版社
编辑统筹 法律应用出版分社
责任校对 朱海波
责任印制 刘晓伟
经　　销 新华书店

开本 710 毫米×1000 毫米 1/16
印张 16.25　**字数** 249 千
版本 2024 年 8 月第 1 版
印次 2024 年 8 月第 1 次印刷
印刷 北京盛通印刷股份有限公司

地址：北京市丰台区莲花池西里 7 号（100073）
网址：www.lawpress.com.cn
投稿邮箱：info@lawpress.com.cn
举报盗版邮箱：jbwq@lawpress.com.cn
销售电话：010 - 83938349
客服电话：010 - 83938350
咨询电话：010 - 63939796

书号：ISBN 978 - 7 - 5197 - 9358 - 6
定价：65.00 元

凡购买本社图书，如有印装错误，我社负责退换。电话：010 - 83938349

编委会

前　言

近年来,新能源项目在全球范围内取得了令人瞩目的发展。太阳能、风能、水能等清洁能源的开发利用规模不断扩大,技术创新日新月异,光伏风电发电成本持续降低,效率不断提高,装机容量逐年递增,新能源已成为国家战略的重要组成部分。2023 年国家能源局最新数据显示:中国可再生能源的装机容量已达到 14.5 亿千瓦,这一数字超过了全国发电总装机的一半,创造了历史新高。习近平总书记也在多次重要讲话中明确提出了加快新能源发展的要求,强调推动绿色低碳转型,要顺势而为、乘势而上,以更大力度推动我国新能源高质量发展,为中国式现代化建设提供安全可靠的能源保障。在双碳背景下,新能源产业作为我国“十四五”规划的战略性新兴产业,对于保障国家能源安全、推动能源行业高质量发展具有非常重要的意义。

然而,新能源项目的开发建设不仅涉及复杂的技术和经济问题,还面临诸多法律和政策的挑战,只有做好新能源项目的合规管理工作,才能更加确保项目顺利推进、保障投资者权益、维护社会稳定。

为此,我们结合多年来的诸多项目实践经验,深入分析总结新能源项目开发建设阶段的合规管理风险,将本书分为七个章节、三个部分提出针对性的解决方案和建议。第一部分包括关于新能源、新能源“双子星”光伏和风电的基本概念和发展史的介绍,重点介绍了光伏、风电发展及电价补贴政策的变化过程,以及项目在立项、招标、建设、验收等各个阶段的合规管理要点;第二部分包括项目手续办理阶段、项目投资开发与并购阶段、项目施工及竣工验收各阶段的合规管理要点,如项目合作模式、项目投资并购、项目尽职调查等;第三部分包括典型的合规案例分析及风险防控建议、相关政策法规摘录等。本书既有理论分析，也有实践经验的总结，期待可以给各位读者朋友和新能源从业者提供一些借鉴和参考。

作为法律工作者，用理论指导实践，再从实践中总结更多的经验，是我们执业行为的一种习惯。而写作，可以让我们的思考更加深入，逻辑更加清晰。全体编者在繁忙的工作之余，深入研讨、认真编辑、多次完善，共同完成了本书，是我们作为律师执业之外的一种全新的尝试。虽完成了本书，但我们对于合规管理工作的研究仍在继续，所以书中内容不足之处，敬请读者朋友及时批评指正。

编　者

2024 年 8 月

目录

Contents

绪　论

能源革命推动工业革命,工业革命触发能源革命。

在人类数百万年的历史中,共经历了三次大的能源革命:第一次能源革命,煤炭取代木柴成为主要燃料,蒸汽技术在煤炭领域的广泛应用,使得“煤炭 + 蒸汽机”的技术方式被广泛应用,随着 1785 年瓦特新型蒸汽机的发明,人类社会进入了蒸汽时代。

第二次能源革命发生在 19 世纪 80 年代,随着科学技术的发展,发电机、电动机、电灯、电报、电话的出现,使得“电”作为新能源逐步进入人类的生产生活领域。与此同时,石油取代煤炭成为最重要的一次能源,柴油、汽油应用的逐渐增加,开创了化石能源广泛应用的新局面。也正是在第二次能源革命以来,全球经济发生了突飞猛进的进步和变化,石油不仅是经济能源,更具备了战略资源的属性。谁掌握了石油等资源,谁就可以在世界经济格局中占据重要地位。

21 世纪以来,化石能源带来的环境污染,以及因能源问题导致的地缘冲突问题变得越发严重,因此,我们迎来了又一次新的能源革命——清洁能源与可持续发展。包括中国、美国、欧盟等在内的众多经济体都先后提出在 21 世纪中期实现碳中和的承诺,同时制定了各种政策,鼓励技术创新,推进技术发展。到今天,新能源汽车、风电、光伏、储能的大规模应用,标志着新能一轮新能源结构的调整正在到来。

第一章　新能源简述

第一节　新能源的概念与种类

一、新能源的概念

根据1980年,联合国新能源和可再生能源会议的表述,新能源是指:"以新技术和新材料为基础,使传统的可再生能源得到现代化的开发和利用,用取之不尽、周而复始的可再生能源取代资源有限、对环境有污染的传统能源,重点开发太阳能、风能、生物质能、潮汐能、地热能、氢能和核能(原子能)。"这一定义的背景,恰好是在第二次工业革命期间,彼时,能源的主要种类是石油、天然气、煤炭。因此,我们现在谈论新能源时,主要是指那些区别于石油、煤炭、天然气等传统能源,在新技术基础上加以开发利用的非化石、可再生能源,包括太阳能、生物质能、风能、地热能、波浪能、洋流能和潮汐能,以及海洋表面与深层之间的热循环等;此外,还有氢能、沼气、酒精、甲醇等,也被称为"非常规能源"。

二、新能源的种类

如今常见的新能源种类有太阳能、风能、生物质能、氢能、地热能、海洋能、核能等,结合本书以风电、光伏能源开发合规管理为主要论题,在此简要介绍应用范围较广的4种新能源。

(一)太阳能

1. 产生原理

太阳能是由太阳内部氢原子发生氢氦聚变释放出巨大核能而产生的,来自太阳的辐射能量,主要表现为常说的太阳光线。其利用方式包括光热转换和光电转换,太阳能发电是一种可再生能源,具有可再生、能量大、普遍的特点。

人类所需能量的绝大部分都直接或间接地来自太阳。植物通过光合作用释放氧气、吸收二氧化碳,并把太阳能转变成化学能在植物体内贮存下来。煤炭、石油、天然气等化石燃料也是由古代埋在地下的动植物经过漫长的地质年代演变形成的一次能源。

2. 基本特点

(1)优点

普遍性:阳光照射没有地域的限制,可以直接开发和利用,便于采集,且无须开采和运输;清洁性:开发利用过程产生的环境污染很小;持久性:根据太阳产生的核能速率估算,氢的贮量足够维持上百亿年,而地球的寿命也约为几十亿年,可以说太阳的能量是用之不竭的。

(2)缺点

太阳能在收集和使用的过程中主要存在两个缺点,一是分散性,二是不稳定性。

分散性:到达地球表面的太阳辐射的总量尽管很大,但是能流密度很低。平均说来,北回归线附近,夏季在天气较为晴朗的情况下,正午时太阳辐射的辐照度最大,在垂直于太阳光方向 1 平方米面积上接收的太阳能平均有 1000 瓦左右;若按全年日夜平均,则只有 200 瓦左右。而在冬季大致只有一半,阴天一般只有 1/5 左右,这样的能流密度是很低的。因此,在利用太阳能时需要面积较大的一套收集和转换设备。不稳定性:由于受到昼夜、季节、地理纬度和海拔高度等自然条件的限制以及晴、阴、云、雨等随机因素的影响,所以,到达某一地面的太阳辐照度既是间断的,又是极不稳定的,这给太阳能的大规模应用增加了难度。为了使太阳能成为连续、稳定的能源,从而最终成为能够与常规能源相竞争的替代能源,就必须很好地解决蓄能问题,但蓄能也是太阳能利用中较为薄弱的环节之一。

(二)风能

1. 产生原理

风能是空气流动所产生的动能。风能的本质是太阳能的一种转化形式,由于太阳辐射造成地球表面各部分受热不均匀，引起大气层中的压力分布不平衡，在水平气压梯度的作用下，空气沿水平方向运动形成风。

2. 基本特点

(1)优点

风能是可再生的清洁能源，储量大、分布广，在一定的技术条件下，风能可以作为一种重要的能源得到开发利用。风能利用是综合性的工程技术，通过风力机将风的动能转化成机械能、电能和热能等。风能设施日趋进步，大量生产可以降低成本，在适当地点，风力发电成本已低于其他发电设备；风能设施多为不立体化设施，可以保护陆地和生态。

(2)缺点

生态干扰：风力发电在生态上可能会干扰鸟类跃迁；空间需求：风力发电需要配备规模较大的发电场，从而需要大量土地用于兴建发电设备；噪声污染：进行风力发电时，风力发电机会产生庞大的噪声，彼时则需要更空旷的地方兴建设备。

(三)生物质能

1. 产生原理

生物质能是指利用自然界的植物、粪便以及城乡有机废物转化成的能源。具体过程是直接或间接地通过绿色植物的光合作用把太阳能转化为化学能后固定和贮藏在生物体内的能量。生物质能来源广泛、成本低廉，是可再生能源的重要组成部分。成熟地利用生物质能技术不仅可以缓解现阶段我国所面临的能源紧缺问题，而且能减缓因大量燃烧化石能源而造成的全球性变暖问题，对维持生态环境的稳定也会产生积极影响。

2. 基本特点

(1)优点

可再生性。生物质能源是从太阳能转化而来，通过植物的光合作用将太阳能转化为化学能，储存在生物质内部的能量，与风能、太阳能等同属可再生能源，可以实现能源的永续利用。

清洁性。生物质能源中的有害物质含量很低，属于清洁能源。同时，生物质能源的转化过程是通过绿色植物的光合作用将二氧化碳和水合成生物质，生物质能源在使用过程中又生成二氧化碳和水，形成二氧化碳的循环排放过程，能够有效减少人类二氧化碳的净排放量，降低温室效应。

储量丰富。生物质能源资源丰富，分布广泛。根据世界自然基金会的预计，全球生物质能源潜在可利用量达350EJ/年（约合82.12亿吨标准油）[1]。根据我国《可再生能源中长期发展规划》统计，我国生物质资源可转换为能源的潜力约5亿吨标准煤，随着造林面积的扩大和经济社会的发展，我国生物质资源转换为能源的潜力可达10亿吨标准煤。

（2）缺点

市场环境和保障机制不够完善，我国生物燃料乙醇发展缺乏明确的发展目标，没有形成连续稳定的市场需求，还处在"以产定销、计划供应"阶段。国内生物燃料乙醇从生产到销售的各个环节都受到政府部门的严格控制，是在政策管理下的运行，尚未形成真正意义的市场化。

商业化利用难，资源分散，收集手段落后，产业化进程缓慢，制约着生物质能源高新技术的规模化和商业化利用。集中发电和供热是国际上通行的高效清洁地利用生物质能源的主要技术方式。但是，这些技术需要具有一定的规模，才能产生经济效益。

利用制约，一些制约生物质能发电的问题逐渐显现出来。电价补贴标准低，使生物质发电项目一旦投入运营就面临亏损的境地。

（四）氢能

1.产生原理

氢能是通过氢气和氧气反应所产生的能量。氢能是氢的化学能，氢在地球上主要以化合态的形式出现，是宇宙中分布最广泛的物质，它构成了宇宙质量的75%。由于氢气必须从水、化石燃料等含氢物质中制得，因此是二次能源。氢能是一种来源丰富、绿色低碳、应用广泛的二次能源，对构建清洁低碳安全高效的能源体系、实现碳达峰碳中和目标，具有重要意义。

---

[1] EJ是物理单位，代表10^{18}焦耳。这个单位用于表示能量成功的量级。

2. 特点

(1)优点

安全环保:氢气分子量为2,是空气的1/14,因此,氢气泄漏于空气中会自动逃离地面,不会形成聚集。而其他燃油燃气均会聚集地面而形成易燃易爆危险。无味无毒,不会造成人体中毒,燃烧产物仅为水,不污染环境。

高温高能:1千克氢气的热值为34,000千卡,是汽油的3倍。氢氧焰温度高达2800度,高于常规液气。氢氧焰火焰挺直,热损失小,利用效率高。

来源广泛:氢气可由电解水制取,水取之不尽,而且每千克水可制备1860升氢氧燃气。

(2)缺点

氢能的开发和制备条件极为严苛,目前氢能源的研发和推广都尚在起步阶段,核心技术的发展仍处于起步阶段;氢能源的提取本身也来源于其他地方。比如,消耗电能电解水产生,或者从其他气体反应而来。这当中消耗的电能或产生的其他有害气体并不少;储存氢气条件严苛。氢气的分子结构,导致它不像其他气体那样容易被压缩。

第二节 新能源的发展与前景

一、新能源的发展背景

(一)国际环境变化引起了国际能源格局的调整

环境可持续是经济可持续发展最重要的基础,面对当前日益严峻的气候变化,低碳减排早已成为国际共识。2016年4月,巴黎气候变化大会上,全球195个国家在美国纽约联合大厦,通过了气候变化协定,即《巴黎协定》。该协定的长期目标是到2100年全球温度上升相比工业革命前不超过2℃,并争取低于1.5℃,实现该目标的第一步就是世界各国都要尽快实现全球排放达峰,21世纪下半叶达到碳中和。以欧盟为例,除了颁布新的促进可再生能源使用指令,推广使用可再生能源和燃料转换之外,欧盟还加强了统一电力市场建设,促进了可再生能源的大范围消纳,促进了北欧水电和风电、南欧光伏发电等清洁能源的高效利用。2020 年 7 月，欧盟更是发布《欧盟氢能战略》和《能源系统一体化战略》旨在促进欧洲主要利用风能和太阳能生产清洁氢，将其作为原料、燃料或能源载体与储存介质，在工业、交通、电力和建筑等许多可能领域应用，以减少温室气体的排放。由此可见，发展新能源已经成为实现碳中和目标的核心路径。[1]

俄乌冲突爆发后，国际石油和天然气的价格均飙升至创纪录水平，全球能源供应链将持续紧张，能源价格较冲突前大约涨了 1000%，天然气价格在相当长的一段时间内居高不下，更加剧了欧洲大陆乃至全世界的能源危机。随着光伏、风电为代表的可再生能源的快速发展，全球能源发电的成本大幅下降，传统化石能源带来的全球权力格局也正在发生微妙的变化。从数据上看，实现 2℃以内温度上升情景的能源结构是：非化石能源占比达 70%，煤炭占比小于 30%。若能源结构要进行更加根本性的变革，从而实现可持续发展，非化石能源的比例需大于 85%，煤炭占比需小于 5%，电力能源中 90% 以上由非化石能源提供。风能、太阳能类间歇性能源在该 90% 中占比很高。这些数据的实现，都需要强大的经济支持和技术支持，新型能源和新型技术的发展，正在改变未来的国际能源格局。

（二）国内经济及政策调整促进新能源发展

我国作为世界第二大经济体，习近平总书记在第七十五届联合国大会上提出了“二氧化碳排放力争于 2030 年前达到峰值，努力争取在 2060 年前实现碳中和”的目标。2021 年 3 月 11 日，全国人民代表大会发布的《中华人民共和国国民经济和社会发展第十四个五年规划和 2035 年远景目标纲要》载明，“十四五”时期拟构建现代能源体系，推进能源革命，加快发展非化石能源。2021 年 3 月 15 日，中央财经委员会第九次会议亦提出，“十四五”是碳达峰的关键期、窗口期，要构建清洁低碳安全高效的能源体系，实施可再生能源替代行动，深化电力体制改革，构建以新能源为主体的新型电力系统。

2022 年 1 月 18 日，国家发展和改革委员会、国家能源局发布的《关于加快建设全国统一电力市场体系的指导意见》也指出，要促进新能源的投资、生产、

---

〔1〕 参见任泽平、王一渌：《新能源——抓住第三次能源革命重大机遇》，中信出版集团 2023 年版。

交易、消纳，发挥电力市场对能源清洁低碳转型的支撑作用。

2021年10月21日，国家发改委、国家能源局、财政部等九部门联合发布《关于印发“十四五”可再生能源发展规划的通知》。“十四五”可再生能源发展的主要目标锚定碳达峰、碳中和与2035年远景目标，按照2025年非化石能源消费占比20%左右任务要求，大力推动可再生能源发电开发利用，积极扩大可再生能源非电利用规模，“十四五”的主要发展目标是：2025年，可再生能源消费总量达到10亿吨标准煤左右。“十四五”期间，可再生能源在一次能源消费增量中占比超过50%。2025年，可再生能源年发电量达到3.3万亿千瓦时左右。“十四五”期间，可再生能源发电量增量在全社会用电量增量中的占比超过50%，风电和太阳能发电量实现翻倍。2025年，全国可再生能源电力总量消纳责任权重达到33%左右，可再生能源电力非水电消纳责任权重达到18%左右，可再生能源利用率保持在合理水平。2025年，地热能供暖、生物质供热、生物质燃料、太阳能热利用等非电利用规模达到6000万吨标准煤以上。

2022年10月9日，国家能源局印发《能源碳达峰碳中和标准化提升行动计划》的通知，该通知指出，建立完善以光伏、风电为主的可再生能源标准体系，研究建立支撑新型电力系统建设的标准体系，加快完善新型储能标准体系，有力支撑大型风电光伏基地、分布式能源等开发建设、并网运行和消纳利用。

上述政策文件表明，国内为新能源行业的发展提供了很好的政策导向和支持，可以预见直到2035年国家仍会大力推进新能源项目的开发建设。

二、新能源的发展前景

（一）从环境保护的角度——“力争实现的碳达峰和碳中和”的双碳目标早已成为共识

中国国家主席习近平于2020年9月22日在第七十五届联合国大会一般性辩论上向世界庄严宣布：“中国将提高国家自主贡献力度，采取更加有力的政策和措施，二氧化碳排放力争于2030年前达到峰值，努力争取到2060年前实现‘碳中和’。”

近段时间以来，我国碳达峰碳中和工作稳步有序推进，在顶层设计和政策执行等层面都取得了积极成效。实现碳达峰和碳中和是推动能源革命高质量发展的内在要求。“十四五”时期是碳达峰的关键期、窗口期,我国生态文明建设进入了以降碳为重点战略方向、推动减污降碳协同增效、促进经济社会发展全面绿色转型、实现生态环境质量改善由量变到质变的关键时期。在“双碳”刺激效应下,国内电动汽车、光伏、风电等热点产业蓬勃发展。从长远来看,经济社会绿色转型和高质量发展进一步有机融合,必将推动传统产业高端化、智能化、绿色化,推动全产业链优化升级,推动我国经济发展质量变革、效率变革、动力变革,从而塑造我国参与国际合作和竞争新优势。

(二)从国家战略的角度——能源革命是推动国家发展的重大机遇

能源是推动社会发展的血液,随着技术创新和进步,人类社会经历了三次大的能源革命,整体趋势是从高碳能源向低碳、无碳能源演变,每一次引领能源革命的国家,都成为“新能源”时代的最大受益者。19 世纪 40 年代,瓦特发明蒸汽机带来了第一次工业革命,从此煤炭成为能源的主角;80 年代卡尔·本茨成功地制造出由内燃机驱动的汽车,带来了第二次工业革命,从此石油成为能源的中心;当下,中国力求引领第三次能源革命,习近平总书记指出:“要把促进新能源和清洁能源发展放在更加突出的位置,积极有序发展光能源、硅能源、氢能源、可再生能源。”党的二十大报告提出:“推动能源清洁低碳高效利用,推进工业、建筑、交通等领域清洁低碳转型。深入推进能源革命,加强煤炭清洁高效利用,加大油气资源勘探开发和增储上产力度,加快规划建设新型能源体系,统筹水电开发和生态保护,积极安全有序发展核电,加强能源产供储销体系建设,确保能源安全。完善碳排放统计核算制度,健全碳排放权市场交易制度。提升生态系统碳汇能力。积极参与应对气候变化全球治理。”因此,在发展低碳能源、清洁能源,实现碳达峰、碳中和目标的共识下,新能源的未来发展早已具备了相应的战略和政策支持。

(三)从能源市场可持续发展的角度——不可再生能源的生成周期和能源结构、能源储量都影响着能源产业的可持续发展

不可再生能源,顾名思义,并非取之不尽,用之不竭。不可再生能源的生成周期很长,研究表明,石油的生成至少需要 200 万年的时间,煤炭的形成时间则需要上亿年。但是至今不可再生能源在能源结构中仍占据主导地位,仍是保障人类社会活动的核心能源,在中国的能源结构中,煤炭、石油、天然气等传统能

源占比在80%左右,各种新能源加在一起不到20%。随着“碳达峰、碳中和”目标的提出,我国可再生能源的利用不断增多,所以,中国的新能源行业有着长期增长的潜力,未来10年,甚至20年,都处于行业的上行周期中。我国也正在着力实现由化石能源向清洁能源的转型,光伏、风电等新能源将成为新增装机的助力。据中电联分析预测报告,2023年非化石能源发电装机合计达到14.8亿千瓦,占总装机容量28亿千瓦的比重上升至2.5%左右。由此可见,新能源的行业发展潜力巨大。

第二章　新能源“双子星”

——光伏和风电

在“双碳”目标下，全球能源正在由传统化石能源向绿色低碳能源转型。国际可再生能源机构（IRENA）发布的《2024 年可再生能源装机容量统计年鉴》显示，2023 年全球可再生能源新增装机达到 473 吉瓦，我国就新增 297.6 吉瓦，占比超过一半。相比水能这一传统常规能源，光伏和风电新能源，因其具有可再生属性，且资源储量大、分布广，在可再生新能源的发展中势头很猛，齐头并进，被称为新能源界的“双子星”。

在 2023 年 11 月 30 日至 12 月 1 日的迪拜全球气候行动峰会上，国务院副总理丁薛祥指出：“我们深入推进能源革命。2022 年全面停止新建境外燃煤电厂，供应了全球 50% 的风电和 80% 的光伏设备。”未来绿色低碳生产和生活中，风电和光伏的作用将会越来越大。

第一节　风电新能源

风力发电是指把风的动能转为电能的一种清洁无公害的可再生能源。

从全球来看，风电的第一波投资热潮出现在 20 世纪 80 年代的美国加利福尼亚州。20 世纪 70 年代的两次石油危机，让美国开始重视清洁能源的发展，而加利福尼亚州处于西海岸，拥有三座巨型风田，被称为“风电沙特”，于是加利福尼亚州政府出台了大力度的风电扶持政策。直到今天，加利福尼亚州仍然是全球风电投资额最大的地方。

2005 年被称为“中国风电元年”，7 月，国家发改委要求，各地风电场的设备国产化率必须达到70%以上。随着2006年《可再生能源法》的实施,我国风电可再生能源更是有了长足稳定的发展,成为我国能源战略转型的重要支柱之一。

截至2021年11月14日,我国风电并网装机容量达到30,015万千瓦,突破了3亿千瓦大关,较2016年年底实现了翻番,是2020年年底欧盟风电总装机的1.4倍、是美国的2.6倍,已连续12年稳居全球第一位。

目前,风电占全国电源总装机的比例约13%、发电量占全社会用电量比例约7.5%,较2020年年底分别提升0.3个和1.3个百分点,风电对全国电力供应的贡献不断提升。与此同时,我国风电产业技术创新能力也在快速提升,已具备大兆瓦级风电整机、关键核心大部件自主研发制造能力,建立并形成了具有国际竞争力的风电产业体系,我国风电机组产量已占据全球2/3以上市场份额,我国作为全球最大风机制造国地位持续巩固加强。据行业最新统计,截至2022年5月底,我国可再生能源发电总装机达到11亿千瓦,同比增长15.1%;其中,常规水电3.6亿千瓦、抽水蓄能0.4亿千瓦,风电、光伏发电、生物质发电等新能源发电装机突破7亿千瓦;1~5月,全国可再生能源发电新增装机4349万千瓦,占全国发电新增装机的82.1%,已成为我国发电新增装机的主体;1~5月,全国可再生能源发电量达到1.06万亿千瓦时,同比增长16.8%,约占全社会用电量的31.5%。

截至2022年8月,我国风力发电量当期值462.6亿千瓦时,风力发电量同比增长28.2%,风电产业发展的势头正盛。

第二节　光伏新能源

光伏能源是以光伏效应为原理将太阳辐射能转换为电能的可再生能源。截至2021年年底,我国光伏发电并网装机容量达到3.06亿千瓦,连续7年稳居全球首位,新增光伏发电并网装机容量连续9年稳居世界首位。最新数据显示,2022年1~2月中国光伏发电装机容量约3.1亿千瓦,同比增长20.9%。整个光伏产业稳中向好。从国家统计局公布的数据来看,2022年上半年清洁能源消费占能源消费总量的比重同比提高1.3个百分点,新能源汽车、太阳能电池产量分别增长111.2%和31.8%。太阳能发电量当期值为206.4亿千瓦时,太阳能发电量同比增长10.9%。太阳能电池(光伏电池)产量当期值2591.8万千瓦时,太阳能电池(光伏电池)产量同比增长21.6%。

自进入“双碳”元年后,光伏行业的利好政策便密集出台:仅2021~2022年,我国就出台了10余项扶持政策鼓励光伏产业发展创新。同时,国家在对可再生能源方面的资金扶持力度也进一步加大,如向中央发电企业拨付国内首批可再生能源补贴500亿元,这些补贴资金的发放将极大地缓解光伏企业的资金周转压力,光伏产业将迎来重大发展。在多方面利好的政策环境下,加上近年来光伏发电行业成本的下降,光伏发电的经济效益明显向好,光伏发电企业注册量持续增加。2016~2021年累计增加了41,052家。根据最新数据,2021年新增光伏发电企业6.1万家,仅一年时间就增加了约3.2万家。在碳达峰和碳中和的大环境下,未来光伏企业数量增加速度较为乐观。

第三节　电价政策

一、风电项目电价政策

以2006年为分界点,陆上风电经历了无补贴电价、补贴电价、标杆电价和竞价上网、平价上网的电价调整过程。

无补贴电价时期(2003~2005年):2003~2005年,陆上风电项目主要包括两种形式:一是特许权项目,电价通过公开招投标方式确定,中标电价即为该项目的上网电价;二是国家和地方投资主管部门核准项目,实行立项审批制,电价由项目核准部门同级的价格主管部门予以确定并批复。

补贴电价时期(2006~2009年):2006年1月1日起,国家发改委印发的《可再生能源发电价格和费用分摊管理试行办法》(发改价格〔2006〕7号)开始实施,该办法确立了可再生能源电价费用分摊制度,可再生能源进入补贴电价时代。2007年1月11日,国家发改委印发的《可再生能源电价附加收入调配暂行办法》(发改价格〔2007〕44号)明确,可再生能源上网电价由脱硫燃煤标杆电价和可再生能源电价补贴两部分组成,脱硫燃煤标杆电价由电网企业结算,可再生能源电价补贴由可再生能源电价附加支付。该办法还规定,风力发电项目的上网电价实行政府指导价，电价标准由国务院价格主管部门按照招标形成的价格确定。

标杆上网电价时期(2009～2019年6月)：2009年7月20日，国家发改委印发了《关于完善风力发电上网电价政策的通知》(发改价格〔2009〕1906号)，明确今后新建陆上风电项目，统一执行所在风能资源区的风电标杆上网电价。国家发改委按风能资源状况和工程建设条件，决定将全国分为四类风能资源区，相应制定风电标杆上网电价。

从2011年开始，陆上风电项目取得可再生能源电价补贴有了前置条件，即项目须纳入当年核准计划或年度开发方案才能享受可再生能源电价补贴。2011～2015年，国家能源局发布了"十二五"期间5批次风电项目核准计划，项目清单包含项目名称、规模、建设单位和项目地址等详细信息。2015年5月15日，国家能源局印发的《关于进一步完善风电年度开发方案管理工作的通知》(国能新能〔2015〕163号)规定，国家能源局编制全国年度开发方案，但不再统一印发含项目清单的核准计划；各省(区、市)公布各自的年度开发方案，其中应明确项目清单。2016年3月17日，国家能源局公布2016年全国风电开发建设方案，明确相关省(区、市)的建设规模。

2017年7月19日，国家能源局印发了《关于可再生能源发展"十三五"规划实施的指导意见》(国能发新能〔2017〕31号)，确定自2017年开始，国家能源局对全国风电开发进行预警管理，各省(区、市)能源主管部门根据风电产业预警信息合理布局风电项目，预警结果为绿色地区的省(区、市)能源主管都门，根据相关规划在落实电力送出和市场消纳的前提下，自主确定风电年度建设实施方案。该文件也公布了2017～2020年各省(区、市)风电新增建设规模方案。

2018年5月18日，国家能源局印发下《关于2018年度风电建设管理有关要求的通知》(国能发新能〔2018〕47号)要求推行竞争方式配置风电项目。明确自2018年5月18日起，尚未印发2018年年度风电建设方案的省(区、市)新增集中式陆上风电项目应全部通过竞争方式配置和确定上网电价，已印发2018年年度风电建设方案的省(区、市)可继续推进原方案。因此，2018年相关省(区、市)公布的年度风电建设方案中的项目存在标杆上网电价和竞配上网电价(不得高于同类资源区标杆上网电价)两种电价。

指导价下的竞争上网电价时期(2019 年 7 月至 2020 年):2019 年 5 月 21 日,国家发改委印发《关于完善风电上网电价政策的通知》(发改价格〔2019〕882 号),该文件规定陆上风电标杆上网电价改为指导价,新核准的集中式陆上风电项目上网电价全部通过竞争方式确定,并不得高于项目所在资源区指导价,同时该文件公布了 2019 年和 2020 年执行的陆上风电上网指导价。2019 年年风电开发继续实行预警管理,在预警结果、规划规模和指导价的约束下,绿色地区通过竞争配置的方式确定新增建设项目。

2020 年 1 月 20 日,财政部、国家发改委和国家能源局联合发布的《可再生能源电价附加资金管理办法》(财建〔2020〕5 号)规定,从即日起需补贴的新增可再生能源发电项目,由财政部合理确定补助资金当年支持的新增可再生能源发电项目补贴总额。国家发改委、国家能源局在不超过财政部确定的年度新增补贴总额内,合理确定各类需补贴的可再生能源发电项目新增装机规模。2020 年,在预警结果、规划规模、指导价和年度新增补贴总额四重约束下,绿色地区通过竞争配置的方式确定新增建设项目。

平价上网时代(2021 年以后):从 2017 年开始,国家能源局就已经积极推动风电平价上网工作,规定示范项目建设规模由各省(区、市)能源主管部门确定,不受年度规模指标的限制。2019 年 1 月 7 日,国家发改委、国家能源局印发了《关于积极推进风电、光伏发电无补贴平价上网有关工作的通知》(发改能源〔2019〕19 号),要求各地推进建设不需要国家补贴执行燃煤标杆上网电价的风电、光伏发电平价上网试点项目,引导建设一批上网电价低于燃煤标杆上网电价的低价上网试点项目;提出了平价上网项目和低价上网项目不受年度建设规模限制,给予土地利用及税费、优先发电和全额保障收购、绿证交易、金融支持等方面的优惠措施。

国家发改委于 2019 年 5 月 21 日印发的《关于完善风电上网电价政策的通知》(发改价格〔2019〕882 号)明确规定,自 2021 年 1 月 1 日开始,新核准的陆上风电项目全面实现平价上网,国家不再补贴,自此陆上风电项目进入无补贴电价时代。

二、光伏项目电价政策

光伏发电项目上网电价由脱硫燃煤标杆电价和可再生能源电价补贴两部

分组成,脱硫燃煤标杆电价由电网企业结算,可再生能源电价补贴由可再生能源电价附加支付。在光伏电站执行标杆上网电价期间和指导价下的竞争上网电价期间,标杆上网电价和指导价基本上一直处于下降趋势。

标杆上网电价时期(2011～2018年):2011年7月24日,国家发改委印发《关于完善太阳能光伏发电上网电价政策的通知》(发改价格〔2011〕1594号),规定制定全国统一的太阳能光伏发电标杆上网电价,并明确规定,2011年7月1日以前核准建设、2011年12月31日建成投产、尚未核定价格的太阳能光伏发电项目,上网电价统一核定为每千瓦时1.15元(含税,下同);2011年7月1日以后核准的太阳能光伏发电项目,以及2011年7月1日之前核准但截至2011年12月31日仍未建成投产的太阳能光伏发电项目,除西藏仍执行每千瓦时1.15元的上网电价外,其余省(区、市)上网电价均按每千瓦时1元执行。

2013年8月26日,国家发改委印发《关于发挥价格杠杆作用促进光伏产业健康发展的通知》(发改价格〔2013〕1638号),规定全国分为三类太阳能资源区,相应制定光伏电站标杆上网电价。其中,一类资源区的电价为0.9元/千瓦时,二类资源区的电价为0.95元/千瓦时,三类资源区的电价为1元/千瓦时。该标杆上网电价政策适用于2013年9月1日后备案(核准),以及2013年9月1日前备案(核准)但于2014年1月1日及以后投运的光伏电站项目。享受国家电价补贴的光伏发电项目应符合可再生能源发展规划。符合固定资产投资审批程序和有关管理规定。

从2014年开始,光伏发电项目的开发也受规划和年度规模的制约,否则,无法获得电价补贴。根据2013年7月4日发布的《国务院关于促进光伏产业健康发展的若干意见》(国发〔2013〕24号)和国家能源局2013年8月29日印发的《光伏电站项目管理暂行办法》(国能新能〔2013〕329号)的有关规定,国务院能源主管部门负责编制全国太阳能发电发展规划,即根据国家能源发展规划,可再生能源发展规划,在论证各地区太阳能资源、光伏电站技术经济性、电力需求、电网条件的基础上,确定全国光伏电站建设规模、布局和各省(区、市)年度开发规模。省级能源主管部门根据全国太阳能发电发展规划,以及国务院能源主管部门下达的本地区年度指导性规模指标和开发布局意见,按照“统筹规划、合理布局、就近接入、当地消纳”的原则,编制本地区光伏电站建设年度实施方案建议。国务院能源主管部门根据全国太阳能发电发展规划，结合各地区报送的光伏电站建设和运行情况、年度实施方案建议，确认需要国家资金补贴的光伏电站的年度实施方案，下达各省（区、市）光伏电站建设年度实施方案。

2014～2016年，国家能源局下达当年的光伏发电建设实施方案，其中明确了当年全国各省（区、市）新增光伏电站的建设规模。2017年7月19日，国家能源局印发了《关于可再生能源发展“十三五”规划实施的指导意见》（国能发新能〔2017〕31号），确定全国光伏开发也实施预警管理，并明确集中式光伏电站通过竞争配置方式组织建设，光伏发电基地及基地内项目业主通过竞争方式选择；该文件也公布了2017～2020年各省（区、市）光伏电站新增建设规模方案。

2017年12月8日，国家能源局印发了《关于建立市场环境监测评价机制引导光伏产业健康有序发展的通知》（国能发新能〔2017〕79号），确定评价结果为绿色的地区，国家能源局将按规划保障其光伏电站开发规模并视情形予以适度支持，地方政府和企业可有序安排投资建设。2018年2月28日，国家能源局发布了2017年度光伏发电市场环境监测评价结果，根据监测结果绿色地区可以以竞配方式或竞争方式推进光伏发电项目建设。

指导价下的竞争上网电价时期（2019～2020年）：2019年4月28日，国家发改委印发了《关于完善光伏发电上网电价机制有关问题的通知》（发改价格〔2019〕761号），规定将集中式光伏电站标杆上网电价改为指导价；新增集中式光伏电站上网电价原则上通过市场竞争方式确定，不得超过所在资源区指导价。该文件公布了2019年执行的光伏电站上网指导价，2020年，国家发改委下发文件公布了2020年执行的光伏电站上网指导价。

平价上网时代（2021年以后）：以2021年为“分水岭”，对2021年以后备案集中式光伏电站、工商业分布式光伏项目，中央财政不再补贴，实行平价上网，新建项目可自愿通过参与市场化交易形成上网电价。

2021年6月7日，国家发改委发布《关于2021年新能源上网电价政策有关事项的通知》（发改价格〔2021〕833号），文件自2021年8月1日起执行。该文件提到自2021年起，对新备案集中式光伏电站、工商业分布式光伏项目和新核准陆上风电项目，中央财政不再补贴，实行平价上网。2021年新建项目上网电价，按当地燃煤发电基准价执行；新建项目可自愿通过参与市场化交易形成上网电价。另外,国家发改委发布《关于落实好2021年新能源上网电价政策有关事项的函》,确定2021年纳入当年中央财政补贴规模的新建用户分布式光伏项目,其全发电量补贴标准按每千瓦时0.03元执行。

第四节　新能源项目合规管理要求

随着风电、光伏等新能源项目开发建设规模日渐扩大,项目合规性管理的话题就更值得项目投资方、开发方、建设方和监管部门的多方关注。从项目建设的全生命周期看,新能源项目开发可以分为5个阶段:项目立项阶段、项目前期(招投标)阶段、项目建设阶段、工程验收阶段及运行管理阶段,下文将按照该5个阶段简要罗列合规管理要点,具体合规手续办理将在后文新能源项目法律合规风险章节中详细阐述。

一、项目立项阶段合规管理要点

无论是光伏新能源,还是风电新能源,项目开发前期立项阶段的合规管理,都是整个项目开发建设合规性管理的重中之重。具体应从以下方面入手。

(1)成立专门的立项手续办理部门,在光伏、风电新能源专业技术人员指导下,根据发展战略和年度投资计划,提出项目建议书,并委托专业咨询服务公司,开展前期可行性研究,编制预可研报告。

(2)组织规划、工程、技术、法律等人员对项目建议书、预可研报告进行充分论证和评审,提出专业评审意见,核实当前项目选址是否符合建设标准及需要,并将该核查意见作为公司项目开发决策的重要依据。

(3)在预可研报告通过内部初审后,由立项手续办理部门安排专人,编制并递交项目的申请报告,并与项目所在地政府及规划、土地、环境等部门取得联系,依法办理相关审批手续,取得发改委关于新能源项目的建设指标。

二、项目招标阶段合规管理要点

光伏、风电等新能源项目建设,一般采用EPC方式进行。《招标投标法》第3条规定:"在中华人民共和国境内进行下列工程建设项目包括项目的勘察、设计、施工、监理以及与工程建设有关的重要设备、材料等的采购,必须进行招标:(一)大型基础设施、公用事业等关系社会公共利益、公众安全的项目……”在项目取得前期立项手续后,对 EPC 方的选择,必须采用招标方式确定,因此,其招标过程也应遵守合规管理的相关规定。

(1)新能源项目招标前,应依法履行前置审批手续并落实资金来源,包括但不限于立项审批、投资规模审批、资金来源、环保审批等。

(2)根据招投标相关法律规定,遵循公开、公正、公平竞争的原则,依法组织工程招标的开标、评标和定标,择优选择具有相应资质的设计、施工和监理单位,不得对投标人设置不合理限制。

(3)按照法定和公告的权限和程序从中标候选人中确定中标人,及时向中标人发出中标通知书,在规定的期限与中标人订立书面合同,明确双方的权利、义务和违约责任,不得另行订立背离合同实质性容的其他协议。

三、项目建设阶段合规管理要点

新能源项目投资中,除大型设备采购可能由开发建设单位指定购买外,项目建设一般采用由 EPC 方交钥匙的方式完成,而项目工期决定着最终能否顺利并网发电,施工质量又决定着项目能否通过最终验收,这些都会影响风电、光伏新能源项目的投资收益。因此,对此类项目建设阶段的合规管理,要远比一般建设工程项目的合规管理严格。

(1)对不同的新能源项目进行区分管理,除设备采购外,风电项目应从基础施工、塔架固定、基础砼浇筑、风机吊装等环节设计施工节点;光伏项目应从吸热塔浇筑、塔内钢构、塔顶施工、吸热器安装以及储换热系统安装、送出线路征地、山地施工等方面关注合规管理。

(2)在整个施工阶段,应加强过程监控,关注对施工资料的过程性保管,并要求施工方及时上报工程进度,做到对工程施工的质量和工期控制。

(3)严格落实概预算管理,由财务部门和工程管理部门共同与 EPC 方沟通,根据合同约定和审批权限及程序,依约办理工程价款结算事宜,确保结算金额与付款金额的匹配,同时应严格执行税收监管政策。

(4)实行严格的工程监理制度,工程监理单位应当依照国家法律法规及相关技术标准、设计文件和工程承包合同,对承包单位在施工质量、工期、进度、安全和资金使用等方面实施监督,并及时向发包人汇报。

(5)严格控制工程变更,确需变更的,应当按照规定的权限和程序进行审批,重大的项目变更应当按照项目决策和概预算控制的有关程序和要求重新履行审批手续,并确保每次变更都符合设计要求。

四、项目验收阶段的合规管理要点

工程验收是新能源项目建设的最后一道关卡,也是对前期项目设计、施工等合规性管理的总结和验证,因此,在验收阶段,应完成对前期各阶段合规管理的整理和完善。

(1)以光伏新能源为例,根据《光伏发电工程验收规范》的国家标准,光伏电站的验收共分为单位工程验收、工程启动验收、工程试运行和移交生产验收、工程竣工验收4个步骤。因此,应逐项完成每一步单项验收后,再根据EPC方的工程竣工报告,及时编制竣工决算,开展竣工决算审计,组织设计、施工、监理等有关单位进行竣工验收。

(2)在验收过程中,应当关注施工建设是否符合规定的质量标准,因此,应当由发包人、监理方、设计单位、并网公司等多方主体,共同按照招标文件、EPC总承包合同、施工合同等相应文本中约定的施工标准进行验收。

(3)验收合格的工程项目,应当有完整的工程技术经济资料,并具备法律规定的其他竣工条件,同时应由发包人和EPC方签署交付使用财产清单,及时办理交付手续。

(4)按照国家有关档案管理的规定,及时收集、整理工程建设各环节的文件资料,建立完整的工程项目档案。

第三章　项目手续办理

——前期准备阶段

风电、[1]光伏[2]等项目的开发和建设涉及能源、土地、工程等领域，因此也引起了各领域国家主管部门的关注，法律、行政法规、部门规章及其他文件中都有较为具体的规范，对于陆上风电、光伏项目从“0”到“1”的全流程，本书通过梳理以上规定，使读者更加直观地了解项目开发及建设的全过程，对于过程中关键环节对应的具体流程进行详述。

项目开发的前期准备阶段，具体流程见图3.1。

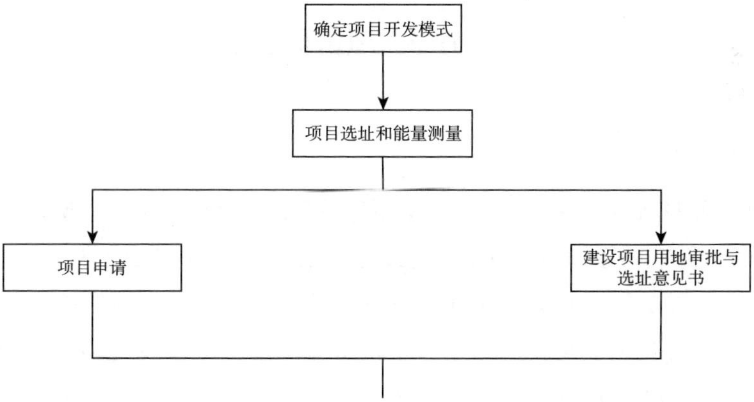

[1] 本书所指的风电项目，仅指陆上风电项目。

[2] 本书所指的光伏项目，仅指集中式光发电项目。

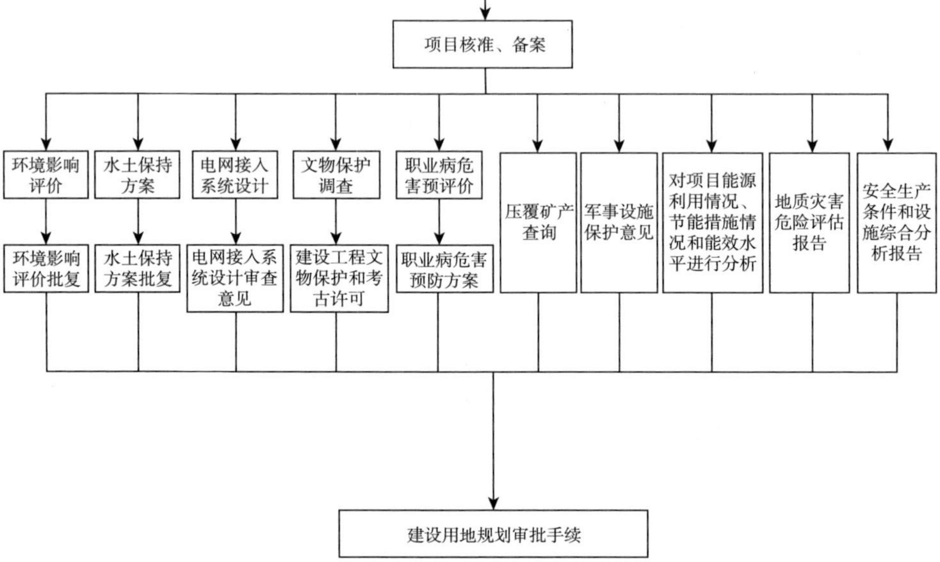

图 3.1　项目开发的前期准备阶段的具体流程

第一节　立项审批阶段

一、确定项目开发模式

在确定新能源的项目开发模式时，需要综合考量投资成本、施工资质、运营能力等多种因素，在目前的新能源项目开发建设过程中，较为常见的商业模式有 DBT 模式、DBO 模式、EPC 模式和 O&M 模式等。

DBT 模式（Develop – Build – Transfer）指“开发—建设—移交”，是一种由开发商作为项目早期投资者（通过成立项目公司作为其附属公司）并承担项目开发、建设的开发模式。DBT 开发商最终将项目公司的股权转让及售予投资商，从而收回项目的开发建设等成本并获取利润。

DBO 模式（Develop – Build – Own）指“开发—建设—运营”，是一种由投资商承担项目开发、施工、运营及维护的商业模式，一般施工及运营分包给工程商及运维商。与 DBT 架构不同,DBT 模式中的投资商拥有项目的所有权。

EPC 模式(Engineering Procurement Construction)是指投资商作为发包方与总承包方签署 EPC 合同,总承包人按照合同约定对工程建设项目的设计、采购、施工、试运行等实行全过程承包,又称“交钥匙”工程。

O&M 模式(Operations and Maintenance)是指投资商完成项目建设后保留资产的所有权,将项目的运营维护职责委托给专门公司负责,仅向运维公司支付委托运营费。

以国家电力投资集团有限公司、中国三峡新能源(集团)有限公司等为代表的央企主要以投资运营(DBO)为主要商业模式,以阳光新能源、天合光能为代表的民营企业则以开发(DBT)为主要商业模式。无论选择哪种商业模式,在项目建设的施工过程中,相较于传统工程承包模式而言,EPC 总承包模式强调和充分发挥设计在整个工程建设过程中的主导作用,从设计阶段总体把握和优化工程的施工方案,并且该模式可以有效克服设计、采购、施工相互制约和相互脱节的矛盾,有效缩短项目工期,有效控制施工成本,确保获得较好的投资效益。

二、开展项目选址及资源测评工作

项目选址及资源测评工作,是项目开发过程中的基础性工作,这项工作的完成质量与项目的安全隐患、并网难度、投资收益等一系列问题息息相关,关系到项目建设条件和可行性研究。因此,在前期准备阶段,做好勘测工作尤为重要。

从目前我国大型风力发电场的选址来看,电机的安装地址大多处于戈地荒滩、山峰脊线等地理位置较为偏僻但风力资源较为丰富的地方。对于风电项目而言,风力作为发电机的动力来源,需要经过较长周期的勘查和测量,才能选定风力发电机的安装地址。一般来说,需要在一年左右的时间内对目标地址进行风力资源测量。

相较于风电项目,光伏项目因分布方式、产业模式不同,选址期间需要考量的因素更多,但无论是集中式或是分布式,还是一般性光伏项目、光伏扶贫项目或是渔光、林光等农光伏复合项目,都要考虑光照充足性、气候、角度、施工难度等多种因素。

三、风电项目的核准及光伏项目的备案

（一）风电项目的核准

国务院颁布的《国务院关于发布政府核准的投资项目目录（2016年本）的通知》确定了12类项目需经过政府核准后方可由企业投资建设，其中就包括陆上风电项目。陆上风电项目核准时取得建设项目建设用地预审与选址意见书（在本章第二节详述），并编制《项目申请报告》报送相应的政府投资主管部门进行核准即可。

办理流程：

1. 编制《项目申请报告》

《项目申请报告》可以由项目单位自行编写，也可以由项目单位自主委托具有相关经验和能力的工程咨询单位编写。任何单位和个人不得强制项目单位委托中介服务机构编制项目申请报告，具体内容包括：（1）项目单位情况；（2）拟建项目情况，包括项目名称、建设地点、建设规模、建设内容等；（3）项目资源利用情况分析以及对生态环境的影响分析；（4）项目对经济和社会的影响分析。

2. 确定核准机关

根据国务院《政府核准的投资项目目录（2016年本）》的规定，风电站由地方政府在国家依据总量控制制定的建设规划及年度开发指导规模内核准。各省也出台了相应核准的投资项目目录，项目核准实行分级授权，风电项目核准权一般归地方各级发改委和能源局。

3. 提交项目申请报告

根据国务院发布的《企业投资项目核准和备案管理条例》（中华人民共和国国务院令第673号）和国家发改委发布的《企业投资项目核准和备案管理办法》，除涉及国家秘密的项目外，项目核准备案可通过国家可再生能源发电项目信息管理平台[1]办理。

4. 取得核准文件

项目申报材料齐全、符合法定形式的，项目核准机关应当予以受理。核准

〔1〕 https://sso.renewable.org.cn/portal/sso.login.

机关委托中介服务机构对项目进行评估的,应当明确评估重点;除项目情况复杂的,评估时限不得超过30个工作日。评估费用由核准机关承担。核准机关应当自受理申请之日起20个工作日内,作出是否予以核准的决定;项目情况复杂或者需要征求有关单位意见的,经本机关主要负责人批准,可以延长核准期限,但延长的期限不得超过40个工作日。核准机关委托中介服务机构对项目进行评估的,评估时间不计入核准期限。核准机关对项目予以核准的,应当向企业出具核准文件;不予核准的,应当书面通知企业并说明理由。由国务院核准的项目,由国务院投资主管部门根据国务院的决定向企业出具核准文件或者不予核准的书面通知。

5. 注意事项

项目自核准机关作出予以核准决定或者同意变更决定之日起2年内未开工建设,需要延期开工建设的,企业应当在2年期限届满的30个工作日前,向核准机关申请延期开工建设。核准机关应当自受理申请之日起20个工作日内,作出是否同意延期开工建设的决定。开工建设只能延期一次,期限最长不得超过1年。国家对项目延期开工建设另有规定的,依照其规定。

(二)光伏项目的备案

根据《光伏电站项目管理暂行办法》(国能新能〔2013〕329号文)第39条、《分布式光伏发电项目管理暂行办法》(国能新能〔2013〕433号)第10条、《企业投资项目核准和备案管理条例》(中华人民共和国国务院令第673号)和《企业投资项目核准和备案管理办法》(2017年3月7日发布),光伏项目需要在开工建设前通过在线平台将相关信息告知项目备案机关,依法履行投资项目信息告知义务,并遵循诚信和规范原则。

备案流程

1. 编制项目备案基本信息格式文本

光伏项目备案也需要编制项目备案基本信息格式文本。

2. 通过在线平台申请办理,具体见图 3.2。

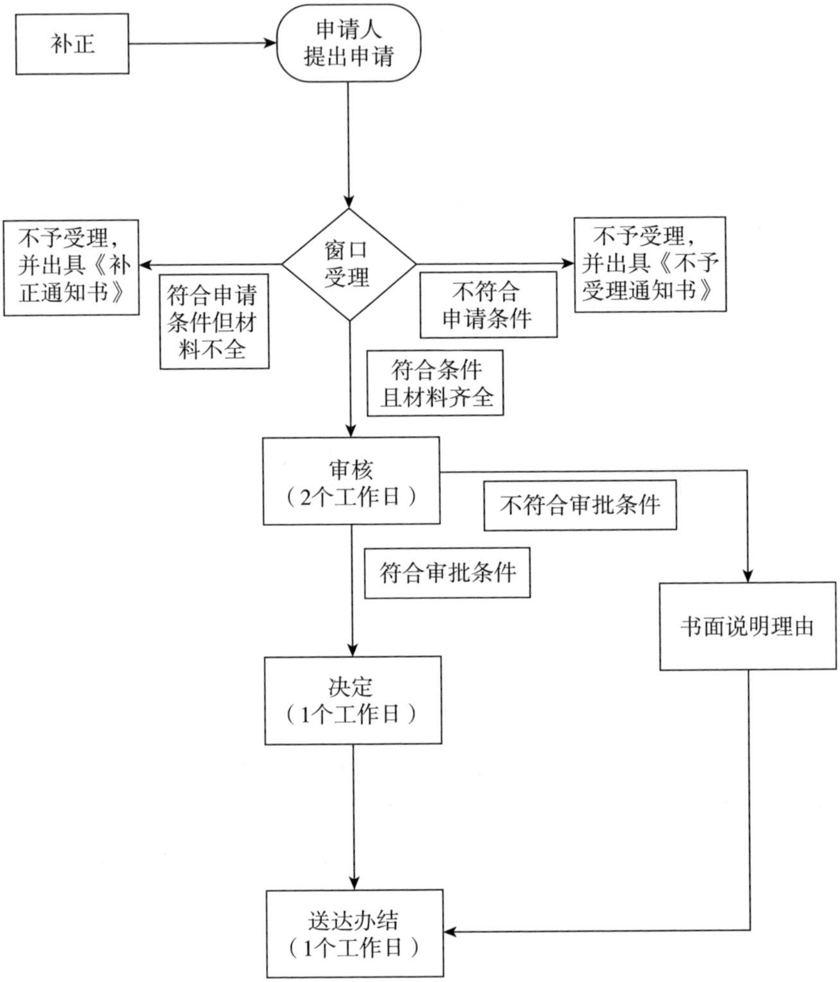

图 3.2

第二节　办理用地审批手续

一、风电项目的用地性质

根据《电力工程项目建设用地指标(风电场)》(建标〔2011〕209号)编制表3.1。

表3.1

序号	需占用土地的部分	用地性质
1	风电机组	永久用地
2	机组变电站	永久用地,但如果是放置在机舱内或悬挂于塔筒上的,不占地
3	集电线路	采用电缆沟敷设方式的,为永久用地;采用直埋电缆敷设方式的,为临时用地;采用架空线路架设的,杆塔基础用地为永久用地;风电场工程通信线路应随电缆线路或架空线路一同敷(架)设,不再另行占地
4	升压变电站及运行管理中心	永久用地
5	交通工程用地	永久用地
6	风电机组拼装、安装用地	临时用地
7	其他施工用地(施工临时办公生活设施、施工加工场、砂石料堆放场等用地)	临时用地

二、光伏电站项目的用地性质

表 3.2

功能分区	《光伏发电站工程项目用地控制指标》(地面光伏发电站)	《关于支持光伏扶贫和规范光伏发电产业用地的意见》(国土资规〔2017〕8号)
光伏方阵	—	一般光伏项目:光伏方阵使用未利用地的,按原地类认定,不改变土地用途,允许租赁方式取得; 光伏扶贫项目:光伏方阵使用永久基本农田以外的农用地的,在不破坏农业生产条件的前提下,可不改变原用地性质; 光伏复合项目:利用农用地布设的光伏方阵可不改变用地性质
变电站和运行管理中心	永久用地	一般光伏项目:应当办理建设用地审批手续; 光伏扶贫项目、光伏复合项目:按建设用地管理,依法办理建设用地审批手续
集电线路	如采用架空线路架设,杆塔基础用地为永久用地; 采用直埋电缆敷设方式的,在工程完成后恢复原有地貌,不再另行计算用地指标(可为临时用地)	一般光伏项目:应当办理建设用地审批手续; 光伏扶贫项目、光伏复合项目:杆塔基础用地按建设用地管理,依法办理建设用地审批手续;采用直埋电缆方式敷设的集电线路用地,实行与项目光伏方阵用地同样的管理方式
场内道路和施工期施工道路	施工期施工道路可以为临时用地;进场路(场外部分)和通往场外的道路用地(场内部分),应符合国家现行的有关公路建设的用地指标	一般光伏项目:应当办理建设用地审批手续; 光伏扶贫项目、光伏复合项目:场内道路用地可按农村道路用地管理

三、土地的审批流程

(一)审查土地利用总体规划

根据《土地管理法》第25条、《土地管理法实施条例》第2条的相关规定,用地首先应进行土地利用总体规划审查,摸清土地性质及用途,若土地属于农用地和未利用地,则需要按规定办理土地性质变更手续。经批准的土地利用总体规划的修改,须经原批准机关批准;未经批准,不得改变土地利用总体规划确定的土地用途。经省、自治区、直辖市人民政府批准的能源、交通、水利等基础设施建设用地,需要改变土地利用总体规划的,属于省级人民政府土地利用总体规划批准权限内的,根据省级人民政府的批准文件修改土地利用总体规划。

(二)提出用地预审与选址申请,取得建设用地预审与选址意见书

《建设项目用地预审管理办法》第5条规定,对于需核准的风电项目,在项目申请报告核准前提出用地预审申请;对于需备案的光伏项目,在办理备案手续后提出用地预审申请。《建设项目用地预审管理办法》第4条规定,需核准和备案的建设项目,由与核准、备案机关同级的国土资源主管部门预审。(申请流程见图3.2)

同时,《建设项目用地预审管理办法》第3条规定:"预审应当遵循下列原则:(一)符合土地利用总体规划……"《国土资源部关于严格土地利用总体规划实施管理的通知》(国土资发〔2012〕2号)规定:"……(二)严格建设项目用地预审。强化建设项目用地规划审查,凡不符合相关规定和土地利用总体规划的,不得通过建设项目用地预审。……(三)严格依据规划审查各类用地。……未列入土地利用总体规划,但符合《土地管理法》第26条规定的,要按照有关规定,根据国务院和省级人民政府对项目的批准文件,及时修改规划,并将规划修改方案与建设用地报批资料一并报批;未列入土地利用总体规划,也不符合《土地管理法》第26条规定的,不得批准用地,确需建设的项目,需先修改规划,按规定程序报规划原批准机关批准后才能审批用地。……"

(三)提出用地申请

根据《土地管理法》第53条、《土地管理法实施条例》第25条的规定,经批准的建设项目需要使用国有建设用地的,建设单位应当持法律、行政法规规定的有关文件,向有批准权的县级以上人民政府自然资源主管部门提出建设用地申请,经自然资源主管部门审查,报本级人民政府批准。(见图3.3)

建设项目需要使用土地的,建设单位原则上应当一次申请,办理建设用地

审批手续,确需分期建设的项目,可以根据可行性研究报告确定的方案,分期申请建设用地,分期办理建设用地审批手续。建设过程中用地范围确需调整的,应当依法办理建设用地审批手续。

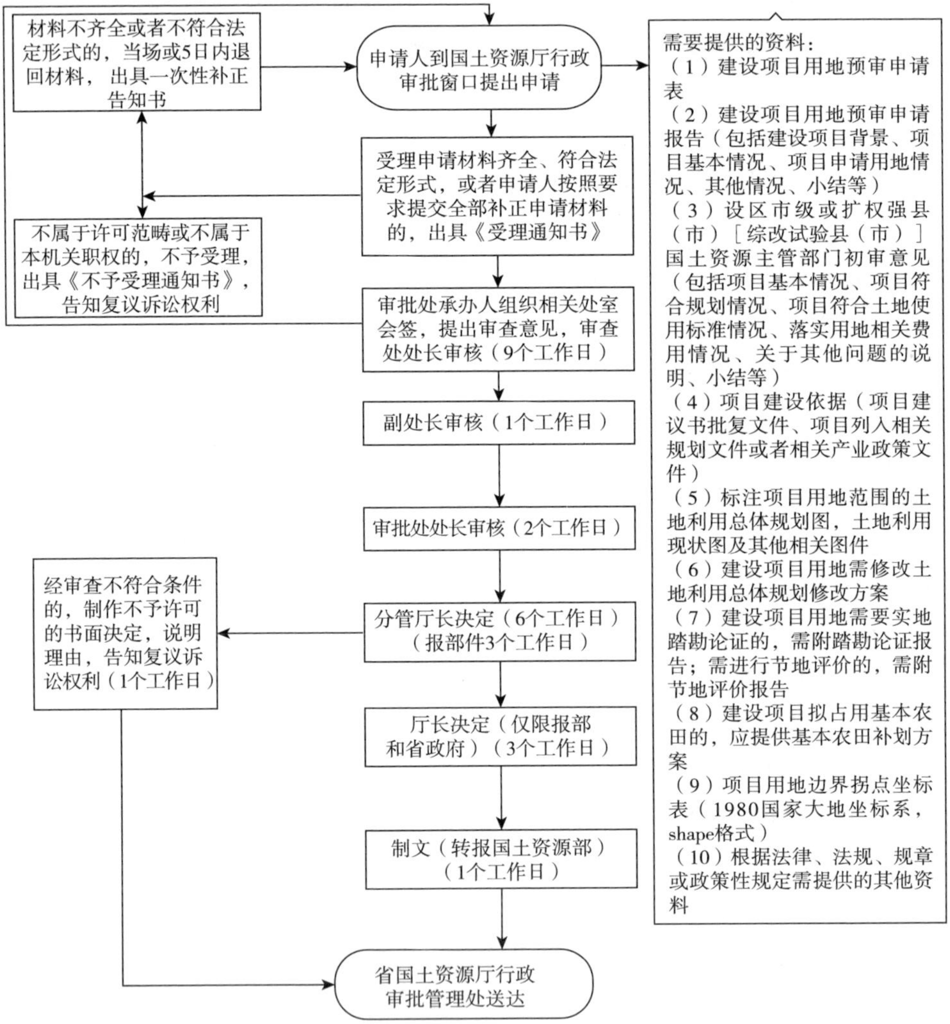

图 3.3

（四）农用地转用及征收

首先，要确定农用地转用的批准主体。《土地管理法》第 44 条规定，建设占用土地，涉及农用地转为建设用地的，应当办理农用地转用审批手续。永久基本农田转为建设用地的，由国务院批准。在土地利用总体规划确定的城市和村庄、集镇建设用地规模范围内，为实施该规划而将永久基本农田以外的农用地转为建设用地的，按土地利用年度计划分批次按照国务院规定由原批准土地利用总体规划的机关或者其授权的机关批准。在已批准的农用地转用范围内，具体建设项目用地可以由市、县人民政府批准。在土地利用总体规划确定的城市和村庄、集镇建设用地规模范围外，将永久基本农田以外的农用地转为建设用地的，由国务院或者国务院授权的省、自治区、直辖市人民政府批准。

其次，提出农用地转用申请。《土地管理法实施条例》第 23 条、第 24 条规定，在国土空间规划确定的城市和村庄、集镇建设用地范围内，为实施该规划而将农用地转为建设用地的，由市、县人民政府组织自然资源等部门拟定农用地转用方案，分批次报有批准权的人民政府批准。建设项目确需占用国土空间规划确定的城市和村庄、集镇建设用地范围外的农用地，涉及占用永久基本农田的，由国务院批准；不涉及占用永久基本农田的，由国务院或者国务院授权的省、自治区、直辖辖市人民政府批准。

最后，做好土地征收工作：发布土地征收启动公告、土地现状调查和社会稳定风险评估、拟定征地补偿安置方案并公告、签订征地补偿安置协议。

（五）取得建设用地规划许可证

建设单位以出让或者划拨方式取得土地使用权的，应该及时办理《建设用地规划许可证》。《关于以“多规合一”为基础推进规划用地“多审合一、多证合一”改革的通知》（自然资规〔2019〕2 号）将建设用地规划许可证、建设用地批准书合并，自然资源主管部门统一核发新的建设用地规划许可证，不再单独核发建设用地批准书。

以划拨方式取得国有土地使用权的，建设单位向所在地的市、县自然资源主管部门提出建设用地规划许可申请，经有建设用地批准权的人民政府批准后，市、县自然资源主管部门向建设单位同步核发建设用地规划许可证、国有土地划拨决定书。

以出让方式取得国有土地使用权的,建设单位在签订国有建设用地使用权出让合同后,市、县自然资源主管部门向建设单位核发建设用地规划许可证。

建设单位以出让方式取得土地使用权的,需缴纳土地有偿使用费用,以划拨方式取得土地使用权的,应缴纳补偿、安置等费用。

第三节　办理其他审批手续

一、电网接入系统设计及审查工作

新能源发电项目在可行性研究阶段,需要取得电网企业出具的电网接入意见和接入系统设计评审意见,并在项目竣工后进行并网验收工作才能正式并网。虽然《关于一律不得将企业自主经营权事项作为企业投资项目核准前置条件的通知》(发改投资〔2014〕2999 号)中明确取消电网接入意见和接入系统设计评审意见作为企业投资项目核准的前置条件,并且电网接入系统设计评审意见也不属于行政许可事项,但对发电项目来说,电网接入系统设计评审意见是项目投资开发至关重要的文件,应当在项目开发初期就尽快取得,避免项目建成后无法并网。

1. 办理流程

(1)确定审查机关

根据《国家电网公司电厂接入系统前期工作管理办法》的规定,在电厂可行性研究阶段,发电公司根据电厂分类情况与国家电网公司、区域电网公司或省级电力公司协商后及时委托有资质的设计单位开展电厂接入系统设计工作,发电公司应根据下述标准确定审查机关:公司总部负责管理跨区送电项目、接入西北 750 千伏电网和接入特高压电网的电厂项目接入系统设计审查工作。区域电网公司负责管理其他可能以 330 千伏、500 千伏电压等级接入电网的电厂项目接入系统设计审查工作,根据情况可委托省级电力公司组织进行。省级电力公司负责管理规划接入 220 千伏及以下电网的电厂项目接入系统设计审查工作。

(2)提出电网接入申请。确定审查机关后,发电公司应按照审查机关的要求准备申请材料,提出接入申请。

(3)委托有资质的设计单位(一般为电网企业电力设计院)设计电厂接入系统设计方案。

(4)进行电网接入系统设计审查(一次部分和二次部分可同步或分开进行)。

(5)取得通过电网系统接入设计审查的批复文件。

2. 相关规定

根据《新建电源接入电网监管暂行办法》(国能监管〔2014〕107 号)的规定,电网企业应建立新建电源项目接入电网工作制度,明确办理接入系统服务的有关工作部门、工作流程、工作时限,以及新建电源项目配套送出工程建设有关工作部门、工作流程。

根据《风电开发建设管理暂行办法》(国能新能〔2011〕285 号)的规定,风电项目申请报告应附有电网企业出具的关手风电场接入电网运行的意见,或省级以上政府能源主管部门关于项目接入电网的协调意见。

《光伏电站项目管理暂行办法》(国能新能〔2013〕329 号)第 20 条规定:“光伏电站项目接网意见由省级电网企业出具,分散接入低压电网且规模小于 6 兆瓦的光伏电站项目的接网意见由地市级或县级电网企业出具。”

二、环境影响评价批复文件

根据《环境影响评价法》第 16 条以及生态环境部《建设项目环境影响评价分类管理名录(2021 年版)》项目栏第 90 项的规定,涉及环境敏感区的总装机容量 5 万千瓦及以上的陆上风力发电,需编制环境影响报告书;地面集中光伏电站(总容量大于 6000 千瓦,且接入电压等级不小于 10 千伏)及其他风力发电,需编制环境影响报告表;其他光伏发电,需填报环境影响登记表。

1. 办理流程

目前,各省市已设立建设项目环境影响登记表备案系统,该手续可以进行线上办理。具体流程如下:

(1)编织环境影响评价文书;(2)提出申请;(3)材料审查;(4)组织勘探并评审;(5)修改完善;(6)项目受理及拟审批公示;(7)环评批复决定及公示。

2. 相关规定

《环境影响评价法》《建设项目环境保护管理条例》《建设项目环境影响评价技术导则总纲》《建设项目环境影响评价分类管理名录》《建设项目环境影响报告书(表)适用的评价范围类别规定》《建设项目环境影响登记表备案管理办法》《环境保护部审批环境影响评价文件的建设项目目录(2015 年本)》《建设项目环境影响评价文件分级审批规定》,同时要关注各省出台的关于建设项目环境影响评价文件分级审批管理规定等相关政策文件。

三、水土保持方案批复文件

根据《水土保持法》(2010 修订)、《水土保持法实施条例》(2011 修订)的相关规定,建设工程施工项目应取得水土保持方案批复文件。

1. 办理流程

(1)编织水土保持方案;(2)确定审批部门;(3)方案报送及审批。

具体见图 3.4(生产建设项目水土保持方案审批流程)。

2. 相关规定

水土保持方案的编制及审批主要依据的是水利部办公厅《关于进一步规范生产建设项目水土保持方案编制单位和监测单位水平评价工作的意见》(办水保函〔2015〕1672 号)、水利部《关于进一步深化"放管服"改革全面加强水土保持监管的意见》(水保〔2019〕160 号)、《关于进一步加强生产建设项目水土保持方案技术评审工作的通知》(办水保〔2016〕123 号)、《开发建设项目水土保持方案编报审批管理规定》(水利部令第 5 号)。

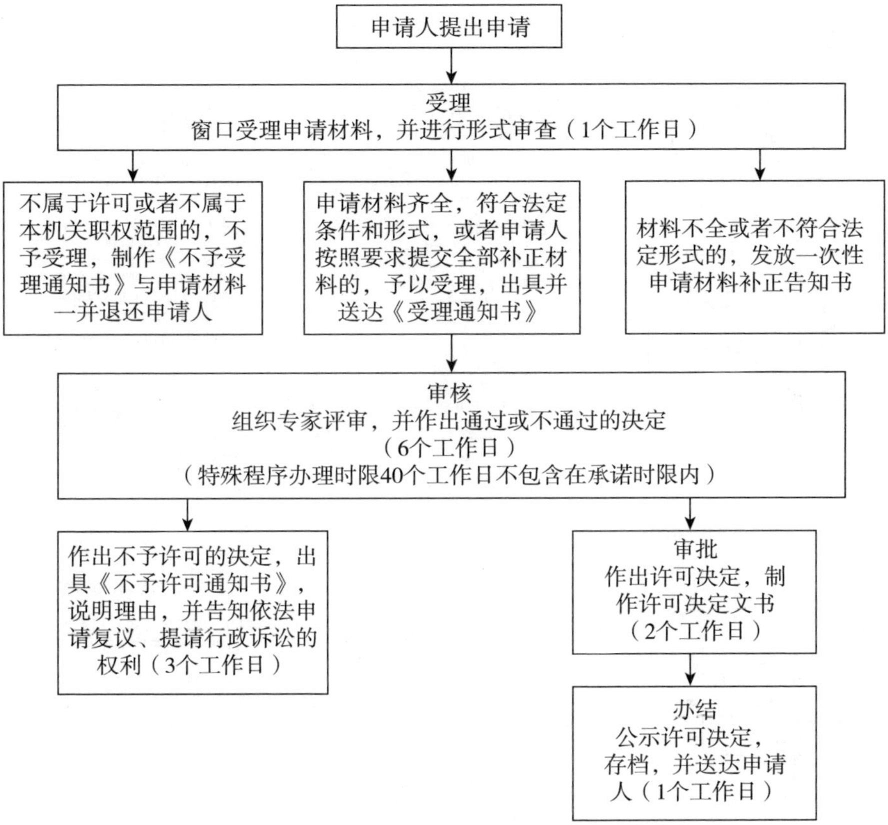

图 3.4　生产建设项目水土保持方案审批流程

四、矿产压覆

根据《矿产资源法》第 33 条的规定，在新能源项目特别是风电、光伏电站开工前，建设单位应向项目所在地地质矿产主管部门了解拟建工程所在地区的矿产资源分布和开采情况，特别关注是否涉及压覆重要矿床，根据当地主管部门的要求办理相应手续。

1. 办理流程(见图 3.5)

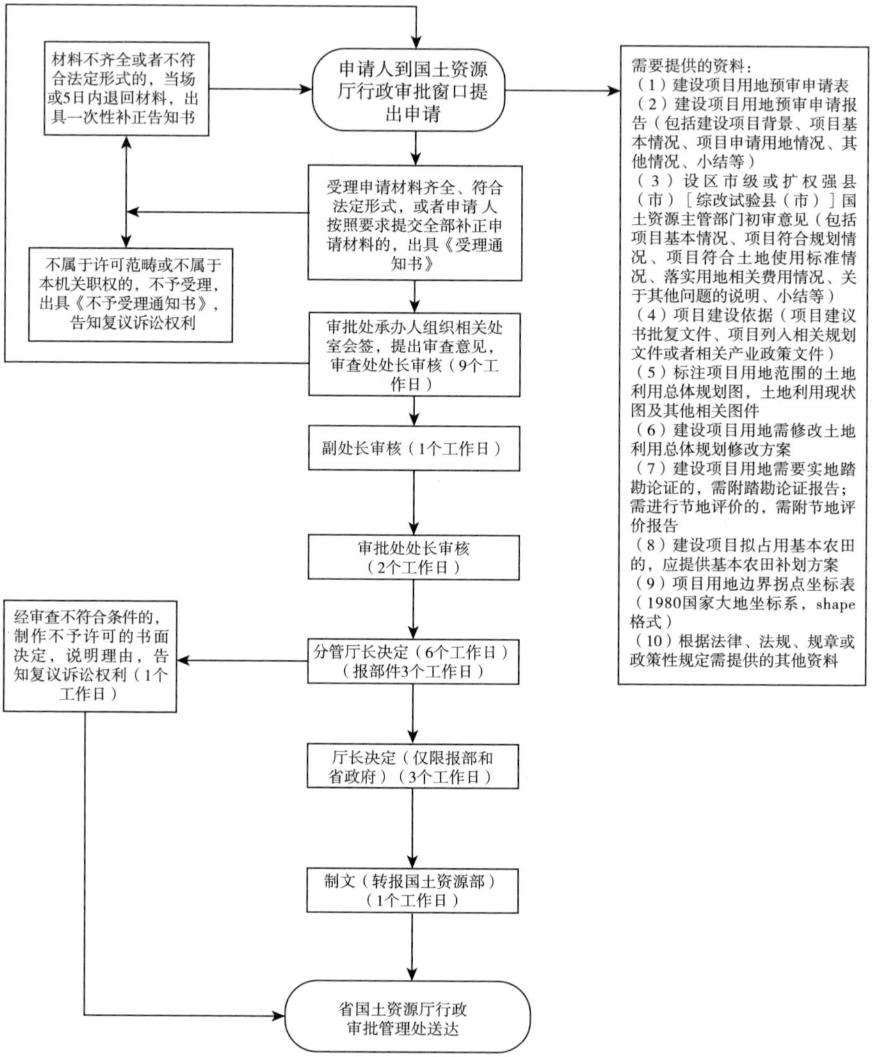

图 3.5

2. 相关规定

《矿产资源法》、《矿产资源法实施细则》、原国土资源部发布的《关于规范建设项目压覆矿产资源审批工作的通知》(国土资发〔2000〕386 号)、《国土资源部关于进一步做好建设项目压覆重要矿产资源审批管理工作的通知》(国土资发〔2010〕137号)、《建设项目压覆重要矿床(矿产资源)审批服务指南》、《国土资源部关于改进和优化建设项目用地预审和用地审查的通知》(国土资规〔2016〕16号)是对压覆矿产资源管理与土地管理的衔接。

五、文物保护和考古许可

根据《文物保护法》第29条的规定,建设单位在工程施工前,应取得建设工程文物保护和考古许可手续。

1. 办理流程

向文物主管部门查询—主管部门出具不涉及文物的调查意见或者涉及文物保护的采取加固措施意见—申请验收—同意建设意见—批准文件。

办理流程见图3.6。

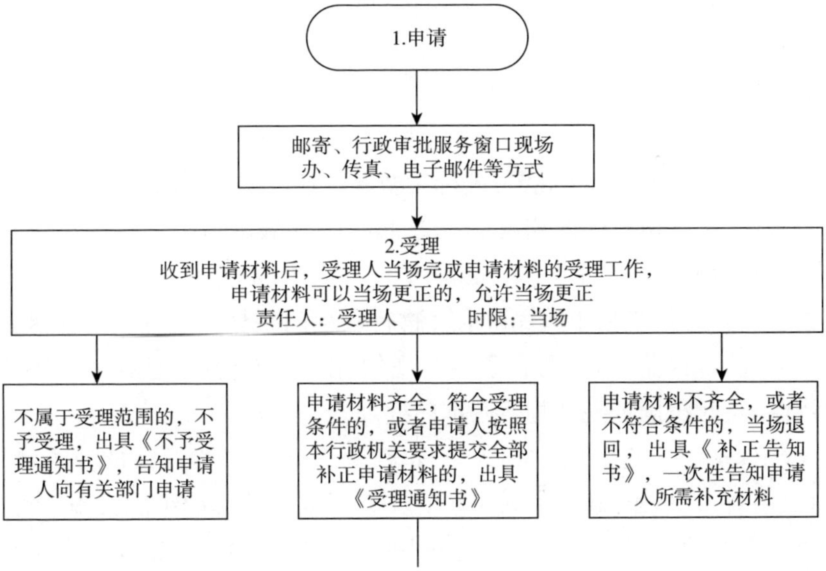

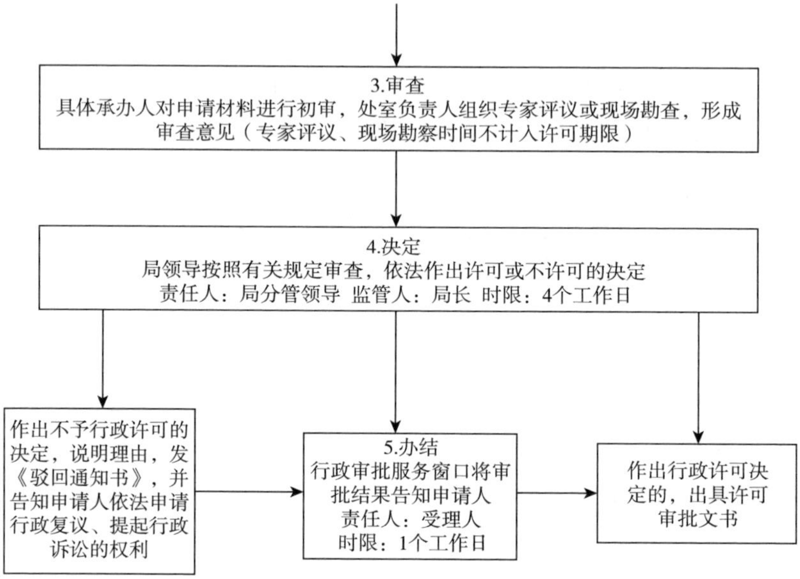

图 3.6

2. 相关规定

《文物保护法》第 29 条规定，进行大型基本建设工程，建设单位应当事先报请省、自治区、直辖市人民政府文物行政部门组织从事考古发掘的单位在工程范围内有可能埋藏文物的地方进行考古调查、勘探。考古调查、勘探中发现文物的，由省、自治区、直辖市人民政府文物行政部门根据文物保护的要求会同建设单位共同商定保护措施；遇有重要发现的，由省、自治区、直辖市人民政府文物行政部门及时报国务院文物行政部门处理。

《文物保护法实施条例》第 23 条规定，配合建设工程进行的考古调查、勘探、发掘，由省、自治区、直辖市人民政府文物行政主管部门组织实施。跨省、自治区、直辖市的建设工程范围内的考古调查、勘探、发掘，由建设工程所在地的有关省、自治区、直辖市人民政府文物行政主管部门联合组织实施；其中，特别重要的建设工程范围内的考古调查、勘探、发掘，由国务院文物行政主管部门组织实施。建设单位对配合建设工程进行的考古调查、勘探、发掘，应当予以协助，不得妨碍考古调查、勘探、发掘。

《国务院关于印发清理规范投资项目报建审批事项实施方案的通知》(国发〔2016〕29号)明确,文物部门4项整合为1项:将“文物保护单位的保护范围内进行其他建设工程或者爆破、钻探、挖掘等作业的许可”“文物保护单位的建设控制地带内进行建设工程的许可”“进行大型基本建设工程前在工程范围内有可能埋藏文物的地方进行考古调查、勘探的许可”“配合建设工程进行考古发掘的许可”4项,合并为“建设工程文物保护和考古许可”1项。

六、军事设施保护意见

根据《军事设施保护法》的相关规定,建设单位在项目施工过程中不得危害军事设施的使用和安全效能,应向项目所在地武装部征求意见。

1. 办理流程

(1)准备并提交材料

准备建设范围图、坐标点、高度及《关于征求军事意见的函》并提交至建设项目当地武装部。

(2)武装部调查并复函

武装部对项目建设情况进行调查,如无影响则出具无影响的复函;如涉及军事问题需根据涉及方面与武装部及上级军区协商。

2. 相关规定

《军事设施保护法》、《军事设施保护法实施办法》(国务院、中央军委令第298号)、《国务院关于印发清理规范投资项目报建审批事项实施方案的通知》(国发〔2016〕29号)。

七、地质灾害危险性评估

建设单位在地质灾害易发区内进行工程建设的,应当在可行性研究阶段委托专业机构进行地质灾害危险性评估。

1. 办理流程

(1)委托专业机构进行评估;(2)项目初步分析及踏勘划分评估级别;(3)确定评估范围;(4)编制评估工作大纲;(5)地质灾害调查;(6)综合评估;(7)防治措施及总结建议;(8)提交报告审查。

2. 相关规定

《地质灾害防治条例》第 21 条规定,在地质灾害易发区内进行工程建设应当在可行性研究阶段进行地质灾害危险性评估,并将评估结果作为可行性研究报告的组成部分;可行性研究报告未包含地质灾害危险性评估结果的,不得批准其可行性研究报告。

八、职业病危害预评价

根据《职业病防治法》的规定,新建、扩建、改建建设项目和技术改造、技术引进项目(以下统称建设项目)可能产生职业病危害的,建设单位在可行性论证阶段应当进行职业病危害预评价,编制预评价报告,并获得主管部门的批复意见。

1. 办理流程

编制职业病危害预评价报告—组织专业技术人员评审—形成书面评审意见备查—进行防护设计—对防护措施组织评审—形成书面评审意见备查。

2. 相关规定

《职业病防治法》第 17 条第 1 款规定:“新建、扩建、改建建设项目和技术改造、技术引进项目(以下统称建设项目)可能产生职业病危害的,建设单位在可行性论证阶段应当进行职业病危害预评价。”《建设项目职业病防护设施“三同时”监督管理办法》(2017)第 9 条规定:“对可能产生职业病危害的建设项目,建设单位应当在建设项目可行性论证阶段进行职业病危害预评价,编制预评价报告。”根据《职业卫生技术服务机构管理办法》的相关规定,取得甲级资质的职业卫生技术服务机构,业务范围在全国从事职业卫生技术服务活动。取得乙级资质的职业卫生技术服务机构,可以根据认可的业务范围在其所在的省、自治区、直辖市从事职业卫生技术服务活动。生产经营的装置(设施)跨省、自治区、直辖市的用人单位,必须由取得甲级资质的职业卫生技术服务机构承担。

按照《国家安全监管总局办公厅关于贯彻落实〈建设项目职业病防护设施“三同时”监督管理办法〉的通知》(安监总厅〔2017〕37 号)、CBZ/T 277—2016《职业病危害评价通则》、ZW - JB - 2014 - 004《建设项目职业病危害预评价报告编制要求》、ZW - JB - 2014 - 002《建设项目职业病防护设施设计专篇编制要求》、ZW－JB－2014－003《建设项目职业病危害控制效果评价报告编制要求》编制职业病危害预评价报告、职业病防护设施设计和职业病危害控制效果评价报告。

九、安全设施手续

1. 办理流程

在项目可行性研究阶段委托专业机构评估即可。

2. 相关规定

《建设项目安全设施"三同时"监督管理办法》第7条关于应进行安全预评价的规定中，未对"电力等行业重点建设项目"予以规定，第9条规定："本办法第七条规定以外的其他建设项目，生产经营单位应当对其安全生产条件和设施进行综合分析，形成书面报告备查。"

十、社会稳定风险评估文件

《国家发展改革委重大固定资产投资项目社会稳定风险评估暂行办法》规定："各级地方发展改革部门可参照本办法，建立健全本地区重大项目社会稳定风险评估机制。"《土地管理法》第47条第2款规定："县级以上地方人民政府拟申请征收土地的，应当开展拟征收土地现状调查和社会稳定风险评估……"

第四章　项目的投资、开发与并购

第一节　新能源项目典型投资模式及合规风险分析

在“2030 碳达峰、2060 碳中和”双碳目标的推动下，中国的能源转型势在必行。为了实现这一目标，大力发展风光发电等新能源成为必然选择，这也促使我国能源转型的步伐加快。在强大的碳减排需求及政策支持下，未来较长一段时间内，我国新能源电站的新建及投资并购将持续处于热潮之中。对于积极投身双碳经济建设的企业而言，如何迅速找到优质的新能源项目，成为面临的首要问题。本部分将对新能源项目的各类投资开发模式及相应法律风险进行详细介绍与解析。

一、自建项目模式

通常情况下，投资方会按照自建项目流程，与各地能源局对接，寻找新能源项目机会，并依靠自身队伍和力量，完成开发、建设、运营的全过程。在此过程中，可能涉及的主要合同有：项目投资开发协议、土地出让/租赁协议、融资租赁/借款合同、EPC 总承包合同、道路补偿及建设合同、并网调度协议、购售电合同、运维合同等。

在自建项目模式下，投资方拥有项目开发团队及丰富经验。除关注常规合同签订及履约风险外，投资方还需特别重视近年来国家对生态环境重点保护政策背景下，投资方与政府签订的投资协议所衍生的土地出让合同因环保问题无法执行，从而引发合同履行纠纷的情况。

在“古田翠屏湖爱乐置业有限公司、福建爱乐投资有限公司（以下简称福建爱乐公司)诉古田县人民政府行政协议及赔偿案”中,2014 年 7 月 3 日,古田县人民政府与福建爱乐公司签订了《古田县翠屏湖片区项目投资框架协议书》,约定项目总投资约 50 亿元,用地总面积约 1000 亩,项目定位为酒店、居住、旅游为一体的现代化高端生态城市综合体。随后,古田爱乐公司进行项目建设,不同程度地建设了酒店、附属楼及 50 余栋别墅,并预售了部分别墅。之后,古田县人民政府及有关部门以适应省生态文明实验区建设需要为由,依照新颁布的水资源、国有林场的有关行政管理规定,按照省有关主管部门的意见和建议,叫停了案涉项目的开发建设和经营销售。同时,古田县人民政府成立整改对接工作小组,启动协商收回国有建设用地使用权等工作。后因收回及补偿事宜协商未果,古田爱乐公司、福建爱乐公司提起行政诉讼,请求解除双方签订的招商引资合同(《古田县翠屏湖片区项目投资框架协议书》和《补充协议》)并补偿损失约 2.6 亿元。

福建省福州市中级人民法院一审认为,因政策、规划、用途等调整,涉案行政协议已无法履行,福建爱乐公司和古田爱乐公司请求解除案涉行政协议应予支持。为此,一审判决:解除双方签订的《古田县翠屏湖片区项目投资框架协议书》和《补充协议》;由古田县人民政府向古田爱乐公司支付 302,146,933 元及相关利息的损失。福建省高级人民法院二审期间,经多方组织调解,促成各方自愿达成调解协议。

从法律角度分析,我们认为,政府与投资方签订的土地出让合同,是基于特定项目而形成的合同关系,如果出现纠纷,在双方无法协商一致的情况下,该合同具有可诉性。此外,由于政府原因导致无法向投资方提供特定项目所需的土地,进而导致合同无法履行,投资方有权要求解除合同,并获得赔偿。

因此,投资方在获取项目并全面开展相应工作之前,应充分论证项目土地的背景情况以及当地政府的土地规划等审批文件,确保不同政府机关文件之间的一致性和闭环性。总之,除经济指标和资本收益率外,投资方还需关注因政府审批、规划、环保等政策原因导致的土地不可用、项目不可建等风险因素。

二、由渠道方提供信息合作自建模式

除投资方自主寻觅项目资源外,还常常借助具备项目资源信息的渠道方协助寻找。渠道方可更便捷地获取指标信息、协调地方关系、降低开发成本。在渠道方获取项目信息后,促成投资方与项目所在地政府部门达成合作,依据与投资方签订的委托合同或中介合同获得报酬,实现双方的互利共赢。

在这种商业模式下,除了常规建设相关合同外,较为特殊的合同主要是投资方与渠道方之间的委托协议或中介协议。对此类合同存在的法律风险需注意以下几点:其一,建议在与渠道方的合同中明确设定时限,超时则解除合同;其二,要严格限制渠道方的授权范围,尤其要防止部分渠道方以受托身份超越授权范围,或未经投资方同意而以投资方名义擅自从事越界事务。比如,曾有项目投资方发现渠道方竟持委托合同,用私自刻制的“某投资方××地新能源项目部”公章在项目所在地开展工作,这无疑给投资方带来了极大的法律风险。同时,在向渠道方支付费用时,投资方还需关注自身内部的审计风险。

三、与渠道方合资成立项目公司共同建设模式

在上述模式中,部分渠道方不仅希望获得委托中介费用,还渴望深度参与项目开发建设或通过其他方式获取更大利益。于是,有些渠道方会选择参股建设项目公司达成商业合作。然而,渠道方往往资金实力不足,融资能力较弱,在新能源项目建设过程中,难以持续稳定地支撑资金链。鉴于此,可以在前期设立项目公司,待项目核准后、投资方主要建设资金投入之前,让渠道方通过股权转让退出,这种商业模式也被称为“预收购”模式。

在这种模式下,渠道方转让股权后预期收益的实现成为关键问题。若收购方为国企,其任何收购都需经过审计评估等定价程序,过长的流程会延迟成交时间,给渠道方带来风险。同时,渠道方也不愿意等到项目建成后再转让股权退出并通过收购环节获取收益。因此,在这种模式下找到各方利益的平衡点,还需符合法律法规以及各投资方内部的风控要求。

这种模式的典型案例表现为:投资方与渠道方按2:8的股权比例组建项目公司,在项目公司获得核准前,完成项目公司的EPC等主要工作的预先招标采购程序,待项目公司获得核准后,渠道方以零对价将股权转让给投资方,实现股权退出,而渠道方则通过业务合作获得商业机会。

在该种模式下,投资方需要重点关注以下几个方面。

首先,项目公司在获得核准之前,投资方不控股的情况下,除了部分已经商定的事项外,原则上应由渠道方对公司实施管理。投资方需要着重关注和控制的事项,具体包括:(1)项目公司认缴不实缴,约定项目前期工作的成本和费用由渠道方承担;(2)严格控制项目公司的管理,如双方共管印章,所有用印手续须严格管控;公司法定代表人由投资方选定;项目公司严禁开展融资、担保、借贷等活动,不开户且不开展除项目核准申报之外的任何经营活动,在满足适当条件后,可开展经投资方认可的部分工作,如工程建设的预先招标等;项目公司登记的法定代表人由执行董事担任,执行董事和经理由投资方指派的一人担任,同时建议监事也由投资方指派人员担任。这些限制条件在项目公司获得项目核准,渠道方转让股权退出后将失效。

其次,需要预先设定好合作条件无法成就时的退出机制。尽管对项目公司实施了严格管控,但是由于项目的推进具有不确定性,加上投资方分子公司数量、企业层级等内控要求,项目公司在设立之初就要设定退出机制。投资方的退出方式主要有两种,一是渠道方收购投资方的股权,二是直接注销项目公司。若投资方为国有企业,以股权转让的方式实现退出可能会涉及国有资产转让程序事项,因此在实践中通常以直接注销企业的方式退出。同时,建议建立相应的风控措施,如在合作协议中明确约定项目公司的存续条件与时限,若合同期限届满项目公司的项目尚未得到核准则予以注销,除非投资方和渠道方协商一致延长存续时限;各方还应确保项目公司注销的法律文件齐备,包括但不限于股东会决议、申请注销的申请文件等,这些文件可由双方共管。若项目公司按照上述意见严格把控风控措施,注销基本不会产生大额成本费用,也不会导致项目公司或投资方的经济损失。

再次,需要关注该模式是否会触发倒卖路条的监管机制。国家能源局于2021 年 11 月 24 日发布的《光伏电站开发建设管理办法(征求意见稿)》删除了原办法中的相关内容,国家能源局综合司也于 2022 年 1 月 6 日公开发布拟废止477 号文,这似乎表明路条监管政策或将逐渐退出历史舞台。

最后,以"孝义市人民法院(2018)晋 1181 民初 233 号案"为例,2017 年 6 月26 日,原告电子科技公司与被告光伏新能源公司签订《8.5MW 项目预收购协议》,就被告开发的屋顶 8.5MW 光伏发电项目预收购事宜进行约定。由于我国法规政策明令禁止风电、光伏项目在并网前擅自变更投资主体,部分投资人为提前锁定收购方,往往通过签订预收购合同的方式,约定于项目并网后进行项目股权收购。在这种模式下,仍存在买卖“路条”的嫌疑,预收购合同的效力存疑。尤其对于风电项目而言,因其采用核准制,故预收购合同可能因违反《行政许可法》的规定而无效;对于光伏项目而言,虽然采用备案制,但预收购协议一般仅约定股权收购的前提条件与基本要求,投资人亦只承担条件成就或期间届满后,就项目公司股权转让事项签署股权转让合同的义务。同时,转让方如违反预收购合同,也仅承担预收购合同项下的违约责任,故收购方无法直接对股权转让或对股权收益等可得利益主张赔偿。因此,即便对于已经发生的合理损失,也可能会因为自己本身亦存在过错而分担损失。

四、前期成果概括受让模式

(一)模式概述

此模式属于新能源项目的起始阶段,即前期筹备阶段。在这一模式下,原开发主体一般已完成前期相关工作,如获得同意开展前期工作的批复文件、地质勘查报告、环境影响评价报告等,但尚未取得项目的正式核准或备案文件。由于资金周转等问题,原开发主体无力继续推进项目建设,于是在政府认可的前提下,双方签订权益受让合同,原开发主体将第三方合同权利义务一并转让给投资方,前期成果的业主方随之变更为投资方的项目公司。最终,投资方以项目公司的名义获取后续的核准备案文件及环境影响评价等审批文件。

(二)主要法律风险识别及防范措施

投资方受让前期成果合同的前提是获得政府认可,以实现项目的正式立项。对投资者来说,合同权益更多是基于信任关系的一种期待利益,而非现实利益。在权益合同转让的签订阶段,投资者需全面调查第三方的资质信息、履约能力和信用评级,尤其要关注编制环境影响评价报告的单位是否具备相应资质,以免影响后续行政部门审批。同时,投资者要规范合同签订过程,采用书面形式承接合同权利义务。最后,投资者要仔细审查合同条款,确认其可转让性,若发生争议,可依据合同内容客观判定责任归属。

五、直接并购立项模式

（一）模式概述

此模式同样处于新能源项目的第一阶段（前期准备阶段），但和上述第四种模式有区别。在此种模式下，原开发主体通常已取得项目的正式核准或备案文件以及环境影响评价等报告。然而，因原开发主体出现现金流断裂等融资困境，无法继续推进项目后续建设。当地政府为了保障项目的持续运行，主动招商引资确定新开发主体，并组织双方进行协商，决定重新核准或备案项目业主，将其变更为投资方，原开发主体退出。

（二）主要法律风险识别及防范措施

为了推动地方经济总量增长，政府通常会牵头组织原开发主体与投资方召开会议并形成会议纪要。但需明确的是，会议纪要并非合同，不具有法律效力。合同成立需具备要约和承诺两个要素，而会议纪要为政府单方行为，缺少原开发主体与投资方的签章，不满足承诺要件，不能视为双方达成合意。同时，政府会议纪要属于行政主体的内部行为，也不具备可诉性。

鉴于此模式下受让权益的特殊性，投资者可能会过度依赖“政府”见证，忽视合同效力、限制性条款等，从而使受让行为存在法律瑕疵。比如，投资者可能会基于无签章的会议纪要、往来函件等，以口头承诺的方式受让合同权益，但地质勘查报告、环境影响评价报告等均为要式合同，若未签订正式书面合同，则不具有法律约束力。此外，投资者还可能忽略原合同中的限制转让条款，若未经第三方同意，原开发主体直接将合同权益转让给投资者会加大可转让性风险。在此提示投资方，在这种模式下，切不可过度“依赖”政府行为，尽管有政府居中牵线搭桥促进双方协商，但从法律层面看，只有合法有效的合同才能产生法律约束力，保障投资方的合法权益。

实践中，关于新能源项目的转让对象有多种说法，如项目开发权、项目前期成果、项目开发权加项目前期成果、项目机会权益等。其中，项目开发权指的是项目的核准或备案文件，其本质为行政许可，不可转让；项目前期成果指的是已完成的各项评估报告和测算指标数据，其实质为合同权益，可以转让；项目机会权益又称优先权转让，指的是一方放弃竞标，另一方给予一定公允补偿的方式。

就本模式而言,项目前期成果是依附于项目开发权的表现形式,而项目开发权是前期成果的内在权益,二者是形式与实质的对应关系,原则上不可分割。在此提醒投资方,在实践中,若双方因转让对象产生诉讼争议,在主张诉求时应明确新能源项目转让对象的实质为项目整体转让,即“项目开发权加项目前期成果”。

六、EPC 垫资后处置项目公司的股权获得项目

(一)模式概述

这种模式是投资方收购存量项目的传统形式。通常在项目并网投产后,投资方与原开发主体进行接触并洽谈收购相关事宜,之后投资方聘请三方(审计、评估和法律)机构对项目及公司状况进行详细调查,最后制定收购方案,完成股权交割及管理权交割等事项。

(二)主要法律风险

其一,项目收购成本较高。因为获取项目的时间点是在并网投产阶段,且需要经过司法拍卖程序,所以该模式周期较长,费用较高,比如通过诉讼收购项目会耗费较长时间,评估拍卖费用也较高。其二,EPC 总承包的确定需要遵循招标程序,指定投资方为 EPC 方可能会因违反《招标投标法》而面临行政处罚或合同无效的风险。其三,通过司法拍卖程序受让股权存在较大不确定性。司法拍卖一般以公开竞价的方式进行,“价高者得”是其主要特征,各项程序的设计初衷也是为了最大限度地发挥司法拍卖的经济价值,而投资者并非项目公司股东,也没有优先购买权等权利,因此受让标的股权存在很大的变数。其四,若项目不能满足投资方的收购要求,可能较难找到其他受让方,同时投资方作为 EPC 总承包方先行垫资建设,可能会存在垫资款无法收回的风险。

因此,在这种商业模式下,投资方利益的实现面临多种阻碍,若采用该模式,投资方需要完善担保措施的登记手续,才能确保债权顺利实现。

(三)类似模式

在实践中,还存在一种与此模式类似的新能源项目获取方式,即通过处理债务人所持项目公司的股权获得项目。这两种模式的共性在于:最终都是通过司法拍卖途径受让资源方持有的股权。两者的差异在于,在这种模式中,受让

方一开始并没有收购项目的意图，当受让方对原开发主体享有债权，而原开发主体又不履行债务时，受让方最终会通过强制执行程序受让项目公司从而实现债权价值。

七、并购已建成项目公司的股权获取项目

（一）模式概述

这种模式是投资方收购存量项目的传统方式。通常在项目并网投产后，投资方与原开发主体接触并洽谈收购相关事宜，随后投资方聘请三方（审计、评估和法律）机构对项目及公司情况进行详细调查，最终制定收购方案，完成股权交割和管理权交割等事项。

（二）主要法律风险识别

需要注意的是，随着国资委相关考核办法的收紧以及央企对新能源投资市场的深入了解，其在新能源项目合作开发及并购方面的推进力度呈收紧趋势。其中，项目合规性问题尤为突出，比如土地性质以及老项目的补贴申报手续等。在此过程中可能出现的风险包括：一是政策合规风险，即在新能源收购中，若投资方因政策不熟悉、收购前调查不充分等因素导致项目问题被遗漏，会增加收购风险，甚至可能造成国有资产流失；二是财务风险，若投资方因金融市场融资条件变化或自身财务状况认识不足等导致新能源项目的资金链断裂，会影响原企业的总体发展；三是市场风险，新能源项目的发电收益与当地电力市场供需、消纳情况紧密相关，这些因素可能影响项目的预期盈利；四是运营风险，新能源项目的生产设备、风光资源、运维成本等因素会影响项目的预期盈利状况。

（三）法律风险防范措施

碳达峰碳中和的实现是一个阶段性历史进程。企业应首先根据国家能源战略规划目标，结合自身发展确定新能源收购业务的定位和方向，确保内外环境相适应，制定总体战略方案。具体可分为：一是优选目标，收购方在选择新能源项目时，要全面考虑项目出让方、建设方的影响力和信赖值，同时完善收购预期模式，确保项目质量上乘；二是专业机构辅佐，为保障收购效益、梳理项目风险点、挖掘项目潜在风险，收购方需委托相关专业机构进行调查，汇总项目总体风险，论证收购方案的科学性和合理性，提升企业综合经济效益和核心竞争力；

三是设计收购方案，在满足上述条件后，收购方尤其要根据法律、财务、评估、技术尽职调查报告及意见设计风险防范交易条款，重点关注双方权责划分界限、股权转让价款、付款节点与比例、资金安排与进度、过渡期安排、消缺事项质保金等重要事项。

第二节　新能源项目典型融资模式及合规风险分析

一、传统融资模式及影响现金流的核心

在新能源项目融资领域，境内的风电及光伏项目采用标准有限追索或无追索项目融资模式的情况较少，传统公司融资模式运用得较多。很多项目会采用银行贷款或融资租赁的方式，并与融资方签订相应的借款或融资租赁合同。项目公司通常会以电站电费收费权质押、项目公司股权质押、大股东担保及不动产抵押等作为增信措施，以获取融资方的资金支持，满足项目建设及生产经营的资金需求。

影响项目现金流的关键因素是消纳问题和电价（补贴）。就电价（补贴）而言，我国风电、光伏项目的电价政策经历了从固定标杆电价阶段到指导电价阶段的变化过程。具体来说，2011～2018 年，风电项目根据全国四类风能资源区确定相应标杆上网电价，光伏项目则按照三类太阳能资源区实行标杆上网电价制度，且该等标杆上网电价呈逐渐降低趋势。2019 年起，风光电项目指导价制度与竞配制度配套推出，标杆上网电价制度被取代。自 2020 年 1 月 1 日起，现行燃煤发电标杆上网电价机制转变为“基准价＋上下浮动”的市场化价格机制。对于风光电项目，如果指导价低于项目所在地燃煤发电基准价（含脱硫、脱硝、除尘电价），则需按照当地燃煤发电基准价执行。

随着电力交易市场化改革的推进，部分省份如内蒙古、云南、山西等已陆续发布规定，要求风光电项目部分电量进入当地电力交易市场交易，在此情况下，项目公司进入电力交易市场交易的电量实际获得的电价可能低于当地燃煤发电基准价。此外，近年来国家积极推动无须补贴的风电、光伏平价上网项目建设，对于平价项目，在优先发电、全额保障性收购、购售电合同期限及固定电价、

利用国有未利用土地、土地相关收费等方面均给予政策性支持。各省也相继针对平价风电及光伏项目出台了进一步的规定,并给予一些地方性优惠政策。总体而言,电力市场化交易和平价项目相关政策的实施,对项目消纳问题有较大影响,需要投资人重点关注。

对投资人而言,无论是收购存量项目还是开发新的风光电项目,首先要密切关注当前政策中关于补贴、平价项目备案/核准和并网的具体要求,结合项目的实际建设进度和具体情况,审核项目电价及补贴的合规性。比如,自 2021 年 1 月 1 日起,新核准的陆上风电项目全面实现平价上网,国家不再给予补贴;对于 2018 年年底前核准的陆上风电项目,若在 2020 年年底前仍未完成并网,国家也不再补贴;对于 2019 年 1 月 1 日至 2020 年年底前核准的陆上风电项目,若在 2021 年年底前仍未完成并网,国家同样不再补贴,这些项目将转为平价项目管理。另外,对于平价风光电项目,项目公司还需及时申请纳入各省市组织的平价项目清单,只有被纳入清单的平价项目才能享受平价项目政策的优惠。其次,应根据项目适用的全生命周期小时数、补贴实际支付(或延迟支付)周期以及项目机组利用率等技术边界,结合项目本身相关风险,合理评估和测算现金流及项目投资回报。

二、融资租赁模式

在北京市高级人民法院(2018)京民初 190 号案中,某金融租赁公司(出租人)与 Z 公司(承租人)签订了《融资租赁合同》。根据该合同约定,出租人按照承租人对卖方和租赁物的选择及确定的交易条件出资购买租赁物,然后再将租赁物以融资租赁的方式出租给承租人使用。

同日,某金融租赁公司、Z 公司与国建公司签订了《融租购买协议》。协议中明确表示:鉴于 Z 公司已自行选择并与国建公司签订了《项目采购协议》,委托国建公司采购风电场项目设备,三方确认此前合同项下的采购设备将由某金融租赁公司为 Z 公司提供融资租赁服务,且某金融租赁公司通过本协议追溯承认对 Z 公司的委托购买行为。同时,设备所有权归属于某金融租赁公司,其仅承担根据 Z 公司申请进行付款的义务。之后,该金融租赁公司依约向国建公司支付了设备购买款项。

然而,由于Z公司未能按期支付到期应付租金,某金融租赁公司遂向法院提起诉讼。在实践中,融资租赁是新能源项目获取融资的一种常见且重要的方式。但光伏、风电项目具有其自身的特殊性,光伏组件、风机本身并不能直接产生收益,只有建成光伏、风电电站后才能获得发电收益。因此,一旦发生争议,双方通常会对租赁物究竟是组件、风机还是电站,以及是否完成交付等问题存在不同看法,这在一定程度上也会影响法院对融资租赁关系的认定。

对此,根据最高人民法院《关于审理融资租赁合同纠纷案件适用法律问题的解释》,需要结合标的物的性质、价值、租金的构成以及当事人的合同权利和义务进行综合认定。如果不存在明确且客观存在的租赁物,或者租赁物所有权未能转移至出租人,抑或租赁物转让价值明显偏低而无法担保租赁债权,那么应当认定这类合同缺乏融物属性,实际上是以融资租赁之名行借贷之实,不构成融资租赁法律关系。在上述案件中,法院认为,Z公司与某金融租赁公司通过附表的形式对《融资租赁合同》《项目采购协议》《融租购买协议》的对应关系及内容进行了确认,双方签订合同的内容及履约事实符合融资租赁合同的基本特征,最终判决Z公司限期支付合同项下租金、租赁手续费及逾期罚息。

三、新兴市场融资

为了解决新能源项目的资金需求,除了传统的增资扩股、合资合作、银行贷款等常规融资渠道外,新能源项目还可借助新兴资本市场筹集资金,丰富项目资金来源。

(一)CCER项目

光伏、风力发电项目通过可再生能源发电,能有效减少原先电网中由传统化石燃料火电厂发电产生的二氧化碳排放,可通过认证自愿减排量(CCER)后,在碳排放权交易中获得额外收益。

(二)碳金融工具

表 4.1

项目类型	项目名称	规模(兆瓦)	业主
可再生能源项目	青海蓓翔新能源开发有限公司共和三期 20 兆瓦并网光伏发电项目	20	爱康科技
	金昌清能电力有限公司金川区西坡 100 兆瓦并网光伏发电项目	100	爱康科技
	昱辉伊犁特克斯 20 兆瓦光伏并网发电项目	20	爱康科技
	青海蓓翔新能源开发有限公司共和四期 10 兆瓦并网光伏发电项目	10	爱康科技
	九州方园博乐五期 60 兆瓦光伏并网发电项目	60	爱康科技
	内蒙古四子王旗江岸苏木 100MWp 光伏并网发电项目	20	爱康科技
	孝义市太子可再生能源科技有限公司 30 光瓦光伏发电项目	30	爱康科技
	青海昱辉新能源有限公司乌兰二期 20 兆瓦并网光伏发电项目	20	爱康科技
	正信和静 20 光瓦光伏并网发电站建设项目	20	顺风光电

1. 低息贷款

2021 年 11 月 8 日,中国人民银行创设推出碳减排支持工具这一结构性货币政策工具。碳减排支持工具实际上属于中国人民银行再贷款的一种,即商业银行向企业发放碳减排贷款后,可向人民银行申请再贷款,利率为 1.75%。在现有再贷款工具中,1 年期中期借贷便利(MLF)利率为 2.95%,支小支农再贷款利率为 2.25%,扶贫再贷款和金融稳定再贷款利率为 1.75%。该工具重点支持清洁能源、节能环保和碳减排技术三个碳减排领域。风力发电、太阳能利用、高效储能(包括电化学储能)、智能电网、大型风电光伏源网荷储一体化项目、户用分布式光伏整县推进、跨地区清洁电力输送系统、应急备用和调峰电源等新能源项目都在支持范围内。

2. 补贴确权贷款

《关于引导加大金融支持力度　促进风电和光伏发电等行业健康有序发展的通知》(发改运行〔2021〕266 号)规定,已纳入补贴清单的可再生能源项目所在企业,对已确权应收未收的财政补贴资金,可申请补贴确权贷款。金融机构以审核公布的补贴清单和企业应收未收补贴证明材料等为增信手段,按照市场化、法治化原则,以企业已确权应收未收的财政补贴资金为上限自主确定贷款金额。申请贷款时,企业需提供确权证明等材料作为凭证和抵押依据。

3. 碳债券

中国银行间协会《关于明确碳中和债相关机制的通知》,提出满足绿色债券募集资金用途、项目评估与遴选、募集资金管理和存续期信息披露等条件的企业,可申请发行碳中和债,碳中和债募集的资金专项用于具有碳减排效益的绿色项目。

4. 碳基金

《关于构建绿色金融体系的指导意见》(银发〔2016〕226 号)提出,要"有序发展包括碳基金在内的碳金融产品与衍生工具"。2021 年 7 月,武汉知识产权交易所联合国家电力投资集团、盛隆电气、正邦集团成立"碳中和—新能源"基金,规模 100 亿元,聚焦企业节能减排设施设备的建设配置和节能减排技术创新的投入;中国宝武刚集团有限公司与国家绿色发展基金股份有限公司设立宝武碳中和股权投资基金,总规模 500 亿元,聚焦风、光等投资市场的碳中和产业项目。

5. 可再生能源发电应收补贴款资产证券化

可再生能源发电补贴是由财政部设立的可再生能源发展基金,对已纳入可再生能源电价附加资金补助目录(补贴清单)的发电项目下发的补助资金。对已纳入补贴清单的项目而言,就已完成发电和销售的电量享有的营收补贴系按照国家统一标准发放的中央财政补贴专项,权属明确,属于可预期的稳定现金流,可以按照企业应收账款债权为基础资产或基础资产现金流来源开展资产证券化业务。

第三节　新能源项目投资开发过程中的合规风险防控

风电、光伏新能源项目均为需要高额投入的固定资产投资项目，虽为国家鼓励投资建设，但因为其投资建设涉及电力监管、用地监管、项目建设等多方面事项，面临的监管范围广、强度大。近年来，随着行业监管的加强，特别是对项目合规及电价补贴相关问题监管的加强引发了行业内的广泛讨论。因此，在新能源项目投资与开发过程中如何避免法律合规风险，以保证项目收益经济指标达成与合法存续运营，是笔者在近期提供新能源项目投资服务过程中经常遇到的咨询问题，值得探讨。以下结合实践经验，阐述新能源项目投资与开发过程中应避免的法律合规风险。

一、影响项目价值合规及电价的法律合规风险

（一）概述

在新能源项目开发、投资建设和项目并网验收的过程中，均会存在相关的法律风险。在新能源发电项目选址资源逐渐紧缺，而电价及规模指标与并网时间挂钩的背景下，为抢资源而向地方政府作出相关承诺、为抢并网而忽略相关合规问题（或者即使知晓相关合规问题，但先并网再补相关审批手续）的情形屡见不鲜。该等情形尽管可能短期内不会影响项目并网或运营，地方政府可能也出于地方经济考虑等因素暂时未进行严格监管，但随着时间的推移及国家层面监管的加强，相关问题将逐渐显现，对项目的经济收益产生较大影响，甚至影响项目的合法存续。此外，新能源项目在资本市场领域的热度也持续升温，很多投资方对新能源项目的投资或并购完成后，均有计划将相关项目注入上市公司或者资产证券化，以实现新能源项目的资本化，如项目涉及这些问题，将可能导致项目价值无法达到证券化要求。因此，项目投资、开发过程中规避或识别这些风险，不仅能够为项目接续的建设与后续的持续运营夯实牢固的基础，而且能够避免给项目未来的资本运作与融资造成实质障碍。

（二）关注要点

我们认为，在项目的投资与开发过程中，从前期的政府招商引资、项目立

项，到项目建设管理，以至于建成并网均需要对影响项目价值的合规及电价法律合规风险予以特别关注，具体而言有以下三点。

1. 项目立项前的开发工作

通常而言，在项目立项前的前期开发工作中，当地政府往往会与投资者签订招商引资协议。由于项目资源的稀缺性，往往存有多个投资者展开竞争以竞取项目开发的资格，当地政府也可能对项目设置其他配套条件，如设置产业配套要求、长期扶贫承诺等。投资者往往为了完成业绩目标，也会选择接受，或者主动向地方政府要求作出相关承诺。在笔者的执业过程中，发现部分投资者在作出这些承诺并完成项目建设并网后，因为前期承诺超出自身实力范围，或者为实现该等承诺需要付出较大的经济代价，进而因无法实现承诺，被追索或产生纠纷的情形并不鲜见，由此影响投资双方的关系，令发电企业陷入被动。

2. 项目建设管理

在补贴电价时代，受限于项目资源分配的不均衡性，部分不具备开发投资建设条件的业主在取得项目立项文件与建设规模指标后，往往圈而不建，待价而沽。因此，在项目立项文件中，均要求项目建设单位在一定期限内开展项目建设或者提出延期申请并获准，否则立项文件即失效。因此，项目立项后的建设管理至关重要，若因管理不善导致项目被废则得不偿失，也会损失前期开发工作投入的成本与费用。

3. 电价补贴

在新能源项目含补贴电价时代，标杆上网电价极大地激发了投资者的热情，引领了新能源下游电站行业的飞跃发展。但不可忽略的是，标杆上网电价中所含的可再生能源电价附加补助资金（以下简称国补）占据相当高的比例，对达成项目收益率具有决定性影响。特别是对于较早时期存量的光伏电站而言，无法取得国补资格或者因不合规情形导致国补资格丧失，将导致项目收益率无法实现的颠覆性风险。

二、常见法律合规风险防控

（一）地方政府合作协议中的违约风险

根据我们的执业经验，部分投资者与地方政府签署的项目开发协议中，可能存在以下风险:(1)地方政府要求投资主体提交一定数额的项目投资保证金,待项目进度满足要求后予以全额返还,若公司由于相关原因而不能如期提交投资保证金,则可能导致开发协议提前终止的风险;(2)若未能满足政府方对项目公司的设立要求(如项目公司股权结构、设立进度、项目公司实缴注册资本要求等),则可能导致开发协议提前终止的风险;(3)与地方政府签署的框架协议对项目建设进度有明确要求,基于项目前期手续办理等多种因素而工程进度难以满足的风险;(4)地方政府提出的配套投资计划、当地用工、当地采购等要求,项目实际建设或并网之后由于客观原因或经济原因无法实现该等承诺的风险。

针对以上风险,就项目投资开发主体而言,可以采取以下措施进行相应处理:(1)与地方政府签署开发协议时,就项目投资保证金的要求,以及政府方对项目公司股权结构、设立进度、注册资本缴纳进度等方面的要求,建议投资者事先了解自身的实际情况,据此作为与地方政府沟通的基础;(2)建议根据项目正常开发建设工作,合理设定进度要求,并在进度要求中安排相关情形的除外条款,将对于非公司方面原因导致的项目进度滞后情形作为违约的排除情形,此外,不建议安排项目结果考核方面的相关承诺条款;(3)对于政府方提出的配套投资计划、当地用工、当地采购等要求应谨慎承诺,若遇当地政府提出公司较难实现的承诺要求时、建议结合公司的实际情况作有限承诺或附条件的承诺,如承诺公司在一定时间内或之前启动或者完成某项工作,而不承诺难以实现的工作结果;或者设定某一条件作为启动或者兑现承诺的前提。就项目投资并购主体而言,则需要在尽职调查过程中要求交易对手充分披露与政府之间的合作安排,同时通过走访地方政府等方式挖掘和排查相关风险,并设置相关风险防控措施。

(二)未取得建设规模指标的风险

在存量补贴电价时代,未能取得建设规模指标,就无法取得国补。在平价上网时代,未取得建设规模指标将可能导致项目无法接入电网系统,无法产生收益,新近发布的《光伏电站开发建设管理办法》明确,纳入光伏电站年度开发建设方案的项目,电网企业应及时办理电网接入手续。由此可见,取得建设规模指标对于实现项目收益测算至关重要,在当今平价上网时代,将导致项目能否建成并网,其影响是颠覆性的。

对于未取得建设规模指标含有补贴的存量项目，需要在交易定价中予以充分考虑，可以采用的措施包括：先以平价项目价值予以收购，待项目正式取得建设规模指标并纳入可再生能源项目补贴清单后，在依据交易文件所约定的补偿机制向转让方支付相关补偿，或待建设规模指标确定后再行收购。对于未取得建设规模指标的平价项目，待取得建设规模指标后再开展合作，或者在取得指标之后再支付相应对价，作为防控该等并网和电价风险的措施。

（三）被认定为"倒卖路条"的风险

"倒卖路条"是行业内对新能源项目权益转让的俗称，具体主要表现为取得备案/核准文件后，项目并网投产前，项目公司股权发生变动。以光伏项目为例，国家能源局在2014年之后发布的多份规范性文件中均禁止买卖项目备案文件及相关权益，而投资主体在项目投产之前发生股权变更，往往就会涉嫌"倒卖路条"。根据国家能源局相关规范性文件的规定，发生"倒卖路条"的情形将导致的后果有：(1)暂停、取消可再生能源电价补贴；(2)责令改正、行政处罚；(3)列入不良信用记录等。

根据我们的执业经验，在2022年国家相关部委组织的国补核查执法中，对"倒卖路条"的核查特别深入与细致，不仅局限于对核准/备案文件上所载的投资主体及其股权变更的核查，还聚焦夹层公司股权转让、投资主体的实际控制人变更，甚至会要求被审查对象提供项目合作协议、股权质押协议、EPC合同、经营托管协议等，以及核查是否存在融资、项目合作等多种形式转让项目。因此，如果新能源发电企业无法就国补核查所发现的相关情况提供合法依据或进行合理解释，其可能会面临被认定为"买卖路条""违规变更投资主体"的风险，进而对项目核准备案文件的有效性，以及后续的电价批复、国补资格等事项构成重大不利影响。例如，某上市公司曾于2022年公告，其内蒙古的5个集中式光伏电站项目，因擅自变更投资主体，被主管部门要求废止批复上网电价，并被要求退回国补资金。

为了避免倒卖路条的风险，需要关注以下几个方面：(1)项目公司取得备案/核准文件后，如非特殊情况，项目投产前，尽量避免股权变更；如系与合作方合作开发项目，项目公司已取得备案/核准文件，可以通过BT模式、预收购模式等进行协议控制，待项目投产后再进行股权变更；(2)已经发生投产前股权变动的项目公司,如果投产之后正常上网并获得电价,且发改能源主管部门暂未予以关注,则可以通过在交易文件中设置转让方特别承诺的方式,对相关风险由转让方以赔偿损失或回购等方式兜底承担。如已被发改能源主管部门关注,则需要取得发改能源主管部门关于投产前股权变更不会导致不利后果的确认。

(四)立项文件效力瑕疵的风险

为督促项目公司在取得备案/核准文件后及时开工建设,确保正常并网发电,项目备案/核准文件的有效期通常为1～2年,自项目备案/核准之日起算。在有效期内未开工建设且未按规定申请延期的,项目备案/核准文件到期后自动失效。

对于自建项目,项目公司取得备案/核准文件及其他必要文件后,应及时开工建设,可根据电站并网时间倒排工期,做好项目进度建设管理工作,并在项目建设EPC合同中予以明确;对于与合作方合作开发的项目,在合作前应关注在备案/核准文件的有效期内项目公司有无开工建设,未能在规定期限内开工建设的,应在备案/核准有效期内到备案部门申请延期,或者取得投资主管部门出具的项目已经开工建设,项目备案/核准文件仍有效的证明文件。

根据我们的执业经验,在新能源项目法律尽职调查过程中,应对是否在立项文件有效期内开工需要重点关注,对于风电项目而言,根据《风电开发建设管理暂行办法》第19条规定,风电场工程开工以第一台风电机组基础施工为标志。对于该事项的核查,可结合施工记录、监理日志等材料文件予以确定,相对而言比较容易核查。但对于光伏电站项目的开工标志,国家部委尚未出台相关规范指引文件,谨慎起见向投资主管部门征询确认立项文件处于有效期内。此外,某些地方政府发布的通知文件等,也可能对光伏电站项目的开工标志作出规定,需在法律尽职调查的过程中予以注意。

(五)未按期实现全容量并网的风险

根据《关于加快推进可再生能源发电补贴项目清单审核有关工作的通知》(财办建〔2020〕70号)(以下简称70号文)规定,明确上网电价以项目全容量并网时间核定。实践中,部分新能源发电企业为了抢630、1231电价,项目首次并网投产时往往并未实现全容量并网,存在批量并网的情形;有些项目甚至因为受限于征地等用地手续的因素制约导致项目无法全容量完成建设,至今未能实现全容量并网发电。

对于上述第一种分批达成全容量并网的情形，按照70号文的规定，应按每批次全容量并网的实际时间分别确定上网电价，但前提为需履行分批次并网的手续。尽管如此，实践中分批次并网手续是什么程序，尚未出台相关规范文件给予指引，需要结合项目当地主管部门的意见而定。就上述第二种情形，如项目一直至平价上网时代仍未实现全容量并网发电的，将导致整个项目面临无法获得国家补贴的风险。因此，未按期全容并网的情形因其存在导致电价/补贴被调整的重大风险，在相关电价收益测算无法达到预期的情形下，势必将构成新能源项目投资并购的法律红线。我们强调，在新能源项目的尽职调查过程中，需重点核查全容量并网时间点，并在定价中予以考虑，以及在交易文件中设置相应补偿机制等风险防控措施。

三、影响项目合法存续的法律合规风险

从我国新能源项目投资开发起步至今，不论是前期敢打敢拼走在新能源项目投资开发前沿的民营企业，还是近期作为投资并购及项目开发主力军的国企、央企，均会不时遇到其新能源项目因违法用地导致责令整改或者拆除的情形。新能源电站作为建设项目，其用地合规性系项目立身的根本，用地不合规事项对新能源项目电站的投资造成了极大的负面影响。就投资者想长期获得预期收益的角度，或者预期将新能源项目进行资本运作的角度而言，违法用地将可能根本性影响项目合法存续运营，同时也可能触碰到项目资本运作的红线。

根据国家相关部门于不同时期颁布的政策，新能源项目的合法用地方式也在不断变迁。从最初要求风光项目占地原则全部需要办理建设用地批准手续，到《关于支持新产业新业态发展促进大众创业万众创新用地的意见》（国土资规〔2015〕5号）允许使用未利用地开展建设，再到国家林业局《关于光伏电站建设使用林地有关问题的通知》（林资发〔2015〕153号）允许一定条件下的林光互补光伏电站模式，以及国土资源部、国务院扶贫办、国家能源局《关于支持光伏扶贫和规范光伏发电产业用地的意见》（国土资规〔2017〕8号）突破性允许在一定条件下光伏复合项目使用农用地铺设方阵，各种创新型用地方式极大地激发了行业的投资热情。从近一两年行业监管动态看，尽管政策变动，但随着原有创

新用地政策的有效期逐步届满，且新规尚未出台，以及国家对耕地红线的一再强调，新能源用地政策正在呈现逐步收紧的趋势，特别对使用耕地建设光伏电站进一步从严监管，光伏复合项目需遵循更高标准，以及水利部《关于加强河湖水域岸线空间管控的指导意见》（水河湖〔2022〕216 号）禁止光伏电站、风力发电等项目在河道、湖泊、水库内建设等，新能源项目合法存续的核心问题仍长期聚焦于几个方面，我们通过下文予以分别揭示。

四、常见法律合规风险防控

（一）占用基本农田的风险

《土地管理法》规定，我国实行基本农田保护制度。严格保护基本农田，控制非农业建设占用农用地。非农业建设必须节约使用土地，可以利用荒地的，不得占用耕地；可以利用劣地的，不得占用好地。征收基本农田、基本农田以外的耕地超过 35 公顷或者其他土地超过 70 公顷的，应由国务院批准。坚守 18 亿亩耕地红线，划定永久基本农田，是落实最严格的耕地保护制度、保证国家粮食安全、推进新型城镇化和生态文明建设的重要举措。尽管如此，新能源企业因发生占用基本农田被查处导致项目被拆除的案例也时常出现，举例如下。

（1）2018 年 11 月 6 日，自然资源部通报 10 起违法占用永久基本农田案件：如江西某新能源有限公司违法占地建光伏项目案，该公司违法占用某村永久基本农田约 3.88 公顷（58.25 亩）建设光伏项目。当地国土资源局进行了制止；当地区政府组织拆除了光伏板、水泥桩等设施，恢复土地原状。

（2）2022 年 8 月 25 日，江苏自然资源网站发布“2022 年第一批挂牌督察案件整改落实情况的通报”，通报共包括 5 起案例。其中，丹阳市某新能源光伏有限公司未经批准、擅自占用延陵镇延陵村集体土地 26.01 亩建设光伏发电项目，所占土地均为永久基本农田。该公司自行拆除了在 26.01 亩永久基本农田上的构筑物，并复垦到位。同时，丹阳市自然资源和规划局作出行政处罚，责令退还非法占用的土地。

为避免上述问题，在项目开发阶段即应详细查阅当地国土部门土地利用总体规划，查清项目用地是否涉及基本农田，如涉及的应尽量予以避让，并做好优化选址工作。如在投资并购存量项目过程中发现涉及压占基本农田的问题，则应取得主管部门确认项目所占压的基本农田完成调整为非基本农田无障碍，且完成调整之前不会对项目运营构成影响，其后再实施交易。如果占用基本农田面积较小，可以考虑从项目规模中扣除占用基本农田的规模并相应定价。

（二）压占生态保护红线的风险

依据《生态保护红线划定指南》（环办生态〔2017〕48 号）的规定，生态保护红线划定的主要范围应涵盖两部分：国家级和省级禁止开发区域，以及其他有必要严格保护的各类保护地。中共中央办公厅、国务院办公厅印发的《关于划定并严守生态保护红线的若干意见》规定，生态保护红线原则上按禁止开发区域的要求进行管理。严禁不符合主体功能定位的各类开发活动，严禁任意改变用途。生态保护红线划定后，只能增加、不能减少。同时，该文件规定生态保护红线调整需满足的条件为：（1）因国家重大基础设施、重大民生保障项目建设等需要调整的；（2）由省级政府组织论证，提出调整方案；（3）经环境保护部、国家发改委会同有关部门提出审核意见后，报国务院批准。

在我们的实践中，时常遇到某些项目在前期开发阶段忽略生态保护红线核查事项，导致后续环评验收、电力业务许可证办理存在障碍的情况。有些业内人士称，只要项目拿到环评批复意见即可表明项目不涉及生态保护红线，但根据我们的项目经验，仍需根据具体情况予以核实。我们通过公开渠道检索到某央企子公司因在生态保护红线内违法建设风电项目，进而被责令拆除的情形。

为了避免触及该法律合规风险，需在项目开发阶段详细查阅当地已经划定的生态保护红线范围，查清项目用地范围内是否涉及压占生态保护红线，如经核实压占生态保护红线，尽量予以避让，并做好优化选址工作。如为存量项目涉及压占生态保护红线，则应取得主管部门出具的相关确认文件，以确认项目压占生态红线保护，不会对项目运营构成影响，或明确生态红线正在调整，调整之前不会对项目运营构成影响。如果占用生态红线的面积较小，可以考虑从项目规模中扣除占用生态红线的规模并相应定价。同时，我们也建议在投资文件中对该等情形设置相应的特殊赔偿条款。

（三）压占特殊用地的风险

特殊用地是指国土行政管理部门之外的政府部门管理的土地类型，具体为林地、草地、湿地、风景名胜区、自然保护区等，依据相关法律规定，该等地类绝大部分为限制或者禁止使用区域,在新能源项目前期开发工作或者投资并购中需特别予以关注。依据《生态保护红线划定指南》的规定,生态保护红线划定主要范围应涵盖两部分:国家级和省级禁止开发区域,以及其他有必要严格保护的各类保护地。实践中还存在即使不涉及生态保护红线,但仍涉及风景名胜区和自然保护区的案例,原因是某些区域不与国家级和省级禁止开发区域重叠,但涉及市级,乃至县级政府划定的风景名胜区或者自然保护区。通过公开渠道可知,近年来压占特殊地类的违法案件也时常出现,见表4.2。

为了规避上述风险,在项目开发与投资并购阶段,应详细查阅当地已经划定的林地、草地、湿地、风景名胜区和自然保护区范围,查清项目用地范围内是否涉及此类特殊用地,避开压占情形并做优化选址工作。如投资并购存量项目涉及上述特殊用地的,建议可以请主管部门确认项目用地范围内涉及上述特殊用地对项目运营所构成的影响,并在投资并购交易文件中设置必要的特殊赔偿条款。

表4.2

案件或公开信息	违法案件详情
国家林业和草原局通报典型违法违规破坏森林资源案件	2020年9月,四川省攀枝花市某新能源公司因超许可范围非法占用林地46.49公顷(697.35亩)用于黄桷垭风电场项目建设被国家林草局挂牌督办。2020年10月,攀枝花市公安局仁和区分局以涉嫌非法占用农用地罪进行立案侦查,对2名企业负责人采取刑事强制措施。项目非法占用林地中,除已建风机机组长期占用的林地1.56公顷(1.45公顷与许可范围一致)外,其余已全部收回。已收回林地中部分临时道路依法办理使用林地手续改为防火道,其余19.27公顷(289.05亩)已恢复植被
青海省"利剑"2018新能源光伏项目用地清查专项行动	2019年,青海在全省范围内开展了"利剑"2018新能源光伏项目用地清查专项行动。其间,共梳理出2013年以来已建、在建、拟建各类光伏项目共260个,涉及占地面积约19.63万亩(含光伏方阵面积),其中占用荒漠化为主的天然牧草地约18.26万亩、未利用地约1.18万亩、耕地约0.19万亩,主要集中分布于青海海南州、海西州和海东市。检查发现2013年以来,未及时取得用地手续先行开工建设光伏项目共计158个,涉及占地面积约5.7万亩(含光伏方阵面积),违法用地已立案158个,结案148个,收缴罚没款共计3259.6万元

续表

案件或公开信息	违法案件详情
《九江市通报省环境保护督察移交生态环境损害责任追究问责情况》	2018 年 10 月 30 日,九江市人民政府发布《九江市通报省环境保护督察移交生态环境损害责任追究问责情况》,在江西省开展环境保护督察工作后通报了两起生态环境损害的典型案例。文件表示瑞昌市(江西省九江市下辖县级市)虹源光伏发电有限公司 30MW 渔光互补发电项目侵占达尔湖省级重要湿地 490 亩,瑞昌市政府及有关职能部门在该项目未取得省林业部门湿地使用批准手续的情况下,擅自举行开工仪式,并积极开展项目建设
《关于查处八公山风景区违法建设风力发电项目的建议》	2016 年 2 月 17 日,安徽省政协收到《关于查处八公山风景区违法建设风力发电项目的建议》的提案,内容为:"该项目的建设违反了《风景名胜区条例》第 24 条、第 26 条、第 30 条,以及《八公山风景名胜区总体规划》第 55 条不得再建设大型水利、电力等基础设施等相关规定。"2016 年 6 月 22 日,安徽省住建厅复函:提案提出的项目建设单位立即拆除违法建设;对已破坏的八公山风景区地貌和植被立即进行恢复
湖南省进行第二轮中央生态环境保护督察的督察组收到群众举报	2015 年 8 ~ 11 月,某风电公司已在广西办理相关手续、但尚未在江永县办理任何审批手续的情况下,占用了江永源口省级自然保护区燕子山山场农用地,修筑了道路两段,修建 36#、37#、38#风电机组平台 3 台。2021 年 4 月 26 日,江永县政府再次约谈该公司,达成一致意见后,启动拆除位于江永源口省级自然保护区内风机程序

(四)在水域或周边建设新能源项目未依法办理防洪手续的风险

随着陆上光伏电站资源的越发紧缺,各新能源项目开发主体逐渐将项目开发地点转向于湖泊、水库、河道水面等,在水网密布的中国南方地区尤甚。在此类区域建设新能源项目,将受到《防洪法》《河道管理条例》等法律规范的约束,规范的目的在于建设工程项目不得妨碍行洪,影响河势稳定、危害河岸堤防安全等,在此类水域或周边开展建设项目,应当按规定办理相应水行政许可手续,包括但不限于洪水影响评价其防洪设施验收手续。2022 年 5 月 20 日,水利部发布《关于加强河湖水域岸线空间管控的指导意见》(水河湖〔2022〕216 号),更是强调光伏电站、风力发电等项目不得在河道、湖泊、水库内建设;在湖泊周边、水库库汊建设光伏、风电项目的,要科学论证,严格管控,不得布设在具有防洪、供水功能和水生态、水环境保护需求的区域,不得妨碍行洪通畅,不得危害水库大坝和堤防等水利工程设施安全,不得影响河势稳定和航运安全。该意见发布后,存量涉及水域的电站项目如未取得相应防洪手续,将面临无法继续运营的风险,比如,2022 年 5 月,水利部网站先后两次对"江苏省天岗湖光伏等碍洪问题视频核查整治工作"进行了报道。根据报道,该项目为国家能源局 2017 年批复的光伏发电领跑项目,2017 年开始实施,分 2 期建设,共占水面约 9 平方千米,占泗洪县境内天岗湖水域面积约 70%,已办理了环评、土地、规划等手续,但未依法依规办理防洪评估水行政许可手续。根据要求,要在 5 月底前完成对占用湖泊行洪通道的光伏设施、围网拆除;在 12 月底前完成对湖泊其他区域光伏等设施的整改。

综上,为了避免该项法律合规风险,开发或收购在水面及周边建设的新能源电站应当采取十分审慎的态度,向当地水行政主管部门核实相关区域是否属于禁止建设区域或属于需要办理防洪手续的区域。如项目选址在防洪规划确定的河道整治计划用地和规划建设的堤防用地范围内的土地,并经土地管理部门和水行政主管部门会同有关地区核定划定为规划保留区内的,应另行选址;对于确实无法避免选址在江河、湖泊、河道等地的项目,在开工建设前,项目公司应论证是否符合防洪规划要求,如涉嫌妨碍行洪,项目公司应事先取得当地水行政主管部门关于防洪评审意见;在洪泛区、蓄滞洪区内建设非防洪建设项目,应当就洪水对建设项目可能产生的影响和建设项目对防洪可能产生的影响作出评价,编制洪水影响评价报告,提出防御措施。洪水影响评价报告应经有关水行政主管部门审查批准。同时,相关交易文件需对涉及此类情形的项目设置特殊的赔偿安排。

(五)压覆矿产的风险

新能源项目作为单独选址项目,选址往往在城市规划范围外,审查项目用地范围内是否涉及压覆矿业权是一项重要工作。《关于进一步做好建设项目压覆重要矿产资源审批管理工作的通知》(国土资发〔2010〕137 号)等相关规定明确要求,项目选址前,项目公司应向省级国土资源行政主管部门查询拟建项目所在地区的矿产资源规划、矿产资源分布和矿业权设置情况,不压覆重要矿产资源的,应由省级国土资源行政主管部门出具未压覆重要矿产资源的证明;需压覆重要矿产资源的,项目公司应根据有关工程建设规范确定建设项目压覆重要矿产资源的范围,委托具有相应地质勘查资质的单位编制建设项目压覆重要矿产资源评估报告。与矿业权人签订互补影响准入压覆协议,并取得准予压覆的行政审批文件。已有司法案例表明,未履行上述压覆矿审批手续,即开展项目建设压覆矿业权的,电站存在被拆除的风险。同时,如果涉及压覆矿业权,矿业权人或地方政府出于经济利益的考虑也可能要求项目公司需对未来矿产开采进行让位,给新能源项目后续持续稳定运行带来重大不确定性。

为了避免压矿相关风险,项目开发时应向主管部门了解项目所在地探矿权、采矿权设立的时间、品位,综合判断在该区域开发项目的可行性。如经核实,项目涉及压覆矿产资源的,项目公司应尽量在当地政府的协调下,与探矿权人或采矿权人积极协商,争取达成符合项目公司利益的矿产压覆补偿协议。如系投资并购存量已建成项目,更应关注历史压覆矿手续的完善性以及当前是否存在压矿相关问题,并在投资并购交易文件中设置如交割条件、特别承诺等相应的风险防控措施。

五、小结

新能源项目作为固定资产投资项目,投资开发主体往往因着眼于降低项目造价成本或取得更好的风光资源,而到偏远地区对项目进行投资开发,该等地区绝大部分位于城乡土地利用总体规划范围以外,与一般房地产开发项目从政府受让已纳入总体利用规划的“净地”具有很大不同。新能源项目往往需要单独选址,意味着项目公司需在项目用地上倾注较多的心力以排查用地风险,以积极推动政府承担相应的用地前期工作职责。我们过往的执业经验以及众多公开的违法案例表明,项目一旦选址不当即极易诱发颠覆性风险。因此,不论是在新能源项目投资还是在开发过程中,均需要通过深入调研判断选址是否存在合规问题,排查相关法律合规风险,使得新能源投资或开发项目最终安全落地并在项目生命周期内持续经营。

第四节 新能源项目并购过程中典型法律问题及对策

新能源行业投资并购领域持续火热,各大行业内的新老玩家,尤其是以各大中央及地方国有企业为代表的国家队,在新能源领域进行了大量的投资并购交易。随着新能源投资并购市场近年逐渐由买方市场向卖方市场转变,收购方获取好的并购标的难度越发提高。且在新能源投资并购过程中,除了可能面临传统投资并购所涉及的各类风险外,还可能面临新能源装机规模考核、交易成本等风险。为了实现提升装机规模的目标,并购交易的成功落地成为很多收购方在交易中的最高指导思想。为了服务于这一目标,并购交易团队需要能够以最快的速度精准发现交易的核心风险,设计出切实有效的交易结构,并在交易文件中设置相应的条款,帮助交易最终落地。笔者拟根据从事新能源投资并购以来的项目经验,结合近年来新能源并购项目收购交易中对项目落地具有重大影响的典型事项进行归纳,并提出相应解决方案,以期提供相关实务参考。

一、卖方交易的限制问题

根据笔者的观察,新能源并购市场上,卖方以民营企业居多,其中包括民营上市公司和部分非上市民营企业。这些企业可能较多存在通过标的项目进行对外融资的情形,除了常见的银行项目开发贷款、融资租赁、EPC(Engineering Procurement Construction, EPC)垫资等传统融资方式外,通过成立新能源股权投资基金、信托进行融资的情形也屡见不鲜。除此之外,笔者还遇到过某些民营企业由于融资渠道受限,通过卖出返售、第三方代持等非正常渠道进行融资。这些融资方式,可能对新能源并购交易的落地产生以下障碍。

(一)项目公司股权过户需要相关债权人同意及配合,导致卖方可能无法处分交易标的

通常而言,无论是项目开发贷款、融资租赁还是EPC垫资,项目股权质押是最为常见和基本的担保方式。

项目公司股权质押直接导致的问题是并购交易的股权过户需要取得质权人的同意和配合方可实施。然而,由于银行、融资租赁公司等金融机构的风控要求,其是否配合办理解质押及股权过户手续往往取决于债务人或并购方是否能够提供足额的担保,甚至有些金融机构要求提前清偿融资本息后方可办理解质押及股权过户。

相较而言,EPC垫资的股权质押解除方式更为灵活一些。但是,新能源并

购交易中的收购方通常为国有企业，根据国资监管的规定，无法在并购标的股权过户前为项目公司提供担保或资金支持，故相关质押解除事项通常只能由卖方解决。若卖方无法与相关金融机构就解押及配合过户事项达成一致意见，将可能导致卖方无法处分交易标的，对项目落地形成实质障碍。此外，有些融资合同中还会对债务人的股权转让或实际控制人变更事项作出相关限制性约定，要求债务人股权转让或实际控制人变更需要取得金融机构的同意，否则金融机构有权宣布相关债务提前到期。

(二)项目公司实际权益拥有人与名义股权拥有人不一致，导致卖方可能无权处分交易标的

在通过成立新能源股权投资基金或信托融资方式进行融资的项目中，通常项目公司在企业登记机关登记的股权拥有人为新能源股权投资基金实体(以下简称基金实体)或信托公司，而该等项目公司的实际权益拥有人，通常为基金实体的劣后出资人，或成为信托公司的劣后级受益人，通过基金实体或信托计划间接享有项目公司权益。在通过卖出返售、第三方代持等非正常融资方式的情形下，项目公司的股权已经通过股权转让形式转由第三方持有，而项目公司的实际权益拥有人往往仅享有项目公司股权的回购请求权。在并购交易中，收购方通常能够直接接触到的出售方是实际权益拥有人，但是由于上述特殊融资方式造成的实际权益拥有人和名义股权拥有人不一致，将可能导致项目公司实际权益拥有人无法直接决定处分项目公司的股权，该等处分受限于名义股权拥有人的配合，而名义股权拥有人的配合又取决于其融资本息的保障。若相关交易需要推进落地，必须由收购方、实际权益拥有人和名义股权拥有人之间就交易价款及融资本息清偿事宜达成一致安排。

为了解决上述障碍，笔者建议并购方在接触并购交易标的初期，就与交易相对方就交易标的的融资情况以及股权过户所涉及的限制进行梳理，以便初步判断相关限制是否属于能够解决的情形。同时，在尽职调查过程中，要求卖方提供与融资相关的合同：在融资方式为借款的情形下，需要卖方提供借款合同、融资租赁合同及该等主债权合同项下的全部担保合同；在融资方式为基金的情形下，需要卖方提供基金合同及相关补充协议，以及基金债权保障的相关合同，如远期回购协议、差额补足协议等；如果采用信托方式，则需要卖方提供相关信

托合同及其补充协议，以及差额补足协议等增信措施协议；在卖出返售、股权代持等特殊融资方式下，则需要卖方提供相关股权转让协议及回购协议，以及与名义股权持有人、债务人签订的与该等融资相关的其他所有合同。

通过梳理上述相关合同，收购方可以清晰了解交易标的的融资方式以及卖方交易权限受限的具体方面，并尽早与交易对手就解决该等受限事项达成方案，在必要的情形下提早介入与相关债权人、名义股权拥有人的沟通。通常而言，较为可行的解决方案包括：(1)收购方向债权人出具相关安慰函，承诺在收购完成后负责清偿相关债务，并在收购交易文件中约定相关股权过户及债务清偿安排；(2)收购方与实际权益拥有人、名义股权拥有人在交易文件中作出相应安排，约定由收购方在支付交易价款时，直接支付到出让方指定的相关债务清偿账户中。在寻求上述解决方案的同时，出于收购方自身的风险控制，需要关注避免收购方在交易标的股权过户之前承担相关担保或资金支持义务，以及避免在并购过户之后对卖方的债权人形成直接的债权债务关系，进而避免卷入收购方无法控制的债权债务纠纷中。

二、标的股权转让的审批手续办理问题

在新能源并购市场上，有一部分电站由于其稳定的收益和优先调度的特权，往往受到并购方的青睐，这些电站即是“领跑者项目”或“光伏扶贫项目”。然而，这些电站的高收益，同样伴随着对项目公司投资者的限制。通常而言，“领跑者项目”系当地政府建立领跑者基地后，通过公开竞标的方式引入投资者，并与投资者签订“领跑者项目”协议。在该等竞标文件或“领跑者项目”协议中，通常会对投资者的资信、资质作出相关限制性要求，并可能约定项目公司的股东或实际控制人变更需要取得当地政府或“领跑者项目”协议相对方的同意。“光伏扶贫项目”通常也会受限于当地政府有关“光伏扶贫项目”的相关法规政策规定，同时也可能签订相关光伏扶贫项目的投资协议，对投资者的资格及项目公司股权转让进行限制。以上限制性要求、规定或约定，将构成新能源项目交易的潜在障碍，若不予以解决，在严重的情形下可能导致相关协议的违约解除后果，对新能源项目造成不利影响。

为了解决上述问题，笔者建议在接触并购标的初期，即要求卖方披露其电

站交易所需取得的政府或其他第三方同意事项，并在梳理相关具体限制性约定后，寻求在交易结构中解决或规避相关限制。例如，在相关限制性约定仅约束项目公司自身股权转让的情形下，通过收购项目公司上层持股平台公司的方式解决需要获得第三方同意的问题。若无法通过交易结构的方式解决，则建议并购方尽早与当地政府进行沟通接触，寻求当地政府对并购交易的支持，同时在交易文件中，将取得相关政府同意作为交易先决条件，或在判断风险可控的情形下，设置卖方就股权转让第三方同意事项的特别承诺条款作为风控措施。

三、交易价格的确定以及定价假设条件如何达成问题

新能源项目中，交易定价也是贯穿始终的核心问题，虽然这个问题具有商业性，但仍与法律密切相关，并往往最终通过法律方式予以解决。

通常而言，影响新能源项目的定价因素主要包括项目上网电价、应收国家补贴的金额和账期、项目的发电量(限电程度)、项目所涉耕地占用税/土地使用税等。对项目上网电价而言，早期的项目通常具有当地发改主管部门或物价部门出具的上网电价批复，比较容易确定电价；但自2017年以来，各地普遍取消了上网电价批复，改为电网企业依据政府能源主管部门制定的建设规划及年度开发指导规模，对照具体项目备案(核准)文件后，按照国家发改委有关电价政策规定执行。此外，由于各种原因导致的国补未到位，导致项目公司账面可能存在大额应收国家补贴，该等应收补贴金额的确权问题，以及账期导致的项目收益率影响，也会对项目定价产生影响。最后，项目的收益最终取决于项目电价乘以项目生命周期的发电量，而发电量取决于项目本身的运营情况、光伏组件或风机的运转效能以及项目受到的限电影响程度。对于耕地占用税和土地使用税而言，耕地占用税由于系一次性税费，比较容易判断并在定价中考虑，但土地使用税由于涉及是否收取问题以及按照何种标准收取的不确定性，导致交易双方在定价过程中会产生一定争议。

为了解决上述问题，并购方首先需要与交易对手就交易定价的各项假设情况进行核对并达成一致意见，在此基础上通过尽职调查工作，对相关定价假设进行逐一核实。若尽职调查结果显示与相关假设不一致，则需要与交易对手就定价调整事项进行充分沟通。若有些假设无法通过尽职调查结果进行验证，而

该等假设又是符合行业惯例且能够通过交易完成后并购方及交易对手的相关努力实现的，则建议在交易文件中设置相应特别条款，诸如关于项目电价的特别承诺、将项目公司进入国补目录作为交割先决条件或作为部分价款的支付条件、关于国补收回期限的特别承诺（或在交易价款中进行相应折现处理）、关于项目运维事项安排、关于项目发电量的特别承诺、将相关税费问题解决作为消缺事项或在项目价款中予以考虑等，将相关定价的假设通过交易相关方的权利义务形式进行固定，若发生违约情形，则视情况采取调整交易价款、要求交易对手赔偿损失甚至设置相应回购条款的方式，作为保底的风控措施。

四、项目合规手续办理受阻导致项目交割迟延问题

部分新能源项目可能面临为了在电价调整关口期限届满之前并网而形成的抢工期情形，进而导致项目手续存在先建后办或边建边办的情况。数年前，在新能源并购市场还是买方市场的情形下，通常而言可能会将土地等重要合规手续的取得作为项目筛选的标准。然而，基于目前的市场环境与笔者的经验，如果仍然单纯以是否取得相关项目手续作为项目筛选标准，将极大地影响并购项目标的选择范围以及并购项目的落地难度。

为了解决这一问题，笔者建议并购方在初期接触并购项目时，对该等项目的重要手续情况进行梳理，确保不存在大量占用基本农田、违反生态红线建设等重大颠覆性问题。对项目缺失的手续，则需要在尽职调查过程中，聘请律师对该等手续缺失的原因、是否已经受到处罚、未来补办的难度等事项进行核查验证，并基于尽职调查结果作出风险判断。例如，对项目土地未取得不动产权证的瑕疵，在确认建设用地已经获得用地预审手续，且后续办理不存在实质性障碍的前提下，可以接受将取得项目建设用地不动产权证作为交割完成后的消缺事项；对项目的环保验收、水保验收、防洪验收等可以将付出一定的成本解决或整改的事项，设置为消缺事项。同时，针对项目土地，以及环保、水保、防洪等严重情形下可能造成项目停产或拆除风险的合规手续，在交易文件中设置相应的特别承诺条款，并约定在发生相关停产或拆除等极端风险的情形下，可以要求转让方或其担保方承担回购义务等方式，作为保底的风控措施。

五、项目公司债权债务处置问题

新能源项目公司的债权债务，也是并购交易中的核心关注要点。通常而言，项目公司除了日常的经营收支外，还会存在其他重大债权债务，主要是项目应付工程款债务（典型包括 EPC 价款，部分未采用 EPC 模式项目则可能存在同时应付多个工程债权人的债务）和融资性债务（包括金融机构贷款和股东往来款）。部分项目公司，由于卖方集团的统一融资安排，可能存在为卖方或其关联方提供担保的情形，构成“或有债务”。也有部分项目公司，可能处于卖方集团资金池内，导致其资金向上归集到卖方集团，形成对卖方或其关联方的债权等情形。这些债权债务若不在并购交易完成前进行梳理及处置，并购标的在由收购方接手之后，可能面临债务需要即刻清偿、债权无法及时收回以及并购标的持续或有负债无法解决等风险。

为了解决上述债权债务风险，需要在尽职调查过程中对并购标的的债权债务情况进行充分梳理，并在此基础上在交易方案及交易文件中设置相关债权债务处置安排。例如，针对应付工程款债务，若项目已经竣工决算，则可以设置特别承诺条款，明确项目不再有任何应付工程债务；若项目尚未决算，则需要在协议中对工程款的上限进行明确约定，超出上限部分的工程款由卖方承担。针对金融机构债务，建议根据是否在收购后继续承接作出相应安排，其中涉及卖方或其关联方对并购标的提供担保需要在并购后解除的，则需要明确卖方的配合义务。针对并购标的对外担保等“或有债务”，建议要求卖方在交割之前解除担保，并对“或有债务”的范围和金额作出特别承诺。针对其余的债权和债务，原则上要求卖方在并购交割之前进行清理和整合，确保在交割之前，并购标的除买方同意保留的债权债务外，其余债权债务均整合成并购标的应付卖方的债务，并在交易完成后通过债务承接安排，由并购标的向卖方清偿。特殊情形下若存在项目公司应收卖方债权，则笔者建议要求在交易交割之前由卖方偿还，或将该等债权的偿还作为后续付款条件，卖方以前期价款清偿所欠目标公司款项后，再由买方支付后续价款。

六、小结

新能源项目由于其不同的项目类型、不同的建设时期、不同的建设地点以及不同的投资方特点，在并购过程中会存在形形色色的问题，不同的问题还会形成交织钩稽的情形，如何促使项目成功落地，是对并购交易参与方的问题识别能力和解决能力的考验。

第五节　新能源投资并购中的法律尽职调查重点

一、目标公司的法律尽职调查要点

（一）调查股权及出资情况

1. 注册资本是否实缴

通过审阅公司章程、项目公司股东实缴出资凭证、验资报告、以非货币财产出资的评估报告（如有）等文件，核查股东实缴出资是否真实且符合章程约定。还需提示投资方，若在明知原股东未实缴注册资本的情况下受让项目公司股权，可能存在在该未实缴出资范围内对项目公司债务不能清偿的部分与原股东承担连带赔偿责任的风险。

2. 注册资本减少是否履行了完备的减资程序

法定的减资程序是：董事会制订减资方案、股东会就减资事宜决议通过、通知债权人并刊报公告、公告期满后公司出具关于债权清偿或债务担保情况的说明、办理工商登记变更并换发营业执照。若未依法履行减资程序，则存在债权人有权在原注册资本范围内向公司主张权利或要求公司股东在其认缴或应缴范围内承担民事责任的风险。

3. 在新能源项目并网前，项目公司股权是否发生变动

根据国家发改委、国家能源局发布的指导意见，新能源项目于纳入当地年度规模/开发计划后，在并网投产前，未经备案/核准机关同意，不得变更项目公司的股权结构。因此关于项目公司需重点核查股权结构变动的时间节点，判断是否存在被认定为“倒卖路条”的风险。参照国家能源局 2015 年发布的《新建

电源项目投资开发秩序监管报告》,若被认定为买卖路条,可能被采取责令限期整改、依法给予行政处罚以及纳入不良信用记录等处理措施。

4. 已经作出股权转让的股东会决议但未进行工商变更

公司股权结构的真实情况是尽职调查过程中的核查重点之一。除审阅工商档案外,还需审阅公司历次会议决议,核查是否存在公司内部已经作出股权转让决议但未及时办理工商变更登记的情形,以及核查是否存在代持情况。若存在前述情况,则对下一步交易中交易主体的确定有所影响。

5. 股权是否被质押或冻结

项目公司股权存在质押或被冻结的情况将影响下一步交易的交割。若项目公司股权已经质押,则股权转让需取得质权人同意。若项目公司股权被冻结,则在冻结期间股权转让存在行权障碍。

6. 股权转让时扣缴义务人是否履行了扣缴义务

除工商版本的股权转让协议外,一般转让双方另行签署的股权转让协议才是核查重点。其中,需关注股权转让对价是否明显偏低,若明显偏低,则还需进一步判断是否存在涉税风险。根据《国家税务总局关于发布〈股权转让所得个人所得税管理办法(试行)〉的公告》(国家税务总局公告 2014 年第 67 号)的相关规定,若转让方为自然人,受让方需作为扣缴义务人代扣代缴转让方股权转让所得个人所得税,否则受让方可能被处以罚款。

(二)重大合同情况

第一类:采购、施工类合同。

根据《招标投标法》及其实施条例的相关规定,新能源建设属于关系社会公共利益、公众安全的基础设施项目,新能源工程建设项目的勘察、设计、施工、监理以及与工程建设有关的重要设备、材料的采购,必须进行招标。具体而言:(1)估算价在 400 万元人民币以上的施工单项合同;(2)估算价在 200 万元人民币以上的重要设备、材料等货物的采购单项合同;(3)估算价在 100 万元人民币以上的勘察、设计、监理等服务的采购单项合同时,依照法律的相关规定履行招投标程序。此外,本团队在参与部分新能源项目交易时注意到,有时新能源项目的合规性手续会由第三方协助项目公司办理,该等费用一般通过签署咨询服务协议的方式支付,因此在审阅此类合同时也需核查并判断其履行招投标程序的情况。

第二类：土地合同。

根据新能源项目不同的用地方式，在法律尽职调查时可能涉及项目公司已签署土地出让合同、土地承包合同、土地租赁合同等。若项目以出让方式取得国有建设用地，需关注土地出让金的缴纳情况，招拍挂履行情况，土地使用权证取得情况。若项目用地为土地承包方式取得，首先需要核查标的土地是否已承包到户，如果是由村集体直接向项目公司发包，还需核查是否履行了村民民主决策程序。关于土地租赁方式需核查土地租赁合同期限是否有效。根据《民法典》第 705 条的规定，租赁期限不得超过 20 年。超过 20 年的，超过部分无效。此外，根据自然资源部印发的《产业用地政策实施工作指引（2019 年版）》第 16 条第 2 款之规定，以长期租赁方式使用土地的，应按照《规范国有土地租赁若干意见》（国土资发〔1999〕222 号）的规定执行，租赁期限不得超过 20 年。

第三类：借款合同。

借款合同中需重点关注项目公司与银行签署的贷款合同。新能源项目资金结构通常为二八配比，即股东出资 20%，贷款融资 80%。鉴于新能源行业为重资产行业，为了保证贷款的安全性，银行往会在《贷款协议》中限制新能源项目资产及项目公司股权的转让。在核查过程中需留意项目公司发生股权转让的违约条款，判断是否需要取得融资方对于下一步交易中项目公司股权变动的同意，以及是否需要提前偿还贷款，提前偿还贷款是否有违约金，是否存在融资担保限制。

（三）其他内容

1. 负债情况

除核查借款合同、对外担保合同外，项目公司的负债情况能够从财务报表中最直观地获知。其中，需重点关注资产负债表中的两个科目（“应付账款”“其他应付款”）对应的明细并查看对应的合同，但部分明细如关联方往来等可能未签署书面合同，需要通过明细知晓其相应的用途。

2. 劳动用工情况

关于项目公司的用工情况，需先了解项目公司有无签署劳动合同的员工，以及是否存在劳务派遣、劳务外包的用工模式；再根据不同的用工模式进行合法合规性的调查。具体核查要点见图4.1。

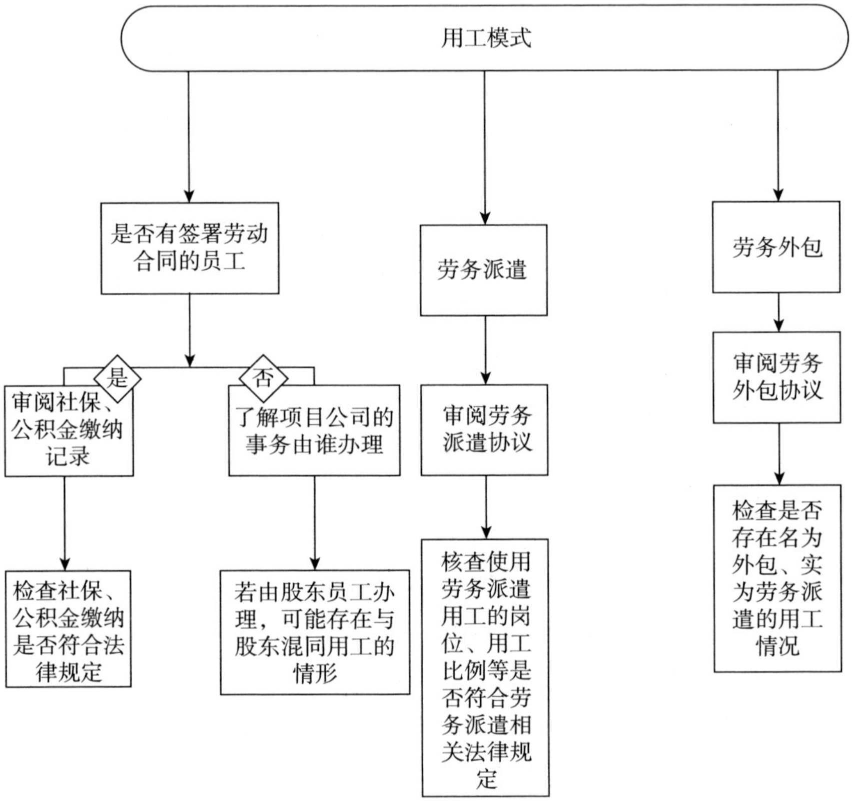

图4.1 劳动用工情况的合规性核查要点

若项目公司没有签署劳动合同的员工,也不存在其他方式的用工,实际由股东员工处理相关公司事务,根据《劳动合同法》及劳动争议仲裁委员会的相关规定,目标公司与股东之间混同用工可能导致目标公司存在被认定为与该等员工存在事实劳动关系,需对劳动者主张的给付义务承担连带责任的风险。

二、标的项目的法律尽职调查要点

(一)是否已列入年度开发计划/规模指标

根据相关规范性文件的要求,风电项目应当列入年度开发计划,光伏项目原则上需列入年度指导性规模指标(除表4.3所列例外情形),因此核查时需关注风电项目是否被列入年度开发计划/光伏项目是否需要并已被列入(如需要)年度指导性规模指标。

表4.3

风电项目	光伏项目
需列入国务院能源主管部门备案的各省(区、市)风电场工程建设规划、年度开发计划	原则:需列入国务院能源主管部门下达的年度指导性规模指标 例外: ■不需要国家资金补贴、具备接入电网运行条件的分布式光伏发电项目 ■利用固定建筑物屋顶、墙面及附属场所建设的光伏发电项目以及全部自发自用的地面光伏电站项目 ■光伏扶贫中的村级电站和集中式电站

(二)风电、光伏项目的核准/备案核查要点

根据《风电开发建设管理暂行办法》第12条及《光伏电站项目管理暂行办法》第14条的规定,风电项目实行核准管理、光伏电站项目实行备案管理。根据《国家能源局关于深化能源行业投融资体制改革的实施意见》(中发〔2016〕18号)第1条第9款的规定,项目未依法办理完成核准或备案手续,不得开工建设。本书归纳出风电项目核准及光伏项目备案的注意点如下。

1. 需根据项目当地的核准/备案政策并与当地相关发改部门等了解确认风电、光伏项目是否已取得有权主管机关的有效核准/备案

根据《政府核准的投资项目目录(2016年本)》(国发〔2016〕72号)的规定,风电项目由地方政府进行核准。根据《企业投资项目核准和备案管理办法》(国家发展和改革委员会令第2号)第6条的规定,光伏项目作为实施备案管理的项目,其备案管理办法由各省级政府负责制定。

实践中,各地主管部门对于风电、光伏项目的核准/备案管理规定不同,且部分地区(如河北省)针对风电、光伏项目的核准/备案已实行分级管理。因此,针对风电、光伏项目是否已取得有权主管机关的有效核准/备案的核查,应当根据当地的风电、光伏项目核准/备案政策并与当地相关发改部门等了解确认。

2. 核查风电、光伏项目是否已办理完成核准/备案前所需的前置性手续文

件,需根据当地管理办法与当地相关投资主管部门进行确认(风电项目核准一般以用地预审与选址意见书为前置许可)

根据《关于深化能源行业投融资体制改革的实施意见》(国能法改〔2017〕88 号)第 7 条的规定,当前能源投资项目核准前置许可仅保留用地预审与选址意见书。因此,风电项目在申请核准前需取得用地预审与选址意见书,光伏项目可以在取得备案后再进行土地预审。

此外,笔者了解到,在实践中,部分地区(如河北省)投资主管部门针对光伏项目的备案所需材料作出了特别规定,核查风电、光伏项目是否已办理完成核准/备案前所需的前置性手续文件,需根据当地管理办法与当地相关投资主管部门进行确认。

3. 风电、光伏项目核准/备案的有效期限一般为 2 年,具体需以项目取得的核准/备案文件所载或向当地有权主管机关确认为准

根据相关规范性文件的规定,风电、光伏项目应当在取得核准/备案后 2 年内开工建设,风电场工程开工以第一台风电机组基础施工为标志。但笔者了解到在实践中,部分地区出具的风电、光伏项目核准/备案的有效期限相较于上述法规有所限缩。例如,海西州能源局曾就某风电项目出具的核准文件有效期即为 18 个月、就某光伏项目出具的备案文件有效期即为 1 年,且项目需要在有效期届满前完成建设任务。因此,尽职调查中应当根据风电/光伏项目具体取得的核准/备案文件所载的有效期限核查项目是否能于有效期限内进行开工建设或完成建设任务,如核准/备案文件中未明确记载上述有效期限,应当与当地核准/备案主管机关进行确认。

4. 风电、光伏项目的建设地点、建设规模、建设内容等如发生重大调整,需进行核准/备案变更,同时重新办理其他相关支持性手续

如项目的建设地点、建设规模、建设内容等发生了较大调整,开发主体应当重新向有权主管机关申请核准/备案的变更。同时,基于项目情况发生重大调整,相关其他支持性手续文件如环境影响评价批复、文物保护批复、节能评估审查意见、水土保持批复等也需重新办理。

5. 风电、光伏项目于核准/备案上所记载项目名称与列入年度开发计划/年度指导性规模指标中所记载项目名称不一致将影响项目取得手续的有效性

笔者最近接触到某光伏项目的备案上所记载项目名称与列入年度指导性规模指标中所记载项目名称不一致的情况，根据项目当地省能源局、市发改局及市供电局相关工作人员回复，如项目备案名称与列入当地年度建设清单、部分取得的前期支持性手续文件中使用的项目名称不一致，存在各文件所指的项目无法被认定为同一项目的风险，从而影响目标项目手续取得的有效性。因此，尽职调查时应当对项目于核准/备案上所记载项目名称与列入年度开发计划/年度指导性规模指标中所记载项目名称是否一致予以关注。

(1)标的项目的基本情况。

主要审查国家针对标的项目行业出台的产业政策情况，项目的整体情况，项目合法合规性的基础情况；项目的投产、并网情况，项目的上网电价情况，项目配套设施的投入及运行情况等。

(2)标的项目批复及验收文件的获取情况。

(3)标的项目重大合同的合规及履行情况。

主要审查 EPC 总承包合同签订和履行情况，设备采购合同的签订及履行情况，监理合同的签订及履行情况，运维合同的签订及履行情况，以及项目的整套招投标文件等。

(4)标的项目的用地情况。

主要审查标的项目办理建设用地手续的情况，标的项目办理临时用地手续的情况，标的项目以上用地是否涉及占用农用地，是否可能造成水土流失，是否涉及文物保护单位的保护范围，是否涉及压覆文物，是否涉及矿产资源，是否涉及占用草地、林地等。

(5)标的项目的工程建设情况。

主要审查标的项目工程是否存在设计缺陷，施工质量及设备机组质量是否达标，施工进度是否存在延误，工程费用是否按时支付，工程验收是否存在障碍，竣工结算是否存在滞后，光伏设备衰减率是否超标等。

(6)标的项目的电价及补贴情况。

主要审查相关部门出具的电价批复文件及补贴的文件，国家及相关省市地区的新能源补贴政策情况，标的项目已获得、现行以及未来的补贴情况等。

三、投资开发协议中需重点关注的事项

基于新能源项目的特殊性，新能源项目开发主体通常会与当地政府签署相关投资开发协议，约定由政府在法律规定的范围内为开发主体于当地投资建设新能源项目提供政策支持及协助。针对投资开发协议需重点关注的事项归纳如下，见表4.4。

表4.4 投资开发协议需重点关注的事项

关注事项	相关条款	审查要点
履约保证金	通常作为投资开发协议的生效要件	履约保证金是否按照协议约定的时限缴纳、退还条件
项目建设进度	约定开发主体应当在一定期限范围内取得核准/备案、某支持性手续、开工、并网，通常在开发主体的义务条款及违约条款中出现	项目建设进度是否能按照协议约定时限建设、违约后果是否会对项目建设产生重大影响
其他义务	开发主体需在一定期限范围内在当地注册项目公司、建设项目需录用当地在籍人员等	
违约责任	如开发主体未能于一定期限范围内取得核准/备案、某支持性手续、开工、并网，可能导致投资开发协议失效、政府收回项目指标、项目用地等	

第六节 新能源项目并购过程中被取消电价补贴时的救济

2022年3月24日发布的《关于开展可再生能源发电补贴自查工作的通知》，对全国范围内的新能源项目进行了有史以来最严格的补贴合规性核查。本书将结合笔者的实践经验，分析和探讨新能源并购项目中收购方面临的电价损失风险及救济路径，以供相关人士参考。

为了解决新能源项目电价补贴长期拖欠的问题，国家发改委办公厅、财政部办公厅、国家能源局综合司于2022年3月24日发布《关于开展可再生能源

发电补贴自查工作的通知》，对全国范围内的新能源项目进行了有史以来最严格的补贴合规性核查。本次补贴核查后，部分新能源项目可能无法全额享受电价补贴或电价补贴被取消，甚至需要退回已收到的补贴，导致项目发电收益严重不及预期，公司生产经营陷入困境。在此背景下，对于通过并购方式取得项目股权的新能源投资主体而言，需要寻求有效的法律救济途径，以降低自身的电价补贴损失。

一、新能源项目电价补贴损失的风险分析

（一）新能源项目补贴政策的演变

1. 可再生能源电价附加资金补助目录时期

为了鼓励新能源项目的发展，国家对新能源项目的电价实施电价补贴政策，2012 年 3 月 14 日，财政部、国家发改委、国家能源局印发《可再生能源电价附加补助资金管理暂行办法》（财建〔2012〕102 号，已失效），明确新能源项目电价高出当地脱硫燃煤机组标杆上网电价的部分通过可再生能源电价附加资金解决，对属于《可再生能源发展基金征收使用管理暂行办法》规定的补助范围，“已完成审批、核准或备案，且已经过国家能源局审核确认”“符合国家可再生能源价格政策，上网电价已经价格主管部门审核批复”的可再生能源项目，财政部、国家发改委、国家能源局审核通过后列入可再生能源电价附加资金补助目录，享受可再生能源电价附加资金补助。目前可再生能源电价附加资金补助目录已公布七批。

该时期，影响风电项目电价补贴的主要因素为项目核准时间、开工时间、纳入财政补贴年度规模时间等，影响光伏项目（领跑者项目、竞争性配置项目等特殊项目除外）电价补贴的主要因素为项目备案时间、纳入财政补贴年度规模时间、并网投运时间等，相关电价补贴政策文件中均未明确新能源项目需要“全容量并网投运”才能取得相应电价。实践中，部分新能源项目业主为“抢电价”，通常在要求的并网投运时间前先少部分容量并网发电，锁定并网投运时间，后续再逐步完成项目全部容量并网建设，此类项目也成功纳入可再生能源电价附加补助目录，并取得了相应的补贴收益。

2. 可再生能源发电补助项目清单时期

在可再生能源电价附加入不敷出、补贴长期拖欠的背景下,2020 年 1 月 20 日财政部、国家发改委、国家能源局下发《关于促进非水可再生能源发电健康发展的若干意见》(财建〔2020〕4 号)及《可再生能源电价附加资金管理办法》(财建〔2020〕5 号)(以下简称 5 号文),收紧了新能源项目补贴政策,明确“全部机组并网时间符合补助要求”的项目,经国家可再生能源信息管理平台审核通过后,才能纳入可再生能源发电补助项目清单。目前,可再生能源发电补助项目清单 2020 年已发布 10 批,2021 年已发布 24 批,2022 年未发布,2023 年已发布 1 批。

该时期,部分存量补贴项目的补贴额度受到较大影响,尤其是原已纳入可再生能源电价附加补助目录的项目,因不满足 5 号文等规定的纳入补助项目清单的条件,仍存在补贴被核减或被取消的风险。

(二)无法取得电价补贴的主要情形

5 号文中明确,“国家发改委、国家能源局、财政部需适时对项目开展核查,核查结果将作为补贴发放的重要依据。核查结果不合格的项目,电网企业应暂停发放补贴”。自 5 号文发布后,国家发改委、国家能源局、财政部已针对新能源项目电价补贴开展过两次大规模核查。第一次核查依据为财政部经济建设司、发展改革委价格司、国家能源局新能源司 2021 年 6 月 30 日发布的《关于开展可再生能源电价附加补助资金核查工作的通知》,第二次核查依据为国家发改委办公厅、财政部办公厅、国家能源局综合司 2022 年 3 月 24 日发布的《关于开展可再生能源发电补贴自查工作的通知》。根据核查的实际情况,国家发改委办公厅、财政部办公厅、国家能源局综合司最终于 2022 年 9 月 30 日发布《关于明确可再生能源发电补贴核查认定有关政策解释的通知》(发改办运行〔2022〕853 号),对影响电价补贴的部分政策进行了相应解释。根据前述两次核查重点工作及有关政策解释内容,我们总结出实践中新能源项目在核查中导致补贴被核减或补贴被取消的主要情形如下。

1. 未取得合法有效的规模指标

无论在可再生能源电价附加资金补助目录时期还是在可再生能源发电补助项目清单时期,对于补贴项目而言,其核查要点之一即是否取得“规模指标”。

在实践中，风电项目的“规模指标”通常体现为省级能源主管部门下发的“年度开发计划”类文件，光伏项目的“规模指标”通常体现为省级能源主管部门下发的“光伏电站建设年度实施方案”，如果未取得“规模指标”的，将无法获得可再生能源补贴资格。

2. 擅自变更项目投资主体

国家能源局《关于印发新建电源项目投资开发秩序监管报告（新能源部分）及工作要求的通知》（国能监管〔2015〕384）明确，未经主管部门同意，新能源项目并网前不得变更投资主体。如果未经核准/备案机关同意即擅自变更投资主体的，则主管部门有权取消可再生能源电价补贴。

3. 全容量并网时间不符合电价认定时间要求

5号文发布后，严格来说，新能源项目上网电价已明确按照全容量并网时的电价执行，但实践中部分项目业主仍然采取以首次并网时间代替全容量并网时间的方式“抢电价”。如果按照全容量并网时间核定项目电价的，将导致该部分“抢电价”的存量补贴项目无法再侥幸按照首次并网时间享受较高的电价收益，使项目收益严重降低，甚至亏损。

4. 项目申报容量与实际容量不符

财政部、国家发改委、国家能源局于2020年9月29日发布的《〈关于促进非水可再生能源发电健康发展的若干意见〉有关事项的补充通知》（财建〔2020〕426号）中明确规定：“项目纳入可再生能源发电补贴清单时，项目业主应对项目实际容量进行申报。如在核查中发现申报容量与实际容量不符的，将按不符容量的2倍核减补贴资金。”如新能源项目申报容量与实际容量不符，存在超装、少装情形的，将存在补贴资金被核减的风险。

（三）对新能源项目电价补贴的核查情况

在国家补贴核查的大背景下，内蒙古自治区率先出击，自治区能源局于2022年3月3日下发《内蒙古自治区能源局关于全面排查梳理全区已批复新能源项目有关情况的通知》（内能新能字〔2022〕244号），其中要求能源主管部门核查已纳入和拟申请纳入电价补贴目录项目的电价附加补贴资金申报信息及佐证材料，重点核查是否存在将不符合要求的项目纳入补贴目录，以及已领取的补贴金额等。针对此次核查结果，内蒙古自治区发展和改革委于2022年6

月29日下发《关于废止部分可再生能源项目上网电价批复文件的通知》(内发改价费字〔2022〕1021号),取消了17个未纳入年度建设规模管理的项目、7个擅自变更投资主体的项目上网电价批复文件,导致项目失去补贴资格。

在国家发改委、财政部、国家能源局会同有关方面对享受可再生能源发电补贴政策项目的合规性、规模、电量、电价、补贴资金和环保6个方面进行全面核查后,国家电网与南方电网于2023年1月6日分别正式公布了《关于公布第一批可再生能源发电补贴合规项目清单的公告》,此次正式公布的国家电网合规清单中可再生能源项目共6821个,南方电网合规清单中可再生能源项目共514个。

二、新能源项目并购交易中收购方保障项目取得预期电价的主要措施

(一)由转让方对电价补贴收益进行承诺保证

在新能源项目股权转让的过程中,收购方通常会要求转让方在预收购协议、股权转让协议或合作协议中对项目电价补贴收益作出承诺保证。一般而言,转让方的承诺保证主要分为以下几种情况。

1. 转让方承诺回购项目公司的股权

由转让方作出承诺,若最终项目所执行的电价未达到双方预期或项目未在特定时间前全容量并网发电或项目未在特定时间内被纳入补贴目录等,则转让方承诺回购项目公司的股权,并明确回购价款的金额或计算标准等。回购价格由双方自行约定,一般约定由双方认可的资产评估机构评估审定的净资产值,或以收购方已支付股转对价+特定利率年化收益,或以收购方已支付股转对价+收购方在股权交割后对项目的进一步投入金额+债务承接价款+应付股利等方式进行认定。

2. 转让方承诺赔偿电价补贴损失

由转让方作出承诺,若最终项目所执行的电价未达到双方预期或因相关合规性手续未及时办理影响项目电价的,则转让方承担项目公司遭受的电费收益损失,并明确损失的计算公式。电费收益损失的计算方式可以由双方自行约定,预期电费收益损失通常采用公式的方式表示,比如,损失=(预期电价-实际电价)×项目并网投产以来的年均发电量×20年。

3. 转让方承诺对股转对价进行调整

由转让方作出承诺，将项目列入补贴目录或取得约定电价作为支付部分股转对价的条件，在确定项目能取得预期电价前，暂扣部分股转对价，若确定项目无法取得预期电价的，则根据实际能取得的电价标准相应调整股转对价金额，收购方不承担超过调整后的股转对价金额的支付义务。

（二）由 EPC 方对电价补贴收益进行担保

EPC 工程总承包方（以下简称 EPC 方）作为项目承建主体，其工程实施进度会直接影响项目的并网时间，进而导致项目电价的变化。因此，实践中 EPC 方对电价补贴收益进行担保的情形也比较常见。一般而言，EPC 方对电价补贴收益进行担保的主要情形如下。

1. EPC 方对项目逾期并网造成的损失承担赔偿责任

EPC 方承诺项目在特定时间前完成全容量并网，如果由于 EPC 方原因导致项目未在约定的时间内并网，造成项目未能取得预期电价的，则 EPC 方承担由此给项目公司造成的电费收益损失，相应损失可在项目公司应支付 EPC 方的工程款中直接扣除，不足以扣除的，项目公司仍可要求 EPC 方继续承担赔偿责任。

2. EPC 方对电价补贴损失承担兜底性承诺

新能源项目开发建设过程中，若 EPC 方与转让方为关联方，则为充分保障自身权益，收购方会要求 EPC 方对项目电价作出兜底性承诺。此种情形下，EPC 方还会负责办理项目的合规性手续，如办理电力业务许可证、负责可再生能源补贴目录/清单的申报等。EPC 方可能会承诺项目能够取得预期电价，若未取得预期电价（无论何种原因），由此引起的项目收益损失，由 EPC 方进行赔偿。

（三）由第三方对电价补贴收益进行担保

为了提高交易相对方的履约能力，收购方可能还会要求第三方补充提供增信措施，对项目电价收益作出承诺保证。交易相对方通常会选择第三方关联单位为项目能够取得预期电价提供担保，第三方可以作为相关交易文件的签订主体，在交易文件中增加第三方承担担保责任的条款，或由收购方与第三方另行签订担保合同。

三、新能源项目收购方主张电价补贴损失的主要救济路径

通常而言，如项目无法取得预期电价的，收购方可依据合同约定要求交易相对方回购股权、解除合同退还交易价款、调整合同价款或要求交易相对方赔偿损失等。收购方在主张权利前，应首先厘清与各交易相对方之间的法律关系，如预收购法律关系、股权转让法律关系、工程总承包法律关系等，并根据不同的法律关系寻求不同的救济路径。

（一）要求合作方回购股权

股权回购主体的范围较广，除了常见的由转让方进行股权回购外，EPC方、担保方等其他交易相对方也可能对股权回购作出承诺。

1. 回购条款的触发

收购方主张通过股权回购方式对电价补贴损失进行救济的，应确认交易文件中的股权回购情形，若将项目未取得预期电价作为股权回购的情形之一，则当新能源项目无法取得预期电价时，将触发股权回购条款，收购方可要求股权回购主体依照合同约定回购收购方持有的项目公司股权，并支付相应的股权回购款。

2. 回购国有股权是否需履行国资监管程序

在收购方为国有企业的情况下，需要关注股权回购所涉及的国有资产交易是否需要履行国资监管程序。司法实践中对该问题存在不同的观点，部分法院认为股权回购系平等民事主体的真实意思表示，相关进场交易的规定系管理性强制性规定，而非效力性强制性规定，股权回购行为不因未经批准、未进行评估、未进场交易而无效；部分法院认为股权回购未履行国资监管程序属于违反效力性强制性规定的情形，未履行国资监管程序的回购行为应属无效。

鉴于司法实践中对于回购国有股权未履行国资监管程序的行为是否有效存在不同态度，我们建议在股转协议中明确约定，履行国资监管程序进行股权回购时，回购方需履行的国资监管配合义务，如回购方未依约履行配合义务的，需承担相应的违约赔偿责任。

（二）解除股转合同

为了解决股权回购可能需要履行国资监管程序所带来的不便，收购方还可

以采取解除合同并要求交易相对方退还款项或赔偿损失的方式进行救济。

1. 将未取得预期电价作为合同解除的情形

收购方可在交易文件中将未取得预期电价作为合同解除的情形之一，新能源项目无法取得预期电价时，触发合同解除条款，收购方可要求转让方自收到解除通知之日起一定时间内返还收购方所支付的股权转让价款并赔偿其他经济损失，但需注意的是，就损失的计算而言，如果双方未就违约金进行过明确约定或收购方未能举证证明遭受了特定经济损失，则转让方除返还股权转让款本金外，一般仅需支付相应利息。

2. 是否导致合同目的无法实现

无论股转协议中是否明确将未取得预期电价作为合同解除的情形之一，司法实践中法院均会审查转让方的违约行为是否已经影响到收购方合同目的实现，股转协议交易的标的为项目公司的股权而非项目公司的资产，收购方能否以项目未取得预期电价影响了合同目的的实现为由要求解除合同存在不确定性。司法实践中对股权转让目的是否实现的认定标准存在不同观点，部分法院认为受让人签订股转协议的目的即"取得标的公司股权"，如在最高人民法院(2018)最高法民申 3154 号案件中，法院认为，"对于股权转让合同来讲，受让人的合同目的系取得公司股权，刘某东所称利用同欣科技公司土地用于特定工业建设并非《中华人民共和国合同法》第九十四条第四项所称的'合同目的'"。部分法院会结合股转协议及系列相关协议签订背后的原因探索收购方签订股转协议的目的。如在北京市高级人民法院(2019)京民终 220 号案件中，法院认为，"在本案中，乙方所期待的合同目的，不仅仅是项目公司的股份，其根本目的在于项目公司进行项目开发所能获得的全部权益。在其依据《股权转让协议》获得项目公司的股权后，仅仅是完成了其控制项目公司的目的，项目无法进行开发建设是乙方无法接受的"。

因此，我们建议收购方在股转协议中明确合同目的是通过股权转让获得项目的电费收益，如项目无法取得预期电价将视为收购方合同目的无法实现，并将项目未取得预期电价作为合同解除的情形之一，同时约定合同解除后款项返还及损失赔偿金额的计算方式或公式。

(三)调整合同价款

如果项目交易文件中明确约定，收购方(含其收购后的项目公司)支付的股转对价和EPC工程款并非固定不变价格，而需根据项目实际取得的电价标准进行调整的，一旦项目无法取得预期电价，收购方可依据合同约定，要求调整合同价款，包括但不限于依据股转协议约定调整股转对价及依据EPC合同约定调整EPC工程款的金额。

股转对价的金额，通常是根据目标股权评估报告确定的评估价值确定的，而股权评估价值与项目能取得的电价密切相关，如果项目无法取得预期电价，势必影响目标股权的价值，此时收购方依据股转协议约定要求调整股转对价，较为合理。但对于调整EPC工程款而言，EPC方仅负责项目建设，而工程款的结算有相应的规范，通常与项目能否取得相应的电价无关，收购方如主张调整EPC工程款，还需要举证是由于EPC方未及时全容量并网等原因导致项目无法取得预期电价，以增强要求调整EPC工程款的合理性。

（四）要求赔偿损失

要求赔偿损失是新能源项目收购方采取的最常见方式，损失赔偿的主体也较为广泛，包括转让方、EPC方、担保方、其他交易相对方等。项目未取得预期电价时，收购方可根据交易文件约定要求损失赔偿主体赔偿项目公司及自身遭受的损失。

但需要注意的是，对于新能源项目收购方主张电价补贴损失赔偿的请求能否被支持，司法实践中存在不同的观点。部分支持电价补贴损失的案例中认为，由于可再生能源补贴的政策是公开的，项目投运后可获得的发电收益包含一定具体金额的可再生能源补贴是可以预见的，从性质上，可再生能源补贴应符合利益的预期可得性原则。但法院在对可再生能源补贴损失方面的支持力度相对保守，受制于可预见性、可确定性等原则，一般不会支持全部损失。即使在性质上认可可再生能源补贴损失属于符合可预期性的损失，仍需举证证明发电量和电价具有确定性。部分不支持电价补贴损失的判例中认为，由于新能源项目进入补贴清单需满足一系列条件，并经过一系列程序，因此特定项目能否和何时进入补贴清单均有不确定性，在可再生能源补贴清单由财政部等国家机关发布的时代，可再生能源补贴的申报和审批往往具有滞后性。据此，可再生能源补贴的取得在签署合同时具有不确定性和不可预见性。

因此，若在交易文件中明确项目能够取得的电价标准，并约定无法取得对应电价时交易相对方承担赔偿责任的具体计算方式，则当项目发生电价补贴损失时，收购方主张电价补贴损失赔偿被支持的概率会大幅增加。

四、新能源项目的政策变化是否构成情势变更

《民法典》第 533 条规定："合同成立后，合同的基础条件发生了当事人在订立合同时无法预见的、不属于商业风险的重大变化，继续履行合同对于当事人一方明显不公平的，受不利影响的当事人可以与对方重新协商；在合理期限内协商不成的，当事人可以请求人民法院或者仲裁机构变更或者解除合同。人民法院或者仲裁机构应当结合案件的实际情况，根据公平原则变更或者解除合同。"本条规定了因情势变更解除或变更合同的情形。

对于国家政策的重大调整，司法实践中的主流观点认为构成情势变更。目前实践中新能源项目收购方主张电价补贴损失的案例，多源于项目全容量并网时间不符合要求。由于部分新能源项目在建设时国家并未发布文件明确项目并网指的是首次并网还是全容量并网，而且当时行业内大家普遍认为项目并网时间指的是首次并网的时间，但在申报新能源项目国家补贴时，因 2020 年 1 月 20 日发布的 5 号文，明确了新能源项目国补电价执行全容量并网时间的电价，而非按首次并网时间认定电价，导致项目无法取得预期电价收益。就转让方的角度而言，彼时新能源项目合作各方对于 5 号文的出台和实施并无法预见，应属于非商业风险的重大变化，构成情势变更。但另一方面，5 号文出台之前也并没有任何法规和政策文件规定项目并网时间指的就是首次并网的时间。因此，前述 5 号文的出台和实施是否构成情势变更可能会是发生纠纷时各方争议的焦点问题。

五、小结

新能源项目无法取得预期电价将会对项目造成重大影响，收购方在交易时，应设置完善的交易结构，由相关交易相对方对项目电价补贴收益作出承诺与保证，并在交易文件中约定合理的救济路径，确保在项目无法取得预期电价时，可采取适当的路径主张电价补贴损失。同时，收购方在主张权利时，还应针对不同的法律关系采取不同的救济措施，在采取救济措施前应先对不同

的救济路径进行利弊分析，并综合项目运营情况、融资和担保情况、交易相对方资信情况等选择对己方有利的救济途径，必要时应聘请专业律师提供法律服务。

第五章　项目施工及竣工验收阶段

项目施工及验收阶段具体流程见图 5.1。

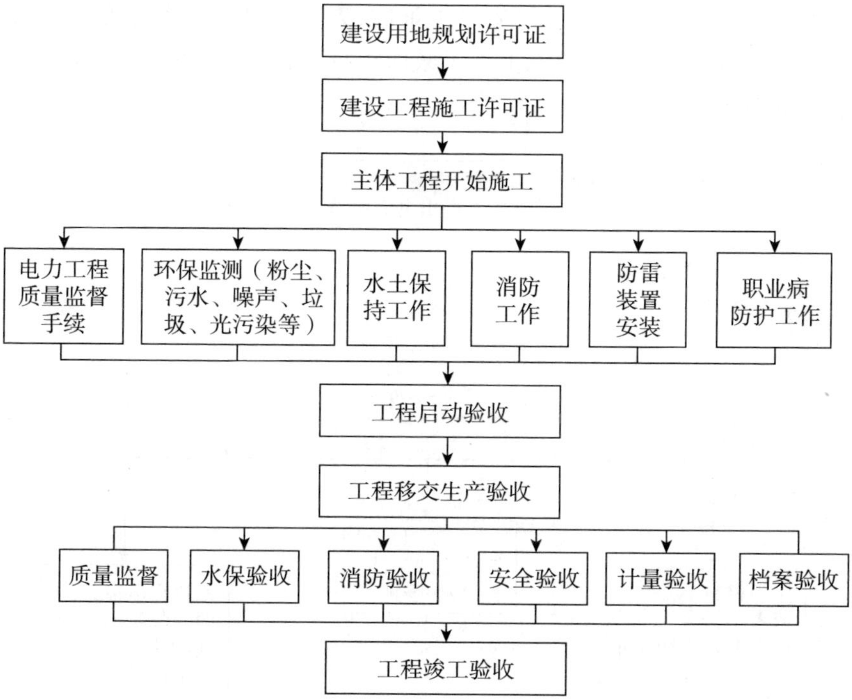

图 5.1　项目施工及验收阶段具体流程

第一节　项目施工阶段

一、建设用地规划许可证办理事宜

在城市、镇规划区内以划拨方式提供国有土地使用权的建设项目，经有关部门批准、核准、备案后，建设单位应当向城市、县人民政府城乡规划主管部门提出建设用地规划许可申请，由城市、县人民政府城乡规划主管部门依据控制性详细规划核定建设用地的位置、面积、允许建设的范围，核发建设用地规划许可证。

建设单位在取得建设用地规划许可证后，方可向县级以上地方人民政府土地主管部门申请用地，经县级以上人民政府审批后，由土地主管部门划拨土地。

1. 办理流程

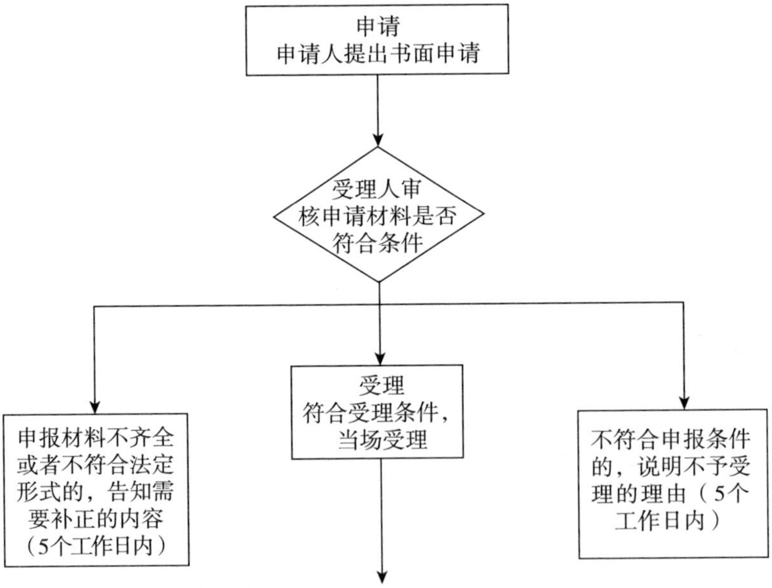

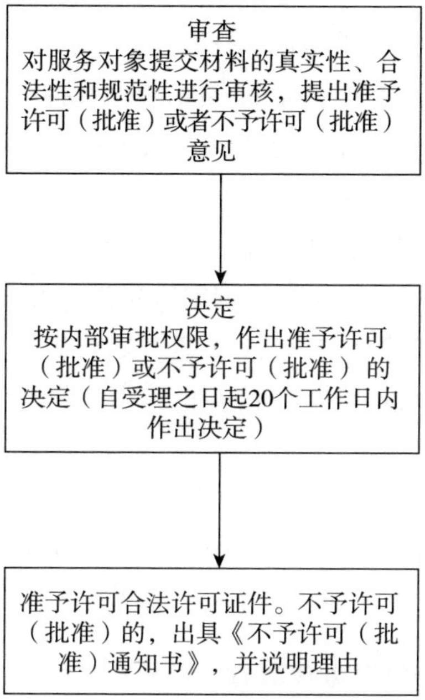

图 5.2　建设用地规划许可证办理流程

2. 相关规定

根据《城乡规划法》的相关规定，陆上风电、光伏发电项目需要办理《建设用地规划许可证》。为了加强土地管理，规范建设用地审查报批工作，我国确立了用地审批基本制度，建设单位如需用地，均应进行建设用地申请及审批。根据《城乡规划法》的相关规定，建设单位在取得建设用地规划许可证后，方可向县级以上地方人民政府土地主管部门申请用地。建设用地规划审批手续是办理施工许可证的前置条件。

二、建设工程规划许可证办理事宜

1. 办理流程

政务服务平台窗口申请—窗口材料审查—现场勘查—审查批准—办结制证—公示公告。

2. 相关规定

《城乡规划法》(2019修订)第40条规定,在城市、镇规划区内进行建筑物、构筑物、道路、管线和其他工程建设的,建设单位或者个人应当向城市、县人民政府城乡规划主管部门或者省、自治区、直辖市人民政府确定的镇人民政府申请办理建设工程规划许可证。

申请办理建设工程规划许可证,应当提交使用土地的有关证明文件、建设工程设计方案等材料。需要建设单位编制修建性详细规划的建设项目,还应当提交修建性详细规划。对符合控制性详细规划和规划条件的,由城市、县人民政府城乡规划主管部门或者省、自治区、直辖市人民政府确定的镇人民政府核发建设工程规划许可证。

城市、县人民政府城乡规划主管部门或者省、自治区、直辖市人民政府确定的镇人民政府应当依法将经审定的修建性详细规划、建设工程设计方案的总平面图予以公布。

三、建设工程施工许可证办理事宜

1. 办理流程

政务服务平台窗口申请—领取申请表—填写并提交申请表及其他材料—发证机关审批。

2. 相关规定

根据《建筑法》和《建筑工程施工许可管理办法》的规定,在中华人民共和国境内从事各类房屋建筑及城镇市政基础设施工程的施工,建设单位在开工前,应当向工程所在地县级以上人民政府住房城乡建设主管部门申请领取施工许可证(工程投资额在30万元以下或者建筑面积在300平方米以下的建筑工程,可以不申请办理施工许可证)。应当领取而未取得施工许可证的,一律不得开工。

四、电力工程质量监督手续办理事宜

电力工程项目法人单位(建设单位)在工程开工前,必须按照要求到相应的质监机构办理质量监督注册手续。通过质监机构监督检查的电力工程项目,方可并入电网。

1. 办理流程

质量监督注册:电力工程项目按照电力工程质量监督范围划分,由项目单位向规定的质监机构进行注册申报。按照《电力工程质量监督注册申报书》的要求,由建设单位组织各相关单位进行填报,提交项目核准(审批)建设文件等相关资料。经质监机构审核,监督注册申请符合规定的,由质量监督机构颁发《电力工程质量监督注册证书》。

质量监督检查:通过质监机构监督检查的电力工程项目,方可并入电网。电力工程项目投运并网前,各阶段监督检查、专项检查和定期巡视检查提出的整改意见必须全部完成整改闭环,经复核无误后,由质监机构签发《电力工程质量监督检查并网通知书》。电网调度部门在接到《工程质量监督检查并网通知书》后,方可办理受电和并网手续。

并网管理:在工程投入运行移交生产后 15 个工作日内,建设单位必须将该工程的投运移交生产签证书等文件报送质监机构备案。质监机构在完成投运备案,并且按照《电力工程质量监督检查大纲》的规定完成商业运行前的阶段性质量监督检查后 7 个工作日内,正式出具《电力工程质量监督投运备案证书》。

投运备案:在工程投入运行移交生产后的 15 个工作日内项目法人单位(建设单位)必须将该工程的投运移交生产签证书等文件报送质监机构备案。质监机构在完成投运备案,并且按照《电力工程质量监督检查大纲》的规定,完成商业运行前的阶段性质量监督检查后 7 个工作日内,正式出具《电力工程质量监督投运备案证书》。

2. 相关规定

《建设工程质量管理条例》(2019 修订)第 13 条规定:"建设单位在开工前,应当按照国家有关规定办理工程质量监督手续,工程质量监督手续可以与施工许可证或者开工报告合并办理。"全国电力建设工程质量由国家能源局依法依规实施统一监督管理。为了进一步完善力工程质量监督管理体系,规范监督行为,国家能源局 2014 年和 2018 年发布了《关于加强电力工程质量监督工作的通知》(国能安全〔2014〕206 号)和《关于印发进一步加强电力建设工程质量监督管理工作意见的通知》(国能发安全〔2018〕21 号)明确对电力建设工程质量监督有管理职责和权限的行政部门有国家能源局各派出能源监管机构、可靠性和质监中心、地方各级政府电力管理部门。

五、招标采购事宜

1. 拟定采购及施工计划

采购计划，是指企业管理人员在了解市场供求情况，认识企业生产经营活动过程中和掌握物料消耗规律的基础上，对计划期内物料采购管理活动所做的预见性的安排和部署。

2. 确定技术要求

确定技术要求，是指用户对设备、厂房、硬件设施系统等提出的自己的期望使用需求说明，设计方依据这个需求提出自己具体的方案，供应商依据客户提供的用户需求方案进行设计施工。用户需求的程度和细节应与运行风险、工艺复杂程度相匹配。用户需求文件的起草、审核、批准、生效需依据公司的相关文件的规定执行。用户需求必须写清楚用户的真实需求和最终目的要求。一份完整的用户需求大体可以分为依据标准即法规要求、工艺要求、功能要求、运行要求、公用系统要求即安装要求、验证要求、安全要求、文件要求、售后要求、变更要求以及其他要求等。用户需求的编写要准确、清楚，各项参数要准确，各项要求要完整，提出的需求应该是依据现有技术水平可以实现的。

3. 供应商资质尽职调查调查

供应商组织尽职调查是针对采购计划所涉及的设备进行用户与供应商之间的技术水平和商务水平方面的尽职调查。通过尽职调查，用户可以对需要采购的设备加深了解，包括技术特征、运行能力、操作方法、维护方案等技术参数，以及售价、货期、企业资质等商务参数等。供应商可以掌握我们采购的采购计划及其对设备的技术要求和商务要求，从而从自身角度出发，采取有力措施，在随后的设备招投标或者竞标过程中提出更好的设备技术方案。

4. 进行招标采购

一般流程：编制招标文件—组织资格预审（招投标资格审查）—公开招标或邀请招标—投标预备会—投标—开标—评标—中标—签订合同。

第二节　项目竣工验收阶段

陆上风电和光伏发电项目的竣工验收主要以中华人民共和国住房和城乡建设部公告第 1004 号《风力发电工程施工与验收规范》(编号 GB/T 51121—2015)、中华人民共和国国家发展和改革委员会于 2004 年 3 月 9 日发布的《风力发电场项目建设工程验收规程》(DL/T 5191—2004)和《光伏发电工程验收规范》(GB/T 50796—2012)为依据。

一、工程启动验收和移交生产验收

工程移交生产验收法律手续主要以中华人民共和国住房和城乡建设部公告第 1004 号《风力发电工程施工与验收规范》(GB/T 51121—2015)、中华人民共和国国家发展和改革委员会于 2004 年 3 月 9 日发布的《风力发电场项目建设工程验收规程》(DL/T 5191—2004)和《光伏发电工程验收规范》(CB/T 50796—2012)为依据。

工程启动验收和工程移交生产验收由项目业主单位组织开展,验收通过后签发工程启动验收鉴定书和工程移交生产验收鉴定书。工程启动验收阶段还应取得电力业务许可证(通过国家能源局资质和信用信息系统在线办理)、并网调度协议、电价文件、并网启动验收文件、高压供电合同、购售电合同等。

1. 风力发电场工程单台机组启动调试试运验收

(1)风力发电场工程单台机组启动调试试运验收应具备的条件

风力发电机组安装工程及其配套工程均应通过单位工程完工验收;升压站和场内电力线路已与电网接通,通过冲击试验;风力发电机组已通过紧急停机试验、振动停机试验、超速保护试验;风力发电机组经调试后,安全无故障连续并网运行不少于 240 小时。

(2)风力发电场工程单台机组启动调试试运验收检查项目

风力发电机组的调试记录、安全保护试验记录、240 小时连续并网运行记录;按照合同及技术说明书的要求,核查风力发电机组各项性能技术指标;风力发电机组自动、手动启停操作控制是否正常;风力发电机组各部件温度有无超过产品技术条件的规定;风力发电机组的滑环及电刷工作情况是否正常;齿轮箱、发电机、油泵电动机、偏航电动机、风扇电机转向正确、无异声;控制系统中软件版本和控制功能、各种参数设置应符合运行设计要求;各种信息参数显示应正常。

2. 风力发电场工程整套启动试运验收

(1)风力发电场工程整套启动试运验收应具备的条件

单位工程完工验收和各台风力发电机组启动调试试运验收均应合格,能正常运行;电网电压稳定,电压波动幅度不应大于风力发电机组规定值;历次验收发现的问题已基本整改完毕;在工程整套启动试运前质监部门已对本期工程进行全面的质量检查;生产准备工作已基本完成;验收资料已按电力行业工程建设档案管理规定整理、归档完毕。

(2)风力发电场工程整套启动试运验收检查项目

所提供的资料是否齐全完整,是否按电力行业档案管理规定归档;历次验收记录与报告,抽查施工、安装调试等记录,必要时进行现场复核;工程投运的安全保护设施与措施;各台风力发电机组遥控功能测试应正常;中央监控与远程监控工作情况;设备质量区各风力发电机组 240 小时试运结果;历次验收所提出的问题处理情况;水土保持方案落实情况;工程投运的生产准备情况;工程整套启动试运情况。

3. 风力发电场工程移交生产验收

(1)风力发电场工程移交生产验收应具备的条件

设备状态良好,安全运行无重大考核事故;工程整套启动试运验收中所发现的设备缺陷已全部消缺;运行维护人员已通过业务技能考试和安规考试,能胜任上岗;各种运行维护管理记录簿齐全;风力发电场和变电运行规程、设备使用手册和技术说明书及有关规章制度等齐全;安全、消防设施齐全良好,且措施落实到位;备品配件及专用工器具齐全完好。

(2)风力发电场工程移交生产验收检查项目

清查设备、备品配件、工器具及图纸、资料、文件;检查设备质量情况和设备消缺情况及遗留的问题;检查风力发电机组实际功率特性和其他性能指标;检查生产准备情况。

4. 光伏发电工程启动验收

(1)光伏发电工程启动验收应具备的条件

取得能源监管部门发放的发电业务许可证;通过并网验收;单位工程施工完毕,并已通过验收;完成工程整体自检;编制完成启动调试方案并通过论证;通信系统与电网调度机构连接正常;电力线路已与电网接通,并已通过冲击试验;保护开关动作正常;保护定值正确、无误;光伏电站监控系统的各项功能运行正常;并网逆变器符合并网技术要求。

(2)光伏发电工程启动验收的主要验收流程

审查工程建设总结报告;按照启动方案对光伏发电工程启动进行验收;对发现的缺陷提出处理意见。

5. 光伏发电工程移交生产验收

(1)光伏发电工程移交生产验收应具备的条件

光伏发电工程和启动验收应均已合格,并且工程试运大纲经试运和移交生产验收组批准;与公共电网连接处的电能质量应符合有关现行国家标准的要求;设备及系统调试宜在天气晴朗,太阳辐射强调不低于 400 瓦 · 小时/平方米的条件下进行;生产区内的所有安全防护设施已验收合格;运行维护和操作规程管理文档应完整齐备;光伏发电工程经调试后,从工程启动开始无故障连续并网运行时间不少于光伏组;接收总辐射量累计达 60 千瓦 · 小时/平方米的时间;光伏发电工程主要设备(光伏组件、逆变器和变压器)各项试验全部完成且合格,记录齐全完整;生产准备工作已完成;运行人员取得上岗资格。

(2)光伏发电工程移交生产验收主要验收流程

审查工程设计、施工、设备调试、生产准备、监理等总结报告;检查工程投入试运行的安全保护设施的措施是否完善;检查监控和数据采集系统是否达到设计要求;检查光伏组件面接收总辐射量累计达 60 千瓦 · 小时/平方米;检查光伏方阵电气性能、系统效率等是否符合设计要求;检查并网逆变器、光伏方阵各项性能指标是否达到设计要求;检查工程启动验收中发现的问题是否整改完成;工程试运过程中发现的问题应责成有关单位限期整改;对生产运行单位提出运行管理要求与建议。

二、环境保护验收

根据相关法律规定，编制环境影响报告书、环境影响报告表的建设项目竣工后，建设单位按照国务院环境保护行政主管部门规定的标准和程序，对配套建设的环境保护设施进行验收，编制验收报告。

1. 验收流程

2017 年 11 月，原环境保护部制定了《建设项目竣工环境保护验收暂行办法》（国环规环评〔2017〕14 号），规范建设项目竣工后建设单位自主开展环境保护验收的程序和标准，以及《建设项目竣工环境保护验收技术指南污染影响类》（生态环境部公告 2018 年第 9 号），本技术指南规定了污染影响类建设项目竣工环境保护验收的总体要求，提出了验收程序、验收自查、验收监测方案和报告编制、验收监测技术的一般要求。按照技术指南的要求，企业应及时公开竣工日期，注意保留好公开网站截屏或记录等凭证，自证对《建设项目竣工环境保护验收暂行办法》（国环规环评〔2017〕34 号）相关信息公开责任的落实。

首先，编制验收调查报告。企业要确定验收操作方式，自己开展还是委托技术服务机构开展。按照《建设项目竣工环境保护验收暂行办法》（国环规环评〔2017〕34 号）第 5 条规定，建设项目竣工后，建设单位应当如实查验、监测、记载建设项目环境保护设施的建设和调试情况，编制验收监测（调查）报告。建设单位不具备编制验收监测（调查）报告能力的，可以委托有能力的技术机构编制。建设单位对受委托的技术机构编制的验收监测（调查）报告结论负责。建设单位与受委托的技术机构之间的权利义务关系，以及妥委托的技术机构应当承担的责任，可以通过合同形式约定。

其次，成立验收工作组。根据《建设项目竣工环境保护验收暂行办法》第 9 条，验收工作组可以由设计单位、施工单位、环境影响报告书（表）编制机构、验收监测（调查）报告编制机构等单位代表以及专业技术专家等组成。

再次，编制单位根据与会单位代表及专家意见修改报告，建设单位根据专家意见进行整改，完成其他说明的事项编写，最终形成包含验收调查报告、验收组意见、其他需要说明的事项的验收报告。

最后，报告编制完成后 5 个工作日内进行公示，公示时间不得小于 20 个工作日,并报送相关环境保护主管部门,公示期满后5个工作日内,上传至全国建设项目竣工环境保护验收信息平台,存档备查。在验收过程中,企业具有主动进行信息公开的责任,做好信息公开工作需准确把握公开时间、内容和渠道的相关要求。要注意验收公开时间节点及公开内容,要注意公开渠道是便于公众知晓的方式,如网站、电视、报纸等,不可以是内网、特殊权限网站、有收费查看要求等不便于公众知晓的方式。

2. 相关规定

在项目前期过程中,项目进行了环境影响评价的相关工作,并且根据项目的性质和装机容量的不同编制了环境影响报告书、报告表或是登记表。竣工环保验收主要依照前期整个项目工程的环境评价资料,有针对性地展开对建筑项目环境状况的验收和检查。其中,环评阶段如果是需要编制环境影响报告书、报告表的项目要进行环保验收,环境影响登记表的项目不需要进行环保验收。

《建设项目环境保护管理条例》第17条第1款规定:"编制环境影响报告书、环境影响报告表的建设项目竣工后,建设单位应当按照国务院环境保护行政主管部门规定的标准和程序,对配套建设的环境保护设施进行验收,编制验收报告。"第20条第1款规定:"环境保护行政主管部门应当对建设项目环境保护设施设计、施工、验收、投入生产或者使用情况,以及有关环境影响评价文件确定的其他环境保护措施的落实情况,进行监督检查。"因此自2017年10月1日起,建设项目竣工环保验收改由建设单位自主组织验收,环境保护行政主管部门对建设项目环境保护措施的落实情况进行监督检查。

三、水土保持验收

依法编制水土保持方案报告书的生产建设项目在投产使用前,生产建设单位应当根据水土保持方案及其审批决定等,组织第三方机构编制水土保持设施验收报告。

1. 验收流程

水土保持设施验收除落实水保措施,组织开展水保监测、监理等工作外,还包括以下内容。

首先,编制水土保持设施验收报告。水利部《关于加强事中事后监管规范生产建设项目水土保持设施自主验收的通知》(水保〔2017〕365 号)中明确规定,依法编制水土保持方案报告书的生产建设项目投产使用前,生产建设单位应当根据水土保持方案及其审批决定等,组织第三方机构编制水土保持设施验收报告。对编制水土保持方案报告表的生产建设项目,其水土保持设施验收及报备的程序和要求,各省级行政主管部门可根据当地实际适当简化。

其次,明确验收结论。水土保持设施验收报告编制完成后,生产建设单位应当按照水土保持法律法规、标准规范、水土保持方案及其审批决定、水土保持后续设计等,组织水土保持设施验收工作,形成水土保持设施验收鉴定书,明确水土保持设施验收合格的结论。水土保持设施验收合格后,生产建设项目方可通过竣工验收和投产使用。

最后,公开验收情况。除按照国家规定保密的情形外,生产建设单位应当在水土保持设施验收合格后,通过其官方网站或者其他便于公众知悉的方式向社会公开水土保持设施验收鉴定书、水土保持设施验收报告和设施验收鉴定书、水土保持设施验收报告和水土保持监测总结报告。对于公众反映的主要问题和意见,生产建设单位应当及时给予处理或者回应。

生产建设单位应在向社会公开水土保持设施验收材料后、生产建设项目投产使用前向水土保持方案审批机关报备水土保持设施验收材料。报备材料包括水土保持设施验收鉴定书、水土保持设施验收报告和水土保持监测总结报告。生产建设单位、第三方机构和水土保持监测机构分别对水土保持设施验收鉴定书、水土保持设施验收报告和水土保持监测总结报告等材料的真实性负责。

2. 相关规定

2017 年 9 月 22 日,国务院印发《关于取消一批行政许可事项的决定》(国发〔2017〕46 号),把行政主管部门实施的生产建设项目水土保持设施验收审批行政许可事项转由生产建设单位按照有关要求自主开展水土保持设施验收。水利部《关于加强事中事后监管规范生产建设项目水土保持设施自主验收的通知》(水保〔2017〕365 号)在国发〔2017〕46 号文的基础上,进一步明确了水土保持设施自主验收的验收流程、程序和验收标准。

四、消防验收和备案

1. 验收流程

(1)消防验收的验收流程

对于单机容量300兆瓦及以上或总装机容量600兆瓦及以上的特殊工程建设单位,申请消防验收,应当提交下列材料:消防验收申请表;工程竣工验收报告;涉及消防的建设工程竣工图纸。

(2)消防验收的条件和审查意见

消防设计审查验收主管部门收到建设单位提交的特殊建设工程消防验收申请后,符合下列条件的,予以受理;不符合其中任意一项的,消防设计审查验收主管部门一次性告知需要补正的全部内容:①特殊建设工程消防验收申请表信息齐全、完整;②有符合相关规定的工程竣工验收报告,且竣工验收消防查验内容完整、符合要求;③涉及消防的建设工程竣工图纸与经审查合格的消防设计文件相符。

消防设计审查验收主管部门受理消防验收申请后,按照国家有关规定,对特殊建设工程进行现场评定。

现场评定包括对建筑物防(灭)火设施的外观进行现场抽样查看;通过专业仪器设备对涉及距离、高度、宽度、长度、面积、厚度等可测量的指标进行现场抽样测量;对消防设施的功能进行抽样测试、联调联试消防设施的系统功能等内容。消防设计审查验收主管部门自受理消防验收申请之日起15日内出具消防验收意见。对符合条件的,应当出具消防验收合格意见;对不符合前款规定条件的,消防设计审查验收主管部门出具消防验收不合格意见,并说明理由。

2. 相关规定

消防验收的法律依据主要包括《消防法》《建设工程消防设计审查验收管理暂行规定》。此外,还包括国家工程建设消防技术标准强制要求、各省出台的配套消防法规等。中华人民共和国住房和城乡建设部于2020年6月16日发布了关于印发《建设工程消防设计审查验收工作细则》和《建设工程消防设计审查、消防验收、备案和抽查文书式样》的通知(建科规〔2020〕5号),对建设工程消防设计审查验收工作的流程、所需材料、审核内容与标准等作了进一步的细化。

《建设工程消防设计审查验收管理暂行规定》第 14 条和第 15 条规定：装机容量 300 兆瓦及以上或总装机容量 600 兆瓦及以上的发电项目属于特殊建设工程，对特殊建设工程实行消防验收制度。特殊建设工程竣工验收后，建设单位应当向消防设计审查验收主管部门申请消防验收；未经消防验收或者消防验收不合格的，禁止投入使用。建设单位编制工程竣工验收报告前，应当开展竣工验收消防查验，查验合格后方可编制工程竣工验收报告。

不符合单机容量 300 兆瓦及以上或总装机容量 600 兆瓦及以上项目不属于特殊建设项目，实行备案抽查制度，经依法抽查不合格的，应当停止使用。

五、防雷装置验收

根据《防雷减灾管理办法》（中国气象局令第 24 号）和《防雷装置设计审校和竣工验收规定》（中国气象局第 21 号令）的有关规定，防雷装置实行竣工验收制度。新建、改建、扩建建（构）筑物竣工验收时，建设单位应当通知当地气象主管机构同时验收防雷装置。防雷装置竣工未经验收合格的，不得投入使用。

1. 验收流程

防雷装置竣工验收应当提交的材料有：《防雷装置竣工验收申请书》、《防雷装置设计核准意见书》、施工单位的资质证和施工人员的资格证书的复印件；取得防雷装置检测资质的单位出具的《防雷装置检测报告》；防雷装置竣工图纸等技术资料；防雷产品出厂合格证、安装记录和符合国务院气象主管机构规定的使用要求的证明文件。

2. 相关规定

防雷装置竣工验收申请材料不齐全或者不行合法定形式的，气象主管机构在收到申请材料之日起 5 个工作日内一次性告知申请单位需要补正的全部内容，并出具《防雷装置竣工验收资料补正通知》；逾期不告知的，收到申请材料之日起即视为受理。

防雷设施验收涉及的政策与法律依据包括《气象法》（2016 年修订版）、《防雷减灾管理办法》（2013 年修订版）、《气象灾害防御条例》（2017 年修订版）、《防雷装置设计审查和竣工验收规定》（中国气象局第 21 号令）、《建筑物防雷设计技术规范》（GB 50057—2010）、《防雷装置设计审核审批事项服务指南》

（2013）。

六、职业病防护验收

建设单位应当将职业病危害控制效果评价和职业病防护设施验收工作过程形成书面报告备查，其中，职业病危害严重的建设项目应当在验收完成之日起 20 日内向管辖该建设项目的安全生产监督管理部门提交书面报告。

分期建设、分期投入生产或者使用的建设项目，其配套的职业病防护设施应当分期与建设项目同步进行验收。

1. 验收流程

（1）报告文书编制

建设项目完工后，需要进行试运行的，其配套建设的职业病防护设施必须与主体工程同时投入试运行。试运行时间应当不少于 30 日，最长不得超过 180 日，国家有关部门另有规定或者特殊要求的行业除外。

建设项目在竣工验收前或者试运行期间，建设单位应当进行职业病危害控制效果评价，编制评价报告；建设单位在职业病防护设施验收前，应当编制验收方案。验收方案应当包括下列内容：建设项目概况和风险类别，职业病危害评价、职业病防护设施设计执行情况；参与验收的人员及其验收流程、责任；验收工作时间安排、程序等。

建设单位应当在职业病防护设施验收 20 日内将验收方案向管辖该建设项目的安全生产监督管理部门进行书面报告。

（2）验收意见

属于职业病危害一般或者较重的建设项目，其建设单位主要负责人或其指定的负责人应当组织职业卫生专业技术人员对职业病危害控制效果评价报告进行评审以及对职业病防护设施进行验收，并形成是否符合职业病防治有关法律、法规、规章和标准要求的评审意见和验收意见。属于职业病危害严重的建设项目，其建设单位主要负责人或其指定的负责人应当组织外单位职业卫生专业技术人员参加评审和验收工作，并形成评审和验收意见。

2. 相关规定

主要法律依据是《职业病防治法》，验收报告编制的过程中主要依据《建设项目职业病防护设施“三同时”监督管理办法》(国家安全生产监督管理总局令第90号)、国家安全监管总局办公厅《关于贯彻落实〈建设项目职业病防护设施“三同时”监督管理办法〉的通知》(安监总厅安建〔2017〕37号)要求。按照《建设项目职业病防护设施“三同时”监督管理办法》(国家安全生产监督管理总局令第90号)的规定,建设项目职业病防护设施未按照规定验收合格的,不得投入生产或者使用。

属于职业病危害一般或者较重的建设项目,建设单位主要负责人或其指定的负责人应当组织职业卫生专业技术人员对职业病危害控制效果评价报告进行评审以及对职业病防护设施进行验收,并形成是否符合职业病防治有关法律、法规、规章和标准要求的评审意见和验收意见。对于职业病危害严重的建设项目,其建设单位主要负责人或其指定的负责人应当组织外单位职业卫生专业技术人员参加评审和验收工作,并形成评审和验收意见。

七、安全设施验收

建设项目安全设施与主体工程同时设计、同时施工、同时投入使用。建设项目竣工投入生产或者使用前,生产经营单位应当组织对安全设施进行竣工验收,并形成书面报告备查。

1. 验收流程

(1)报告文书编制

建设项目安全设施竣工或者试运行完成后,生产经营单位应当委托具有相应资质的安全评价机构对安全设施进行验收评价,并编制建设项目安全设施验收评价报告。建设项目安全验收设施评价报告应当符合国家标准或者行业标准的规定。

《风电场工程安全验收评价报告编制规程》(NB/T 31027—2012)中对报告编制基本内容有明确规定的,可参照编制。

(2)验收条件

建设项目的安全设施有下列情形之一的,建设单位不得通过竣工验收,并不得投入生产或者使用:未选择具有相应资质的施工单位施工的;未按照建设项目安全设施设计文件施工或者施工质量未达到建设项目安全设施设计文件要求的;建设项目安全设施的施工不符合国家有关施工技术标准的;未选择具有相应资质的安全评价机构进行安全验收评价或者安全验收评价不合格的;安全设施和安全生产条件不符合有关安全生产法律、法规、规章和国家标准或者行业标准、技术规范规定的;发现建设项目试运行期间存在事故隐患未整改的;未依法设置安全生产管理机构或者配备安全生产管理人员的;从业人员未经过安全生产教育和培训或者不具备相应资格的;不符合法律、行政法规规定的其他条件的。

2. 相关规定

依据《安全生产法》、《电力法》、《建筑法》、《气象法》、《防洪法》、《防震减灾法》、《消防法》、《劳动法》、《特种设备安全法》等法律法规和政策的规定进行。对于安全设施竣工验收的条件、法律责任等都作了明确的规定。

根据《建设项目安全设施"三同时"监督管理办法》的有关规定,建设项目安全设施与主体工程同时设计、同时施工、同时投入使用。建设项目竣工投入生产或者使用前,生产经营单位应当组织对安全设施进行竣工验收,并形成书面报告备查。安全设施竣工验收合格后,方可投入生产和使用。生产经营单位应当按照档案管理的规定,建立建设项目安全设施"三同时"文件资料档案,并妥善保存。

建设项目安全设施建成后,生产经营单位应当对安全设施进行检查,对发现的问题及时整改。建设项目竣工后,根据规定建设项目需要试运行的,应当在正式投入生产或者使用前进行试运行。试运行时间应当不少于 30 日,最长不得超过 180 日,国家有关部门有规定或者特殊要求的行业除外。在进行安全设施验收之前,要先对风电场和光伏发电工程进行安全验收评价,该评价应在风电场工程整套启动验收和消防专项验收通过之后进行。安全验收评价是风电场和光伏发电工程安全设施竣工验收的前提和技术条件之一。

建设项目安全设施竣工或者试运行完成后,生产经营单位应当委托具有相应资质的安全评价机构对安全设施进行验收评价,并编制建设项目安全设施验收评价报告。建设项目安全验收设施评价报告应当符合国家标准或者行业标准的规定。

建设项目竣工投入生产使用的,生产经营单位应当组织对安全设施进行竣工验收,并形成书面报告备查。安全设施竣工验收合格后,方可投入生产和使用。建设项目安全设施竣工验收通过的,生产经营单位经过整改后可以向原验收部门再次申请验收,直到验收合格,方可投入生产和使用。

八、办理电力业务许可证

除项目装机容量6兆瓦(不含)以下的太阳能、风能、生物质能(含垃圾发电)、海洋能、地热能等可再生能源发电项目无须办理电力业务许可证外,新建发电机组所属企业应在相应机组完成启动试运行时间点后3个月内(风电、光伏发电项目应当在并网后6个月内),必须取得电力业务许可证(发电类),逾期未取得的不得上网发电。

电力业务许可证的具体办理流程可参考国家能源局电力业务资质管理中心组织修订的《电力业务许可证问答手册》。

电力业务许可证办理方式分为告知承诺制和一般程序两种,申请人可自主选择是否采用告知承诺制方式。申请人不愿承诺或者无法承诺的,按照一般程序办理。办理流程主要包括申请材料提交、申请材料审查、作出许可决定、信息公开等环节(两种办理流程见图5.3和图5.4)。

(1)申请材料提交

申请人确定申请电力业务许可证的种类(光伏风电项目建设单位一般应申请发电类业务许可证)并根据要求网上提交申请材料。

(2)申请材料审查

国家能源局派出机构(以下简称派出机构)接收申请材料并作出是否受理的决定。申请事项依法不需要取得电力业务资质许可或不属于派出机构职权范围的,出具《行政许可不予受理通知书》;材料不齐全或者不符合法定形式的,在申请人提交申请材料之日起5个工作日内出具《行政许可补正材料通知书》;材料齐全且符合法定形式的,出具《行政许可受理通知书》。行政许可申请正式受理后,派出机构对申请材料进行审查,必要时进行现场核查。

(3)作出许可决定

派出机构根据对申请材料的审查情况,作出准予许可或者不予许可的决定。对于准予许可的,颁发许可证;不予许可的,出具《不予行政许可决定书》。

(4)结果公示

派出机构作出准予许可决定后 7 日内,通过对外服务场所、网站等渠道公开许可决定、申请人的承诺书,接受社会监督。

告知承诺制:

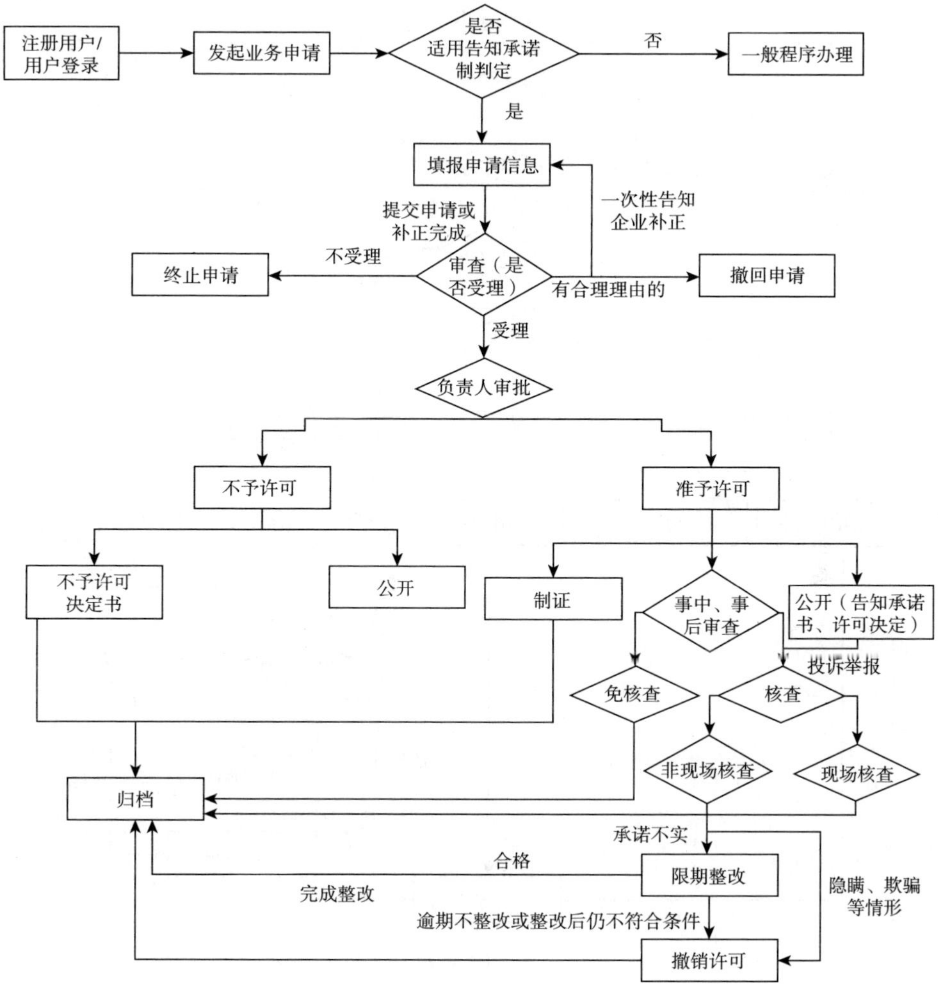

图 5.3

一般程序：

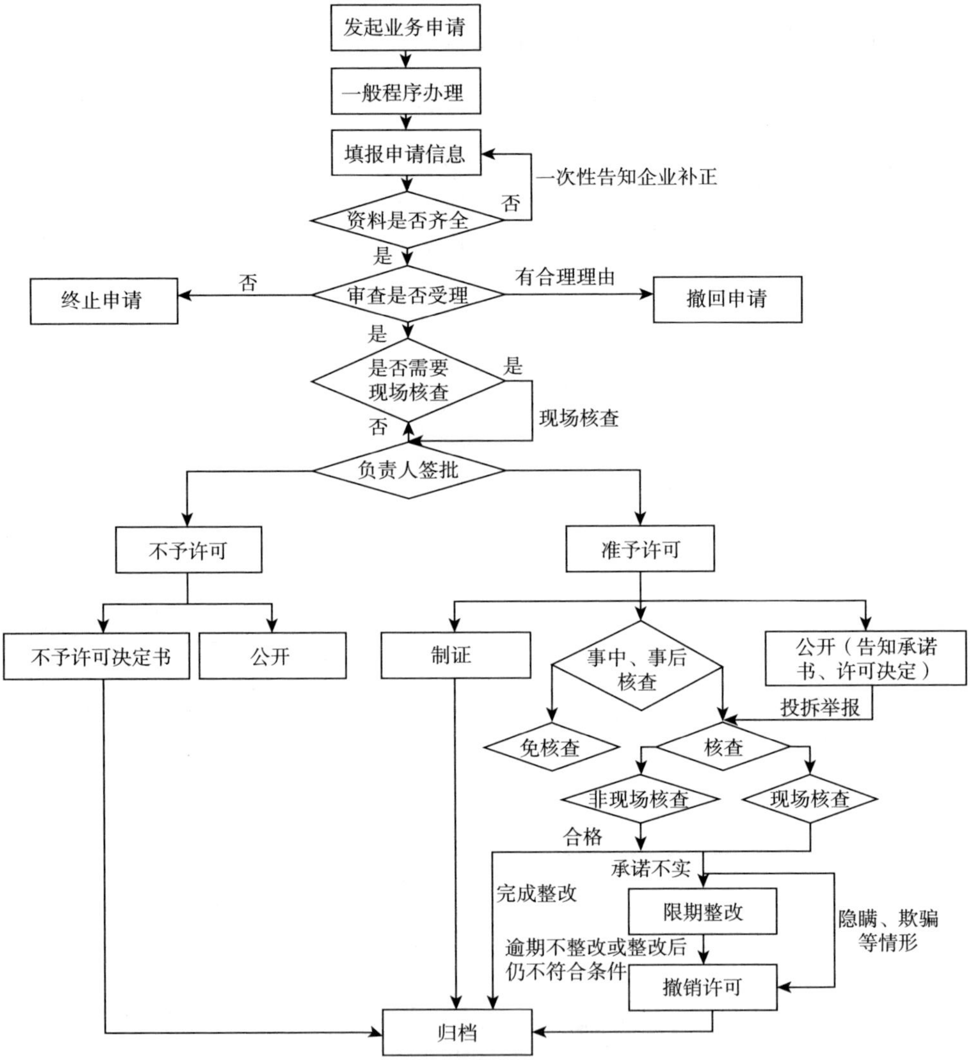
发起业务申请
一般程序办理
填报申请信息
一次性告知企业补正
否
资料是否齐全
是
否
审查是否受理
有合理理由
终止申请
撤回申请
是
是否需要现场核查
是
现场核查
否
负责人签批
不予许可
准予许可
不予许可决定书
公开
制证
事中、事后核查
公开（告知承诺书、许可决定）
投拆举报
免核查
核查
非现场核查
现场核查
合格
承诺不实
完成整改
限期整改
隐瞒、欺骗等情形
逾期不整改或整改后仍不符合条件
撤销许可
归档

图 5.4

第六章　合规案例及合规风险防控建议

第一节　涉及审批手续问题的合规案例

一、典型案例

1. 辽宁省抚顺市望花区西舍场100兆瓦光伏发电项目行政处罚案[1]

2022年5月，东北能源监管局在日常监管过程中发现抚顺市晶能太阳能发电有限公司投资建设的辽宁省抚顺市望花区西舍场100兆瓦光伏发电项目的综合楼、电控楼、GIS设备楼、升压站等主体结构工程已完成，光伏场区工程完成约30%，但该公司在开工前未向电力建设工程质量监督站提出质监注册申请，未办理电力建设工程质量监督手续。以上行为违反了《建设工程质量管理条例》第13条“建设单位在开工前，应当按照国家有关规定办理工程质量监督手续”的规定。

东北能源监管局依据《建设工程质量管理条例》第56条“违反本条例规定，建设单位有下列行为之一的，责令改正，处20万元以上50万元以下的罚款：……（六）未按照国家规定办理工程质量监督手续的”规定，对抚顺市晶能太阳能发电有限公司下达《行政处罚决定书》[东北监能稽查（2022）64号]，依法给予罚款人民币20万元的行政处罚，并责令立即整改。

---

〔1〕 本案来源于国家能源局东北能源监管局，https://www.nea.gov.cn/2022-08/23/c_1310655042.htm。

2. 国家能源集团格尔木龙源光伏发电有限公司10万千瓦竞价光伏电站项目行政处罚案

2021年,格尔木市自然资源局发现国家能源集团格尔木龙源光伏发电有限公司在格尔木市乌图美仁乡东南侧30公里处光热园区,建设的海西州,2#地块2020年10万千瓦竞价光伏电站项目,未取得相关用地审批手续,存在未批先建的违法行为。

以上行为违反了《土地管理法》第2条"任何单位和个人不得侵占、买卖或者以其他形式非法转让土地。土地使用权可以依法转让。……国家依法实行国有土地有偿使用制度"、第53条"经批准的建设项目需要使用国有建设用地的,建设单位应当持法律、行政法规规定的有关文件,向有批准权的县级以上人民政府自然资源主管部门提出建设用地申请,经自然资源主管部门审查,报本级人民政府批准"的规定。

根据《土地管理法》第77条"未经批准或者采取欺骗手段骗取批准,非法占用土地的,由县级以上人民政府自然资源主管部门责令退还非法占用的土地,对违反土地利用总体规划擅自将农用地改为建设用地的,限期拆除在非法占用的土地上新建的建筑物和其他设施,恢复土地原状,对符合土地利用总体规划的,没收在非法占用的土地上新建的建筑物和其他设施,可以并处罚款;对非法占用土地单位的直接负责的主管人员和其他直接责任人员,依法给予处分;构成犯罪的,依法追究刑事责任"之规定及《青海省自然资源土地行政处罚裁量权基准》,格尔木市自然资源局向国家能源集团格尔木龙源光伏发电有限公司下达了《行政处罚决定书》(〔2021〕27号)责令非法占用未利用地(沙地)7286平方米处以7元/平方米罚款。共计罚款51,002元。

3. 漳浦绿领农业科技公司大棚光伏电站项目行政处罚案[1]

2016年8月,福建省最大的光伏与农业综合开发项目——漳浦绿领农业科技大棚光伏电站,由于涉嫌非法占用土地被处罚款并限期拆除,此光伏电站项目由漳浦中电负责具体开发,中国电力投资集团子公司中电国际新能源控股有

〔1〕 本案来源于漳州市自然资源局,http://zrzyj.zhangzhou.gov.cn/cms/siteresource/article.shtml?id=530373870044430000&siteId=604529050598800001。

限公司与绿领农业共同投资建设。该项目开工于2015年10月，建设内容包括：新建容量为80兆瓦的110千伏升压站、光伏组件、110千伏配电装置项目等各项设施，总投资12亿元，占地2000亩，并于2016年4月20日正式投产发电。

2016年7月8日，漳浦县国土资源局公开的第二季度违法案件查处情况中包括该光伏项目。处罚单显示，此光伏电站项目应将非法占用的土地退还给赤土乡浯源村委会，非法占地面积约为10亩左右，占整个项目用地的0.5%。并处以每平方米22元，共计14.47万元的罚款。

4. 烟台清能风力发电有限公司牟平高陵风电项目行政处罚案

牟平高陵风电场总装机规模96兆瓦，由烟台清能风力发电有限公司投资建设。项目分两期，一期富顶风电场48兆瓦于2014年取得核准批复[烟发改审(2014)41号]，2015年开工建设，项目于2017年9月建成发电。二期峰山风电场48兆瓦于2015年取得核准批复[烟发改审(2015)116号]，2017年开工建设，项目于2020年12月并网发电。前期，牟平高陵风电场已完成规划、水保、环评、用地预审、文物、武装部及核准等各项前期支持性文件，于2017年12月26日办理完成了省林业厅关于项目临时占用林业及永久占用林地的批复[鲁林地许临(2017)55号]。目前，由于电力部门的安全要求，电力设施安全距离500米之内有生产项目，生产单位必须出具互不影响的证明，由于项目方未能与矿主达成互不影响协议(涉及5家，仅1家已签订)，不能进行用地租赁手续办理，无法开展土地手续办理工作。

鉴于项目未取得建设用地手续，烟台市国土资源局于2014年12月对项目升压站用地进行了行政处罚，没收在非法占用的土地上的建筑物1118.68平方米和其他设施，并处罚款158,142元，罚款已缴纳，没收的建筑物已移交区财政局。2020年，区自然资源局巡查时发现高陵镇鲍家泊风电项目正在施工，随即于8月3日对烟台清能风力发电有限公司违法建设行为进行立案查处。2020年9月2日下达处罚决定书。没收在非法占用的土地上新建的风力发电基座43座，1462平方米，并处罚款37,230元，罚款已缴纳。2020年11月23日、24日，区自然资源局在巡查检查中，对现场进行了察看，发现风机已组装完毕(实际组装40座)。

高陵风电场违法建设问题，已经由主管部门牟平区自然资源局于2020年9

月 2 日向违法企业烟台清能风力发电有限公司下达了《行政处罚决定书》，对该违法建设予以罚款、没收处理。目前该 40 座机组已停机。

二、合规风险防控建议

1. 新能源项目的开发和建设，涉及核准备案、资质许可、土地征用、建设施工、环境保护等多个方面。无论是开发建设过程中，还是后续运营处置中，各项审批手续都是监督管理、尽职调查的核心内容，因为行政审批手续从根本上决定了项目的合法性。项目建设单位应当高度重视各类行政审批手续的重要性，对于根本性、关键性的审批应建立专人专项负责机制，严格按照法律规定的程序办理，确保项目开发和建设的合法合规。

2. 项目建设单位应做好行政审批手续的流程化管理，实现项目开发的系统筹划、整体把控、动态推进、及时反馈，提高项目开发的效率。在明确流程管理的前提下，管理人员要对实施过程进行监控，并不断根据实际情况的变化进行调整，以保证开发建设流程的顺利推进，避免出现因审批手续不全、程序错误等管理性问题阻碍项目建设进程，甚至可能导致项目建设不合法而被拆除等行政处罚、民事赔偿、刑事责任等问题。

第二节　耕地红线问题的合规案例

一、典型案例

1. 新疆特变电工子公司行特新能源公司行唐县光伏发电项目涉嫌破坏生产经营罪案[1]

2020 年 9 月 30 日，由行唐县行特新能源有限公司投资建设的行唐 200 兆瓦光伏发电项目取得备案证。第一批建设项目地块位于上碑镇，项目备案、环评、土地等各项手续合法合规。2021 年 4 月，由上碑镇政府启动项目土地流转工作，涉及上碑镇 5 个村 1642 亩。截至 2022 年 4 月 30 日，共计完成土地流转

---

〔1〕 案例来源于中国裁判文书网，https://wenshu. court. gov. cn。

1013 亩，其中未种青苗的 470 亩，种植青苗的 543 亩。

目前，经初步核实，两村毁麦地块中有 14 户村民共 40.39 亩土地，未与村委会签订土地流转委托书和土地租赁合同。在项目推进过程中存在群众工作不到位、合同签订程序不规范、监管工作缺失缺位、施工违法违规等问题。针对上述问题，相关部门已责令项目停止施工。就行唐县行特新能源有限公司施工过程中存在的涉嫌破坏生产经营罪立案调查，对项目负责人依法采取刑事拘留强制措施。

2. 华润新能源（临颍）有限公司润颍 100 兆瓦风电项目行政处罚案

2019 年 5 月 18 日，临颍县自然资源局对华润电力临颍县润颍 100 兆瓦风电项目进行报批，2019 年 6 月 6 日通过市自然资源局用地预审（漯自然资［2019］131 号），2020 年 6 月 8 日通过市自然资源局审签，2020 年 6 月 11 日通过市政府签批，2020 年 6 月 15 日报省自然资源厅审查，2020 年 8 月 18 日报至省人民政府签批，至今未获批准。该宗地在土地利用现状图上、土地利用总体规划图上显示为耕地，符合土地利用总体规划，东邻耕地，西邻耕地，南邻生产路，北邻耕地。

华润新能源（临颍）有限公司在未获得省政府批准的情况下，于 2019 年 11 月占用临颍县杜曲镇杜街村耕地建设风力发电升压站。临颍县自然资源局于 2019 年 12 月 6 日对华润新能源（临颍）有限公司先行非法占用的 2713.39 平方米土地进行立案查处，并于 2019 年 12 月 16 日对其下达了临土罚字（2019）第 108 号土地行政处罚决定书。

华润电力临颍县润颍 100 兆瓦风电项目升压站共占地面积 5483.65 平方米（8.225 亩），其中设备区占地 4328 平方米，办公区占地 822.55 平方米，生活区占地 333.1 平方米，除 2019 年 12 月 16 日处罚外，另有 2770.26 平方米也属于未批先建，其行为违反了《土地管理法》第 44 条的规定，属非法占地。

临颍县政府已责令县自然资源局于 2021 年 4 月 19 日对剩余没有立案土地启动了立案调查程序，对违法现场进行现场勘测，并对华润新能源（临颍）有限公司下发责令停止违法行为通知书，严格按照《自然资源行政处罚办法》的规定处理。

3. 江西阳旭新能源有限公司光伏项目行政处罚案

江西阳旭新能源有限公司光伏项目违法占用鹰潭市余江区平定乡洪桥村永久基本农田约3.88公顷(58.25亩),余江县国土资源局对该公司擅自在平定乡洪桥村非法占用基本农田建光伏板的行为作出《责令改正违法行为通知书》,责令其拆除占用基本农田上的光伏板和其他设施,恢复耕作条件。平定乡人民政府和县国土资源局依法组织实施拆除,委托建筑工程公司对违法占用基本农田的光伏太阳能板及支架进行了拆除。

二、合规风险防控建议

1. 从上述案例可以看到,在光伏、风电项目的开发过程中,项目建设单位及单位负责人必须高度重视用地合法性问题,违法占用土地后果严重时,可能需要承担刑事责任,尤其要注意耕地红线碰不得。耕地红线是国家为了确保农业生产所需土地而划定的最低保障线,目前全国划定的红线是18亿亩。按照国家政策,耕地红线土地只能从事农事耕作和农业生产,不能用于建设或其他非农化事项。根据《全国土地利用总体规划纲要》(2006—2020年),到2020年,全国耕地保有量为18.65亿亩以上,这也就是我们常听说的"18亿亩红线"。如果光伏电站项目占用的土地为耕地的,应当完成的主要土地审批手续包括:取得建设项目用地预审与选址意见书,就项目用地性质为永久性用地的变电站、运行管理中心等办理农用地转用审批手续、签署土地使用合同(临时用地)、办理建设工程规划许可、取得建设用地文件(出让土地、划拨土地)、取得建设用地使用权证(出让土地、划拨土地)。项目选址确定后,在土地总体规划审查中必须严格落实土地性质、确实需要改变土地性质的,应当依法办理变更手续,在后续的用地方式选择上,要根据用地面积、时间确定项目用地方式,禁止以任何方式占用永久基本农田,严禁在国家相关法律法规和规划明确禁止的区域发展光伏发电项目。

2. 租用农民集体所有的土地进行光伏项目开发是有严格限制的,要符合国家关于允许租赁土地用于光伏建设的规定,如《关于支持新产业新业态发展促进大众创业万众创新用地的意见》(国土资规〔2015〕5号)、《关于支持光伏扶贫和规范光伏发电产业用地的意见》(国土资规〔2017〕8号)等。

3. 企业在光伏电站建设过程中除了应当参考以上政策之外，像国家林业局出台的《关于光伏电站建设使用林地有关问题的通知》，国土资源部关于《产业用地政策实施工作指引》，根据水利、草原、林业等部门的单行法规规定如《河道管理条例》《土地管理法》《森林法》《国家级公益林区划界定办法》等政策法规都应当作为参考。除此之外，各个地方政府也有相关对光伏建设用地的要求以及政策，企业也应当特别注意。

第三节　生态环境保护问题的合规案例

一、典型案例

1. 国家能源集团龙源江永风力发电有限公司江永黄甲岭风电场工程建设项目行政处罚案

2021 年 9 月 16 日，湖南省永州市江永县环境监察大队对国家能源集团龙源江永风力发电有限公司江永黄甲岭风电场工程建设项目进行了检查，发现该项目未严格按照环评批复要求落实环境保护措施，需要配套建设的环境保护设施未建成，建设项目即投入使用。前述行为违反了《建设项目环境保护管理条例》第 15 条“建设项目需要配套建设的环境保护设施，必须与主体工程同时设计、同时施工、同时投产使用”的规定。基于上述事实，根据《行政处罚法》第 28 条“行政机关实施行政处罚时，应当责令当事人改正或者限期改正违法行为”的规定。

永州市生态环境局依据《建设项目环境保护管理条例》第 23 条“违反本条例规定，需要配套建设的环境保护设施未建成、未经验收或者验收不合格，建设项目即投入生产或者使用，或者在环境保护设施验收中弄虚作假的，由县级以上环境保护行政主管部门责令限期改正，处 20 万元以上 100 万元以下的罚款；逾期不改正的，处 100 万元以上 200 万元以下的罚款；对直接负责的主管人员和其他责任人员，处 5 万元以上 20 万元以下的罚款；造成重大环境污染或者生态破坏的，责令停止生产或者使用，或者报经有批准权的人民政府批准，责令关闭”之规定，对国家能源集团龙源江永风力发电有限公司下达了罚款 28 万元整行政处罚决定书[永环罚(江永)罚字[2022]5号]。

2. 森源电气光伏项目行政处罚案

郑州森源新能源科技有限公司投资19.77亿元利用黄河滩地建设200兆瓦光伏电站。该项目于2014年4月1日获得河南省发展和改革委员会复核核准,并原则上列入2014年建设规划和资金补贴的光伏电站项目规模。但直至项目主体工程于2014年年底完工之时,仍未获得水利行政主管部门的审查意见。按照防洪法、河道管理条例、黄河河道内建设项目管理办法等有关法律法规,黄河滩区内的开发项目,规划建设前必须进行河道安全影响评估审查,该光伏发电站属于典型的未批先建违规项目,已被紧急叫停。

3. 河南豫能新能源有限公司桐柏凤凰风电项目公益诉讼案[1]

2016年11月10日,南阳市发改委作出宛发改能源〔2016〕634号文,批复同意河南豫能新能源有限公司投资建设桐柏凤凰风电项目。2017年7月16日,河南豫能新能源有限公司在桐柏县注册成立桐柏豫能凤凰风电有限公司,由桐柏豫能凤凰风电有限公司承接桐柏风电项目的建设运营工作。桐柏豫能凤凰风电有限公司在桐柏风电项目的建设过程中,因未按批准文件要求违法占用林地并在河南省文物保护单位楚长城保护范围内进行施工建设,造成周边环境毁损。中国生物多样性保护与绿色发展基金会向南阳市中级人民法院提起环境侵权民事公益诉讼。

南阳市中级人民法院判决后,中国生物多样性保护与绿色发展基金会向河南省高级人民法院提起上诉。二审审理过程中,经合议庭主持调解,各方自愿达成调解协议:河南豫能新能源有限公司、桐柏豫能凤凰风电有限公司承认自己在施工过程中存在违法占用林地和对楚长城保护范围侵入的问题,同意在桐柏风电项目建设完成后对占用林地生态进行修复或者替代性修复,并接受监督;对于超范围占用的林地面积,同意按专家评估结果赔偿林木生态服务功能期间损失184,449.3元,汇入财政指定账户;同意组成联合调查组,对桐柏风电项目施工侵入楚长城保护范围进行具体调查,并根据调查结果承担相应责任等内容;承诺在此后项目施工过程中严格按照政府批准文件和环评文件中的范围

---

〔1〕 本案收录于河南法院环境资源审判白皮书。

和要求进行施工,不侵入楚长城遗址保护范围,并接受中国生物多样性保护与绿色发展基金会及其志愿者的不定期监督。

4. 山东微山县6个违规建设的光伏电站行政处罚案

山东微山县旭日新能源有限公司高楼40兆瓦光伏发电项目、天沐新能源科技有限公司欢城49兆瓦光伏电站项目、济宁中广新能源有限公司留庄30兆瓦太阳能发电工程项目、旭沐新能源科技有限公司留庄49兆瓦光伏电站项目、汇能光伏电站有限公司100兆瓦光伏发电项目、爱康新能源有限公司微山县鲁桥镇30兆瓦光伏发电项目6个光伏项目均已并网发电。

经市南四湖自然保护区管理局摸底排查,该6个光伏电站项目被判定为自然保护区内微山县违规项目。南四湖省级自然保护区为2003年山东省政府批准设立,规划总面积191万亩,占微山县全县总面积的71.5%。根据《自然保护区条例》规定,在自然保护区的核心区和缓冲区内,不得建设任何生产设施。在自然保护区的实验区内,不得建设污染环境、破坏资源或者景观的生产设施;不得建设其他项目。根据国家林业局在2015年11月27日发布的《关于光伏电站建设使用林地有关问题的通知》,各类自然保护区、森林公园(含同类型国家公园)、濒危物种栖息地、天然林保护工程区以及东北内蒙古重点国有林区,为禁止建设区域。其他生态区位重要、生态脆弱、地形破碎区域,为限制建设区域,该光伏项目已经全部停电断网、责令拆除。

5. 平定县晶科光伏发电有限公司煤矸石山(冶西)100兆瓦光伏发电项目环境修复赔偿案[1]

2017年4月16日,经过山西省发展和改革委员会备案,以及山西省国土资源厅等政府部门审批同意,平定县晶科光伏发电有限公司(以下简称晶科公司)开始进行“山西阳泉市采煤沉陷区国家先进技术光伏发电示范基地五矿煤矸石山(冶西)100兆瓦光伏发电项目”建设,晶科公司作为发包方与承包方丹江口市金迈建设工程有限公司(以下简称金迈公司)签订《施工安全管理协议》,约定光伏方阵的土建、安装工程由金迈公司承包施工。

在晶科公司明知项目建设区域位于煤矸石山范围内的前提下,晶科公司在

〔1〕 本案来源于中国裁判文书网,https://wenshu.court.gov.cn。

前期地质勘探和环境评估等工作中进行相应的预防报告措施，且在已发现部分区域存在自燃倾向时，金迈公司未采取有效防护措施便开展施工，对矸石山进行了钻孔等行为，加剧了矸山覆土层的失效，导致矸石山自燃。案涉煤矸石山系阳泉煤业(集团)有限责任公司五矿(以下简称阳煤五矿)排矸堆积形成，占用冶西东庄村荒地约251亩。在2012年9月，阳煤五矿对案涉煤矸山实施的生态恢复治理工程竣工并通过验收。阳煤五矿系案涉煤矸山治理工作责任主体，履行日常维护、治理处置等相关管理责任。阳煤五矿在矸山的生态恢复工程及巡查维护方面存在一定的工作疏忽，导致矸山覆土层在晶科公司施工前已存在部分失效。根据司法鉴定的结果，法院作出(2021)晋03民初116号判决书，认定晶科公司和阳煤五矿需承担对等责任，各承担应急治理工程费用3,789,133.69元。

二、合规风险防控建议

1. 随着我国“碳达峰、碳中和”战略的不断深入实施，陆上风电、光伏作为新能源发电项目建设持续火热，其中不可避免地存在违规建设现象，上述案例皆是因项目建设中违反环境保护批复要求，不仅工程被责令整改或叫停，而且生态环境亦遭到了难以修复的破坏。在生态环境保护持续高压态势之下，生态保护红线问题已经成为新能源发电项目的合规重点之一。项目业主应密切关注项目所在地生态保护红线的划定进展，完善前期选址的“排雷”工作，并在发现选址可能涉及生态保护红线范围后及时与主管部门沟通。另外，项目业主应抓紧梳理、办理项目核心批文并就红线问题争取政府承诺，避免“未批先建”“边批边建”“少批多占”等用地瑕疵，从而在未来可能的行政诉讼程序中最大限度地保护项目的合法权益。

2. 对于尚处于开发前期阶段的新能源发电项目而言，选址成功与否决定了项目未来的“生死存亡”。项目选址不仅应符合规划技术规范，更需要根据当地红线区域及规划方案判定拟选址地块是否涉及生态红线划定范围，并对可能出现的规划调整方向作出预判，科学评估潜在的环境法律风险。为了最大限度地保障项目的合法权益，建议项目业主与主管环保部门及自然资源部门积极协商，要求其就项目不重叠生态保护红线出具书面支持性文件或在环境影响评价文件批复中予以确认。

第四节　新能源项目建设施工问题的合规案例

一、典型案例

1. 关于机电工程类资质是否可以总承包分布式光伏项目的问题[1]

2017 年 3 月 1 日，山东象阳能源科技有限公司（以下简称象阳公司）与上海二十冶建设有限公司（以下简称二十冶公司）签订《山东黄金三山岛矿区 200 兆瓦分布式光伏发电项目 EPC 总承包》及其补充协议，约定二十冶公司对该项目提供光伏电站工程 EPC 总承包工作。2017 年 3 月 13 日象阳公司向二十冶公司账户汇出 1000 万元，摘要表述为“工程预付款”，但象阳公司一直未向二十冶公司提供基本坐标、书面通知进场时间及项目负责人。合同签订后，二十冶公司开始组建涉案工程的项目部，并开始在莱州办公，投入了部分人力、财力，由于项目的相关手续未落实，二十冶公司于 2017 年 12 月 6 日书面通知象阳公司将项目部人员暂时撤回二十冶公司。由于该合同一直未履行，象阳公司向一审法院起诉请求确认象阳公司与二十冶公司签订的总承包合同无效，并请求返还已支付的工程款。

象阳公司认为合同所涉工程是 200 兆瓦分布式光伏发电工程，属于电力工程中的太阳能发电工程，二十冶公司作为总承包方，应当具备电力工程施工总承包资质，但总承包方具备的是机电工程类资质。按照《建筑业企业资质标准》的规定，案涉光伏发电项目属于电力工程，承接光伏发电项目的 EPC 总承包方需要具备电力工程类资质，而本案总承包方具备的是机电工程类资质，其虽可以承担机电工程的施工，但机电工程不属于电力工程的范畴。根据最高人民法院《关于审理建设工程施工合同纠纷案件适用法律问题的解释》第 1 条第 1 项之规定，因总承包方不具有电力工程施工总承包资质，案涉 EPC 总承包合同无效。一、二审法院支持了象阳公司的理由确认总承包合同无效。之后山东省高

---

〔1〕 本案来源于中国裁判文书网，https://wenshu.court.gov.cn。

级人民法院作出(2020)鲁06民终2595号再审判决认为,案涉分布式光伏发电项目工程按照《建设工程分类标准》属于机电工程类工程,总承包人具备机电工程施工总承包一级资质,其对案涉工程具备总承包的资质要求。因此,原审法院认定总承包方对案涉工程不具有相应的承包资质进而判定案涉合同无效,系认定事实与适用法律有误。

2. 关于未招标光伏项目总承包合同的效力问题[1]

2012年7月25日,青海世纪能源科技发展有限公司(以下简称世纪能源公司)与中利腾晖光伏科技有限公司(以下简称中利腾晖公司)签订《共和30兆瓦光伏发电项目EPC总承包合同》,约定:合同工程总承包范围项目工程的设计、设备和材料采购、运输、建筑工程(包括地基处理)、安装等项目验收至竣工移交的全过程总承包,采用固定总价方式。2012年10月20日,世纪能源公司与中利腾晖公司签订《合同终止协议书》,约定,双方一致同意于2012年10月20日终止《光伏发电项目总承包合同》,双方不再继续履行原合同之约定。后双方就合同履行发生争议并诉至法院。

根据《招标投标法》第3条,国务院批准的《工程建设项目招标范围和规模标准规定》第2条、第7条的规定,本案双方当事人约定的光伏发电项目EPC总承包,承包范围包括涉及该项目所需的设计、采购及施工,属于关系社会公共利益、公众安全的基础设施项目和公用事业项目,且作为承包合同总价达3.03亿元,应属于法律规定依法必须招标的工程项目。

2012年9月29日青海省发改委《关于海南州世能光伏公司发电有限公司30兆瓦并网光伏发电项目核准的批复》(青发改能源〔2012〕1498号)内容载明,“项目招标严格按《招标投标法》规定执行,工程设备供应商及施工单位均采用招标方式确定”,亦明确了案涉项目必须履行招标程序。本案双方并没有按照《招标投标法》的规定履行招投标法定程序,根据最高人民法院《关于审理建设工程施工合同纠纷案件适用法律问题的解释》(已失效)第1条“……(三)建设工程必须进行招标而未招标或者中标无效的”的规定,世纪能源公司与中利腾晖公司签订的《光伏发电项目总承包合同》应为无效。

---

〔1〕 本案来源于中国裁判文书网,https://wenshu.court.gov.cn。

3. 关于新能源项目工程总装机容量如何认定的问题[1]

2016 年 11 月 7 日,济宁锦阳电力有限公司(以下简称锦阳公司)与中国华电科工集团有限公司(以下简称华电公司)签订《山东济宁市屋顶 12.22 兆瓦分布式光伏发电一期项目总承包合同》,约定由华电公司承建锦阳公司光伏发电一期项目,合同约定造价为人民币 7350 元/千瓦,合同总价暂按 12.22 兆瓦容量计为 8981.7 万元,最终合同总价按照验收后实际装机容量确定。合同签订后,华电公司依约进行工程建设,其间锦阳公司向华电公司支付工程款 318 万元,该工程完工后绵阳公司并未进行最终验收,但绵阳公司于 2017 年 6 月 30 日投产使用,实现并网发电。后双方因工程总价款确定问题产生争议,华电公司提起诉讼。

本案争议的焦点为案涉工程总装机容量如何确定,工程总造价如何确定。诉讼中,华电公司主张案涉工程的总装机容量为 12.29 兆瓦,工程总造价为 8981.7 万元,并提交了总承包合同、结算表等证据,但合同中对工程总造价为暂估价,结算表亦无锦阳公司盖章确认,故仅凭上述证据无法得出案涉工程总装机容量为 12.29 兆瓦,工程总造价为 8981.7 万元的结论。

后华电公司又提交了锦阳公司向供电公司上交的《并网验收和调试申请材料》,其中《分布式电源并网调试和验收申请表》载明,案涉工程总装机容量为 12.22 兆瓦。现案涉工程已由锦阳公司实际使用且并网发电。在锦阳公司未能提交任何证据推翻验收申请表中所载明的总装机容量的情况下,最终法院作出(2020)鲁民终 2189 号判决,将验收申请表所载明的内容作为计算案涉工程总装机容量工程造价的依据,并判决绵阳公司按照合同约定支付剩余工程款。

4. 关于合同约定价款结算方式的效力问题[2]

2017 年 12 月 10 日,湛江聚能光伏电力有限公司(以下简称聚能光伏公司,甲方)与湘潭潭州电力建设有限公司(以下简称潭州电力公司,乙方)签订《雷州 110 千伏北和聚能光伏项目外线施工协议》,约定聚能光伏公司将湛江聚能雷州北和镇 40 兆瓦渔光互补光伏发电项目外线施工工程发包给潭州电力公司

[1] 本案来源于中国裁判文书网,https://wenshu.court.gov.cn。

[2] 本案来源于中国裁判文书网,https://wenshu.court.gov.cn。

施工建设。2019 年 12 月 8 日，双方又签订了《关于〈雷州 110 千伏北和聚能光伏项目外线余款处理协议〉补充协议》，约定，“双方同意合同总包价为 2158 万元，最终结算价格以甲方审计单位审计结果为准”。

2019 年 12 月 31 日，该工程经竣工验收合格，交付聚能光伏公司使用。尔后，聚能光伏公司委托江苏宏信工程咨询有限公司对涉案工程结算审核，2020 年 10 月 30 日，该公司出具了《工程造价咨询报告书》[编号：苏宏信基（2020）第 215 号]，结算审核报告载明：“该工程原结算送审价为 23,680,063 元，现审定价为 22,140,562.52 元，核减金额为 1,539,500.48 元，主要核减原因为工程量和价格有误、税差调整等。”聚能光伏公司与潭州电力公司签章确认审定价格。之后在施工过程中双方就工程款的具体数额发生争议。

在施工过程中，聚能光伏公司向潭州电力公司支付工程款 20,827,200 元，尚欠工程进度款 1,313,362.52 元（22,140,562.52 元 − 20,827,200 元），后潭州电力公司以上述结算审核报告未处理民工窝工、停工损失费等增补项目为由，认为聚能光伏公司实际拖欠潭州电力公司工程应为 8,320,131.52 元。双方就工程款具体数额产生争议并诉至法院。

本案争议在于聚能光伏公司欠付工程款数额，经法院审理认定，聚能光伏公司与潭州电力公司在《关于〈雷州 110 千伏北和聚能光伏项目外线余款处理协议〉补充协议》中约定最终结算价格以甲方审计单位的审计结果为准，作为甲方的聚能光伏公司已委托江苏宏信工程咨询有限公司进行竣工结算审核，并出具《工程造价咨询报告书》，涉案工程总结算价经双方签字确认盖章确认为 22,140,562.52 元，聚能光伏公司已支付 20,827,200 元，最终判决聚能光伏尚欠工程款数额应为 1,313,362.52 元。

5. 关于未取得建设用地规划许可证的审批手续即施工建设，承包合同效力问题[1]

2015 年 9 月 9 日，连云港市易事特光伏科技有限公司（以下简称易事特公司）与连云港绿源电力工程有限公司（以下简称绿源公司）签订《连云港赣榆 3 兆瓦农光互补光伏发电项目项目开发 + EPC 工程承包合同》，约定易事特公司

〔1〕 本案来源于中国裁判文书网，https://wenshu.court.gov.cn。

将位于连云港市赣榆区城头镇东芮湖村的连云港赣榆3兆瓦农光互补光伏发电项目发包给绿源公司，绿源公司作为承包方应办理如下手续，包括但不限于从前期工作到项目并网的所有手续，并承担相应费用，如项目用地四证一书等。

后因绿源公司无相关施工资质，易事特公司分别于2016年9月2日和2016年10月24日与苏华建设集团有限公司（以下简称苏华公司）签订《连云港赣榆3兆瓦农光互补光伏发电项目工程承包合同》，约定，将位于连云港市赣榆区城头镇东芮湖村3兆瓦农光互补光伏发电项目发包给苏华公司。

合同签订后，绿源公司以苏华公司的名义具体进行施工建设，但因易事特公司未缴纳土地出让金，一直未办理建设用地规划许可证、建设工程规划许可证。该项目一期工程于2015年10月8日开工，2016年1月6日完工，2016年1月29日并网发电，2016年2月2日经易事特公司验收合格。竣工报告中载明，已按合同规定范围和设计图纸要求完成全部工程，施工技术资料和管理资料已整理完善。二期工程于2016年11月19日开工，于2017年2月19日并网发电，并于2017年11月29日经易事特公司验收合格。竣工验收证明书中载明，工程技术资料齐全，质保资料齐全，按规定的批量见证取样送检并全部合格。后因欠付工程款绿源公司将易事特公司诉至法院。

易事特公司在未办理建设用地规划许可证、建设工程规划许可证的情况下即将光伏发电的一期、二期工程对外发包，其分别与绿源公司、苏华公司签订的施工合同因违反工程建设审批手续而无效。易事特公司认可绿源公司系涉案一期、二期工程的实际施工人，且一期工程的合同系绿源公司与易事特公司直接签订，绿源公司因无施工资质借用第三人苏华公司资质施工亦违反最高人民法院《关于审理建设工程施工合同纠纷案件适用法律问题的解释（一）》第3条“当事人以发包人未取得建设工程规划许可证等规划审批手续为由，请求确认建设工程施工合同无效的，人民法院应予支持，但发包人在起诉前取得建设工程规划许可证等规划审批手续的除外”的规定，易事特公司与苏华公司签订的施工合同亦应无效。本案中施工合同均无效，但是根据司法解释的规定一期、二期工程已并网发电且经易事特公司验收合格，绿源公司可以要求参照合同约定支付工程价款。

二、合规风险防控建议

从上述案例可以发现，新能源项目在建设施工过程中，施工资质问题、项目的招投标问题、行政审批手续的问题、转包和违法分包问题，均会直接影响合同的效力。一旦因上述问题导致合同无效，对于发包人而言，施工合同无效后违约责任条款亦失去效力，不得再依据施工合同主张违约责任，再者发电量损失作为项目建成后的运营收益，也会因合同无效而导致无法主张，具体提示如下。

1. 发包方对总承包方进行资质审查时，既要保证工程总承包单位的资质类别与电力行业相关工程类别相对应，又要确保总承包方资质范围与工程项目规模相适应，防止工程总承包方因缺乏电力行业相关工程类资质或超越其资质范围承接工程项目，导致 EPC 总承包合同无效。

2. 实践中许多新能源发电项目并未履行招标程序就签订工程承包合同。按照现行有效的招标投标法律规定，新能源项目的勘察设计、施工、监理以及工程重要设备和材料等的采购，达到法定规模标准的，均应当履行招标程序（民营投资项目可采用邀请招标）。依法应当招标而未招标签订的工程承包合同，存在被认定无效的风险。如果工程承包合同无效，将导致围绕该合同签订的股权质押合同、保证合同等担保合同亦归于无效，致使承包人丧失部分工程款回款保障。因此，新能源建设工程项目的当事人应当高度重视在依法履行招标程序后签订工程承包合同，注意防范合同效力风险。

3. 光伏项目总承包/施工合同中一般会约定最终竣工验收后支付尾款，实践中，业主一般会拖延开具最终竣工验收证明，导致如何认定光伏项目的最终竣工验收日期存在争议。对此，项目双方需注意竣工程序及证据留存，对于承包方而言，应及时提交项目竣工验收文件，办理交接时签发交接单；对于发包方而言，应及时组织项目竣工验收，就承包人提交的竣工文件进行回复，存有异议的，需以书面方式提出。若不存在双方认可的最终竣工验收文件，法院也可能会将并网时间认定为最终竣工验收时间，原因在于并网后常常伴随着项目移交，业主可以直接获得收益；另一方面，并网时间也比较容易调查和确定。

4. 建设工程项目一般具有规模大、投资金额高、建设周期长等特点，这就导致在施工合同的履行过程中，会产生很多不确定的因素和障碍，进而产生法律纠纷,其中工程款结算是核心问题。根据最高人民法院《关于审理建设工程施工合同纠纷案件适用法律问题的解释(一)》第19条"当事人对建设工程的计价标准或者计价方法有约定的,按照约定结算工程价款",以及最高人民法院《关于建设工程承包合同案件中双方当事人已确认的工程决算价款与审计部门审计的工程决算价款不一致时如何适用法律问题的电话答复意见》([2001]民一他字第2号)中"审计是国家对建设单位的一种行政监督,不影响建设单位与城建单位的合同效力。建设工程承包合同案件应以当事人的约定作为法院判决的依据。只有在合同明确约定以审计结论作为结算依据或者合同约定不明确、合同约定无效的情况下,才能将审计结论作为判决的依据"的规定,在建设工程施工合同纠纷中,如需将审计结果作为工程结算依据,必须明确具体约定。因此作为施工单位应当从合同签订时就要做好防范工作,以审计部门的审计结果作为确定工程价款依据的,必须在合同进行明确的约定,而且约定的主体必须明确,若是委托审计部门进行审计的应当明确约定审计单位的具体名称;若是提交当地政府审计部门进行审计的,应当写明审计部门的名称及层级,若只是约定"最终以审计结果作为结算依据"的,属于条款约定不明,不能以审计结果作为确定工程价款的依据。

5. 实践中,项目行政许可不齐即开工的行为表现屡见不鲜,有未取得建设工程规划许可证的,有未取得建筑工程施工许可证的,更有甚者是国有建设用地使用权证尚未取得就已经开工建设。在此情况下,一方面发包人面临被行政处罚的风险,且行政处罚的力度也在不断加大;另一方面项目建设过程中因行政审批手续不齐导致施工受阻,承发包双方就合同违约责任产生较大争议,难以调和,最终诉诸法律。合同一方追究相对方违约责任时,相对方往往会提出发包人未取得建设工程规划许可证等规划审批手续导致建设工程施工合同无效的抗辩观点,以此逃避违约责任。作为施工单位,如项目违反土地管理、规划管理相关规定,除合同被认定无效、难以追究发包人的违约赔偿责任外,建设工程还可能面临无法折价、拍卖的局面,工程款优先受偿权无法实现,最终导致工程款无法全部收取的后果。

第五节　新能源项目运营过程中电费损失的合规案例

一、典型案例

1. 关于发电量损失产生原因及认定的问题[1]

2013 年 5 月，苏州复睿电力科技股份有限公司（以下简称复睿公司）与信息产业电子第十一设计研究院科技工程股份有限公司（以下简称十一院）签订《苏州科技城光伏发电集中示范项目总承包合同》，约定十一院承包复睿公司的苏州科技城光伏发电集中示范项目的设计、并网接入、设备采购、土建施工、机电及设备安装等；合同价款 8000 万元。合同签订后，十一院与无锡尚德太阳能电力有限公司（以下简称尚德公司）签订《组件采购合同》，约定：尚德公司为案涉项目向十一院提供 245、250、255 型号三种不同型号的组件。上述光伏组件后被十一院安装于复睿公司的光伏电站，该光伏电站已于 2014 年 6 月 30 日并网，但运行过程中出现光伏组件衰减率过快的问题，导致发电量难以达到项目设计的要求。

2018 年 3 月 28 日，复睿公司、十一院、尚德公司三方开会并形成《会议纪要》，载明：三方一致同意，经过组件检测发现组件功率与质保期内的功率存在差异，但三方就发电量差异原因及损失赔偿未能达成一致，因此复睿公司提起诉讼。在诉讼过程中，法院对 255 型号的光伏组件衰减率不达标的原因进行司法鉴定。2021 年 3 月 29 日，南京海天检测有限公司出具的《鉴定意见书》分析认为，涉案样品的功率衰减主要原因是沉积在光伏组件表面的积尘和光伏组件存在的隐裂问题；其中积尘是主要原因。光伏组件产生隐裂的原因较为复杂，原材料的缺陷是组件产生隐裂的主要因素，在生产工序中使用不正确的工艺，同样会造成电池组件的隐裂，在电池组件生产过程中焊接机等设备工艺设置不当或设备出现故障都将造成光伏组件的隐裂，生产、运输、安装、运维等各环节中人为因素造成的隐裂，强风天气等恶劣环境也会造成光伏组件的隐裂。

---

[1] 本案来源于中国裁判文书网，https://wenshu.court.gov.cn。

关于积尘，显然不属于产品质量问题范畴，法院认为不能归责于十一院；关于隐裂，从鉴定机构的分析来看，产生隐裂的可能因素较多，既可能是尚德公司生产中的因素，也可能是十一院安装中的因素，还可能是复睿公司后期使用中的因素。由于组件现已被复睿公司使用多年，鉴定机构并无法明确涉案组件产生隐裂的确切原因。因此，虽然进行了司法鉴定，但法院无法准确界定隐裂是否与十一院、尚德公司有关，无法准确界定255型号组件不合格是否有产品本身质量问题，而且复睿公司之前并未及时对组件进行清洗，还曾擅自对组件进行拆除和重新安装，这些行为也极有可能损坏组件造成功率衰减。故法院在各方曾达成损失赔偿的会议纪要基础上，结合复睿公司单方测算的损失、各项原因力大小、过错程度及三方自认的赔偿金额等因素综合判断，判定十一院和尚德公司赔偿复睿公司发电量损失损失金额300万余元。

2. 关于合同无效后是否可以主张发电量损失的问题〔1〕

2012年8月1日，甘肃高山新能源有限公司（以下简称高山公司）与许继集团有限公司（以下简称许继公司）签订了《甘肃高山新能源有限公司高台县高崖子滩9兆瓦+1兆瓦+40兆瓦分布式发电与升压站项目工程总承包合同》及《甘肃高山新能源有限公司高台县高崖子滩9兆瓦+1兆瓦+40兆瓦光伏并网发电项目工程总承包框架技术协议》，约定高山公司作为发包人将新能源项目交由许继公司施工，后因许继公司未能按时完成工程项目，高山公司诉请解除总承包合同并主张许继公司赔偿上网电价一年的损失800万元。

审理后，一审法院认为，案涉项目工程系大型电力基础设施、新能源项目属关系社会公共利益、公共安全的项目工程，属于强制招标工程，未经过招标投标程序签订的合同违反法律效力性强制性规定，故依法认定合同无效。发电量损失是在合同有效且能够适当履行的情况下计算的可得利益，不能认定为因合同无效而造成的实际损失，故该项请求不能成立，不予支持。二审法院认为，合同无效后有过错方应赔偿的损失限于信赖利益，并不包括在合同有效情形下通过履行可以获得的利益。高山公司举证主张的800万元电价损失属于如果许继公司按约定完成施工任务后其能获得的发电收益部分，故一审判决对其该项诉

〔1〕 本案来源于中国裁判文书网，https://wenshu.court.gov.cn。

请不予支持正确,二审应予维持。

3. 关于设备存在质量问题发电量损失可主张范围的问题[1]

2017年2月14日,江苏太阳能建工程有限公司作为买受方(以下简称太阳能建公司)与山东泰开变压器有限公司作为出卖方(以下简称山东泰开公司)签订《江苏太阳科技青海乐都60兆瓦采购项目SZ11-63000/110主变购销合同》,约定:太阳能建公司向山东泰开公司购买SZ11-63000/110主变压器一台,价格为145万元。违约责任约定如卖方设备维修后仍无法达到合同约定要求,则买方有权要求卖方在接到通知后15日内进行退换货,卖方承担相应的合理损失。合同签订后,太阳能建公司向山东泰开公司支付了130万元货款,6月山东泰开公司将变压器交付并安装,10月8日,变压器发生"差动跳闸,本体轻瓦斯动作"故障,双方对修复方案无法达成一致,太阳能建公司另行从第三方购买了变压器,随后诉至法院,要求山东泰开公司全额退款并承担停运期间发电损失及变压器的拆卸、移运、实验等费用。

诉讼过程中,太阳能建公司申请对主变压器的质量、产生质量问题的原因及因主变压器的质量问题造成的损失进行鉴定,质量鉴定意见为:涉案变压器存在绕组变形、内部存在电弧放电兼过热的现象,不符合相关标准要求;涉案变压器内部存在放电的现象,结合绕组变形,可知涉案变压器存在内部短路故障;价格评估意见为:更换变压器费用为人民币2,432,280元、电站停止运营期间的发电量损失金额为人民币4,477,373元。

经审理,法院认为,原、被告双方之间签订的案涉主变购销合同,系双方真实意思表示,内容不违反法律、行政法规的强制性规定,应属有效,对双方均具有约束力。本案争议的主要焦点为设备是否存在质量问题;太阳能建公司是否有权主张发电量损失,如果有权主张,发电量损失具体为多少。

关于设备是否存在质量问题,设备发生故障后,山东泰开公司检查得出"现场绝缘电阻及直流电阻测量值正常,但油样有异味且色谱结果异常"的结论,但并未提出适合的维修方案,同时结合鉴定结论"涉案变压器存在绕组变形、内部存在电弧放电兼过热的现象,不符合相关标准要求;涉案变压器内部存在放电

[1] 本案来源于中国裁判文书网,https://wenshu.court.gov.cn。

的现象,结合绕组变形,可知涉案变压器存在内部短路故障”,以及鉴定人员出庭接受质询所陈述的“调查没有发现造成变压器故障的外来因素”“可以排除人为操作不当的原因”等内容,法院最终认定涉案变压器存在质量问题,山东泰开公司应当承担违约责任,退还货款 1,300,000 元。

关于发电量损失问题。太阳能建公司提供的证据,能够证明其服务的第三方因变压器故障导致电站停运造成发电量损失,该损失属于第三方太阳能建公司合同关系中的可期待利益范围,并不违反合同法关于违约赔偿损失的立法精神,具有事实和法律依据,评估系以电站因变压器故障停运至恢复生产的 27 天为计算基础,鉴于案涉变压器系大型设备,维修较为复杂,法院酌情考虑再给予山东泰开公司 3 天的宽限期,故损失计算天数应为 22 天(27 天 - 5 天),具体损失为 3,648,229.85 元[(4,477,373 元 ÷ 27 天) × 22 天]。该损失应由山东泰开公司承担。

关于和更换费用问题,对于更换主变压器产生的费用 2,160,000 元,该费用系太阳能建公司向案外人江苏华鹏变压器有限公司购买变压器产生的费用,该费用多少系太阳能建公司与案外人江苏华鹏变压器有限公司双方根据市场价格磋商确定,并非因质量问题造成的损失,也不是太阳能建公司与山东泰开公司合同履行后可以获得的利益,故对更换费用 2,160,000 元,不予支持。

关于检测费问题。2017 年 10 月 11 日、17 日,太阳能建公司先后自行委托青海电研科技有限责任公司、青海电研科技有限责任公司对合同设备分别进行了绝缘油色谱分析、绕组变形测试,为此产生试验费 64,600 元。该期间正是山东泰开公司派员查看现场后,双方就维修方案进行沟通的时间。太阳能建公司在此期间自行委托检测,系扩大损失的行为,该部分费用不应由山东泰开公司承担。

二、合规风险防控建议

1. 最高人民法院《关于当前形势下审理民商事合同纠纷案件若干问题的指导意见》第 9 条规定,“根据交易的性质、合同的目的等因素,将可得利益损失主要分为生产利润损失、经营利润损失和转售利润损失等类型。生产设备和原材料等买卖合同违约中,因出卖人违约而造成买受人的可得利益损失通常属于生产利润损失。承包经营、租赁经营合同以及提供服务或劳务的合同中,因一方违约造成的可得利益损失通常属于经营利润损失。先后系列买卖合同中,因原合同出卖方违约而造成其后的转售合同出售方的可得利益损失通常属于转售利润损失”。在合同有效的情况下,发电量损失应属于可得利益损失中的生产利润损失,无论是因逾期完工并网或工程还是设备等存在质量问题等导致相应的发电量损失,均可以向合同相对方进行主张。但在合同被认定无效的情况下,目前主流的裁判观点认为合同无效的情形下只能向合同相对方主张承担缔约过失责任,仅包含信赖利益,如缔约费用、为了订约而赴实地考察所支付的合理费用等以及准备履约和实际履约所支付的费用,而不包含可得利益损失,此时主张发电量损失较难得到支持。

2. 现实条件下发电量无法达到设计标准时原因复杂。新能源项目能否达到设计预期的发电量,会受到设备及工程本身质量、外部环境因素、运营方的管理维护措施等多种因素影响。司法实践中,一般只有在业主方提供充分的证据证明系由于承包人的施工原因导致发电量未达到设计标准时,或者承包人、出卖人提供的发电设备存在质量问题时,法院才有可能支持该部分发电量损失。

第七章　相关法律法规摘录

第一节　法律及行政法规

一、《中华人民共和国可再生能源法》(2009 年 12 月 26 日)

效力级别:法律
发文机关:全国人民代表大会常务委员会
发布日期:2009 年 12 月 26 日
生效日期:2010 年 4 月 1 日
时效性:现行有效
文号:主席令第 23 号

第一章　总　　则

第一条　为了促进可再生能源的开发利用,增加能源供应,改善能源结构,保障能源安全,保护环境,实现经济社会的可持续发展,制定本法。

第二条　本法所称可再生能源,是指风能、太阳能、水能、生物质能、地热能、海洋能等非化石能源。

水力发电对本法的适用,由国务院能源主管部门规定,报国务院批准。

通过低效率炉灶直接燃烧方式利用秸秆、薪柴、粪便等,不适用本法。

第三条　本法适用于中华人民共和国领域和管辖的其他海域。

第四条 国家将可再生能源的开发利用列为能源发展的优先领域,通过制定可再生能源开发利用总量目标和采取相应措施,推动可再生能源市场的建立和发展。

国家鼓励各种所有制经济主体参与可再生能源的开发利用,依法保护可再生能源开发利用者的合法权益。

第五条 国务院能源主管部门对全国可再生能源的开发利用实施统一管理。国务院有关部门在各自的职责范围内负责有关的可再生能源开发利用管理工作。

县级以上地方人民政府管理能源工作的部门负责本行政区域内可再生能源开发利用的管理工作。县级以上地方人民政府有关部门在各自的职责范围内负责有关的可再生能源开发利用管理工作。

第二章 资源调查与发展规划

第六条 国务院能源主管部门负责组织和协调全国可再生能源资源的调查,并会同国务院有关部门组织制定资源调查的技术规范。

国务院有关部门在各自的职责范围内负责相关可再生能源资源的调查,调查结果报国务院能源主管部门汇总。

可再生能源资源的调查结果应当公布;但是,国家规定需要保密的内容除外。

第七条 国务院能源主管部门根据全国能源需求与可再生能源资源实际状况,制定全国可再生能源开发利用中长期总量目标,报国务院批准后执行,并予公布。

国务院能源主管部门根据前款规定的总量目标和省、自治区、直辖市经济发展与可再生能源资源实际状况,会同省、自治区、直辖市人民政府确定各行政区域可再生能源开发利用中长期目标,并予公布。

第八条 国务院能源主管部门会同国务院有关部门,根据全国可再生能源开发利用中长期总量目标和可再生能源技术发展状况,编制全国可再生能源开发利用规划,报国务院批准后实施。

国务院有关部门应当制定有利于促进全国可再生能源开发利用中长期总

量目标实现的相关规划。

省、自治区、直辖市人民政府管理能源工作的部门会同本级人民政府有关部门，依据全国可再生能源开发利用规划和本行政区域可再生能源开发利用中长期目标，编制本行政区域可再生能源开发利用规划，经本级人民政府批准后，报国务院能源主管部门和国家电力监管机构备案，并组织实施。

经批准的规划应当公布；但是，国家规定需要保密的内容除外。

经批准的规划需要修改的，须经原批准机关批准。

第九条　编制可再生能源开发利用规划，应当遵循因地制宜、统筹兼顾、合理布局、有序发展的原则，对风能、太阳能、水能、生物质能、地热能、海洋能等可再生能源的开发利用作出统筹安排。规划内容应当包括发展目标、主要任务、区域布局、重点项目、实施进度、配套电网建设、服务体系和保障措施等。

组织编制机关应当征求有关单位、专家和公众的意见，进行科学论证。

第三章　产业指导与技术支持

第十条　国务院能源主管部门根据全国可再生能源开发利用规划，制定、公布可再生能源产业发展指导目录。

第十一条　国务院标准化行政主管部门应当制定、公布国家可再生能源电力的并网技术标准和其他需要在全国范围内统一技术要求的有关可再生能源技术和产品的国家标准。

对前款规定的国家标准中未作规定的技术要求，国务院有关部门可以制定相关的行业标准，并报国务院标准化行政主管部门备案。

第十二条　国家将可再生能源开发利用的科学技术研究和产业化发展列为科技发展与高技术产业发展的优先领域，纳入国家科技发展规划和高技术产业发展规划，并安排资金支持可再生能源开发利用的科学技术研究、应用示范和产业化发展，促进可再生能源开发利用的技术进步，降低可再生能源产品的生产成本，提高产品质量。

国务院教育行政部门应当将可再生能源知识和技术纳入普通教育、职业教育课程。

第四章　推广与应用

第十三条　国家鼓励和支持可再生能源并网发电。

建设可再生能源并网发电项目,应当依照法律和国务院的规定取得行政许可或者报送备案。

建设应当取得行政许可的可再生能源并网发电项目,有多人申请同一项目许可的,应当依法通过招标确定被许可人。

第十四条　国家实行可再生能源发电全额保障性收购制度。

国务院能源主管部门会同国家电力监管机构和国务院财政部门,按照全国可再生能源开发利用规划,确定在规划期内应当达到的可再生能源发电量占全部发电量的比重,制定电网企业优先调度和全额收购可再生能源发电的具体办法,并由国务院能源主管部门会同国家电力监管机构在年度中督促落实。

电网企业应当与按照可再生能源开发利用规划建设,依法取得行政许可或者报送备案的可再生能源发电企业签订并网协议,全额收购其电网覆盖范围内符合并网技术标准的可再生能源并网发电项目的上网电量。发电企业有义务配合电网企业保障电网安全。

电网企业应当加强电网建设,扩大可再生能源电力配置范围,发展和应用智能电网、储能等技术,完善电网运行管理,提高吸纳可再生能源电力的能力,为可再生能源发电提供上网服务。

第十五条　国家扶持在电网未覆盖的地区建设可再生能源独立电力系统,为当地生产和生活提供电力服务。

第十六条　国家鼓励清洁、高效地开发利用生物质燃料,鼓励发展能源作物。

利用生物质资源生产的燃气和热力,符合城市燃气管网、热力管网的入网技术标准的,经营燃气管网、热力管网的企业应当接收其入网。

国家鼓励生产和利用生物液体燃料。石油销售企业应当按照国务院能源主管部门或者省级人民政府的规定,将符合国家标准的生物液体燃料纳入其燃料销售体系。

第十七条　国家鼓励单位和个人安装和使用太阳能热水系统、太阳能供热采暖和制冷系统、太阳能光伏发电系统等太阳能利用系统。

国务院建设行政主管部门会同国务院有关部门制定太阳能利用系统与建筑结合的技术经济政策和技术规范。

房地产开发企业应当根据前款规定的技术规范,在建筑物的设计和施工中,为太阳能利用提供必备条件。

对已建成的建筑物,住户可以在不影响其质量与安全的前提下安装符合技术规范和产品标准的太阳能利用系统;但是,当事人另有约定的除外。

第十八条　国家鼓励和支持农村地区的可再生能源开发利用。

县级以上地方人民政府管理能源工作的部门会同有关部门,根据当地经济社会发展、生态保护和卫生综合治理需要等实际情况,制定农村地区可再生能源发展规划,因地制宜地推广应用沼气等生物质资源转化、户用太阳能、小型风能、小型水能等技术。

县级以上人民政府应当对农村地区的可再生能源利用项目提供财政支持。

第五章　价格管理与费用补偿

第十九条　可再生能源发电项目的上网电价,由国务院价格主管部门根据不同类型可再生能源发电的特点和不同地区的情况,按照有利于促进可再生能源开发利用和经济合理的原则确定,并根据可再生能源开发利用技术的发展适时调整。上网电价应当公布。

依照本法第十三条第三款规定实行招标的可再生能源发电项目的上网电价,按照中标确定的价格执行;但是,不得高于依照前款规定确定的同类可再生能源发电项目的上网电价水平。

第二十条　电网企业依照本法第十九条规定确定的上网电价收购可再生能源电量所发生的费用,高于按照常规能源发电平均上网电价计算所发生费用之间的差额,由在全国范围对销售电量征收可再生能源电价附加补偿。

第二十一条　电网企业为收购可再生能源电量而支付的合理的接网费用以及其他合理的相关费用,可以计入电网企业输电成本,并从销售电价中回收。

第二十二条　国家投资或者补贴建设的公共可再生能源独立电力系统的销售电价,执行同一地区分类销售电价,其合理的运行和管理费用超出销售电价的部分,依照本法第二十条的规定补偿。

第二十三条 进入城市管网的可再生能源热力和燃气的价格,按照有利于促进可再生能源开发利用和经济合理的原则,根据价格管理权限确定。

第六章 经济激励与监督措施

第二十四条 国家财政设立可再生能源发展基金,资金来源包括国家财政年度安排的专项资金和依法征收的可再生能源电价附加收入等。

可再生能源发展基金用于补偿本法第二十条、第二十二条规定的差额费用,并用于支持以下事项:

(一)可再生能源开发利用的科学技术研究、标准制定和示范工程;

(二)农村、牧区的可再生能源利用项目;

(三)偏远地区和海岛可再生能源独立电力系统建设;

(四)可再生能源的资源勘查、评价和相关信息系统建设;

(五)促进可再生能源开发利用设备的本地化生产。

本法第二十一条规定的接网费用以及其他相关费用,电网企业不能通过销售电价回收的,可以申请可再生能源发展基金补助。

可再生能源发展基金征收使用管理的具体办法,由国务院财政部门会同国务院能源、价格主管部门制定。

第二十五条 对列入国家可再生能源产业发展指导目录、符合信贷条件的可再生能源开发利用项目,金融机构可以提供有财政贴息的优惠贷款。

第二十六条 国家对列入可再生能源产业发展指导目录的项目给予税收优惠。具体办法由国务院规定。

第二十七条 电力企业应当真实、完整地记载和保存可再生能源发电的有关资料,并接受电力监管机构的检查和监督。

电力监管机构进行检查时,应当依照规定的程序进行,并为被检查单位保守商业秘密和其他秘密。

第七章 法律责任

第二十八条 国务院能源主管部门和县级以上地方人民政府管理能源工

作的部门和其他有关部门在可再生能源开发利用监督管理工作中，违反本法规定，有下列行为之一的，由本级人民政府或者上级人民政府有关部门责令改正，对负有责任的主管人员和其他直接责任人员依法给予行政处分；构成犯罪的，依法追究刑事责任：

（一）不依法作出行政许可决定的；

（二）发现违法行为不予查处的；

（三）有不依法履行监督管理职责的其他行为的。

第二十九条　违反本法第十四条规定，电网企业未按照规定完成收购可再生能源电量，造成可再生能源发电企业经济损失的，应当承担赔偿责任，并由国家电力监管机构责令限期改正；拒不改正的，处以可再生能源发电企业经济损失额一倍以下的罚款。

第三十条　违反本法第十六条第二款规定，经营燃气管网、热力管网的企业不准许符合入网技术标准的燃气、热力入网，造成燃气、热力生产企业经济损失的，应当承担赔偿责任，并由省级人民政府管理能源工作的部门责令限期改正；拒不改正的，处以燃气、热力生产企业经济损失额一倍以下的罚款。

第三十一条　违反本法第十六条第三款规定，石油销售企业未按照规定将符合国家标准的生物液体燃料纳入其燃料销售体系，造成生物液体燃料生产企业经济损失的，应当承担赔偿责任，并由国务院能源主管部门或者省级人民政府管理能源工作的部门责令限期改正；拒不改正的，处以生物液体燃料生产企业经济损失额一倍以下的罚款。

第八章　附　　则

第三十二条　本法中下列用语的含义：

（一）生物质能，是指利用自然界的植物、粪便以及城乡有机废物转化成的能源。

（二）可再生能源独立电力系统，是指不与电网连接的单独运行的可再生能源电力系统。

（三）能源作物，是指经专门种植，用以提供能源原料的草本和木本植物。

（四）生物液体燃料，是指利用生物质资源生产的甲醇、乙醇和生物柴油等液体燃料。

第三十三条 本法自2006年1月1日起施行。

二、《企业投资项目核准和备案管理条例》(2016年11月30日)

效力级别:行政法规
发文机关:国务院
发布日期:2016年11月30日
生效日期:2017年2月1日
时效性:现行有效
文号:国务院令第673号

第一条 为了规范政府对企业投资项目的核准和备案行为,加快转变政府的投资管理职能,落实企业投资自主权,制定本条例。

第二条 本条例所称企业投资项目(以下简称项目),是指企业在中国境内投资建设的固定资产投资项目。

第三条 对关系国家安全、涉及全国重大生产力布局、战略性资源开发和重大公共利益等项目,实行核准管理。具体项目范围以及核准机关、核准权限依照政府核准的投资项目目录执行。政府核准的投资项目目录由国务院投资主管部门会同国务院有关部门提出,报国务院批准后实施,并适时调整。国务院另有规定的,依照其规定。

对前款规定以外的项目,实行备案管理。除国务院另有规定的,实行备案管理的项目按照属地原则备案,备案机关及其权限由省、自治区、直辖市和计划单列市人民政府规定。

第四条 除涉及国家秘密的项目外,项目核准、备案通过国家建立的项目在线监管平台(以下简称在线平台)办理。

核准机关、备案机关以及其他有关部门统一使用在线平台生成的项目代码办理相关手续。

国务院投资主管部门会同有关部门制定在线平台管理办法。

第五条　核准机关、备案机关应当通过在线平台列明与项目有关的产业政策，公开项目核准的办理流程、办理时限等，并为企业提供相关咨询服务。

第六条　企业办理项目核准手续，应当向核准机关提交项目申请书；由国务院核准的项目，向国务院投资主管部门提交项目申请书。项目申请书应当包括下列内容：

（一）企业基本情况；

（二）项目情况，包括项目名称、建设地点、建设规模、建设内容等；

（三）项目利用资源情况分析以及对生态环境的影响分析；

（四）项目对经济和社会的影响分析。

企业应当对项目申请书内容的真实性负责。

法律、行政法规规定办理相关手续作为项目核准前置条件的，企业应当提交已经办理相关手续的证明文件。

第七条　项目申请书由企业自主组织编制，任何单位和个人不得强制企业委托中介服务机构编制项目申请书。

核准机关应当制定并公布项目申请书示范文本，明确项目申请书编制要求。

第八条　由国务院有关部门核准的项目，企业可以通过项目所在地省、自治区、直辖市和计划单列市人民政府有关部门（以下称地方人民政府有关部门）转送项目申请书，地方人民政府有关部门应当自收到项目申请书之日起5个工作日内转送核准机关。

由国务院核准的项目，企业通过地方人民政府有关部门转送项目申请书的，地方人民政府有关部门应当在前款规定的期限内将项目申请书转送国务院投资主管部门，由国务院投资主管部门审核后报国务院核准。

第九条　核准机关应当从下列方面对项目进行审查：

（一）是否危害经济安全、社会安全、生态安全等国家安全；

（二）是否符合相关发展建设规划、技术标准和产业政策；

（三）是否合理开发并有效利用资源；

（四）是否对重大公共利益产生不利影响。

项目涉及有关部门或者项目所在地地方人民政府职责的，核准机关应当书面征求其意见,被征求意见单位应当及时书面回复。

核准机关委托中介服务机构对项目进行评估的,应当明确评估重点;除项目情况复杂的,评估时限不得超过30个工作日。评估费用由核准机关承担。

第十条 核准机关应当自受理申请之日起20个工作日内,作出是否予以核准的决定;项目情况复杂或者需要征求有关单位意见的,经本机关主要负责人批准,可以延长核准期限,但延长的期限不得超过40个工作日。核准机关委托中介服务机构对项目进行评估的,评估时间不计入核准期限。

核准机关对项目予以核准的,应当向企业出具核准文件;不予核准的,应当书面通知企业并说明理由。由国务院核准的项目,由国务院投资主管部门根据国务院的决定向企业出具核准文件或者不予核准的书面通知。

第十一条 企业拟变更已核准项目的建设地点,或者拟对建设规模、建设内容等作较大变更的,应当向核准机关提出变更申请。核准机关应当自受理申请之日起20个工作日内,作出是否同意变更的书面决定。

第十二条 项目自核准机关作出予以核准决定或者同意变更决定之日起2年内未开工建设,需要延期开工建设的,企业应当在2年期限届满的30个工作日前,向核准机关申请延期开工建设。核准机关应当自受理申请之日起20个工作日内,作出是否同意延期开工建设的决定。开工建设只能延期一次,期限最长不得超过1年。国家对项目延期开工建设另有规定的,依照其规定。

第十三条 实行备案管理的项目,企业应当在开工建设前通过在线平台将下列信息告知备案机关:

(一)企业基本情况;

(二)项目名称、建设地点、建设规模、建设内容;

(三)项目总投资额;

(四)项目符合产业政策的声明。

企业应当对备案项目信息的真实性负责。

备案机关收到本条第一款规定的全部信息即为备案;企业告知的信息不齐全的,备案机关应当指导企业补正。

企业需要备案证明的,可以要求备案机关出具或者通过在线平台自行打印。

第十四条　已备案项目信息发生较大变更的，企业应当及时告知备案机关。

第十五条　备案机关发现已备案项目属于产业政策禁止投资建设或者实行核准管理的，应当及时告知企业予以纠正或者依法办理核准手续，并通知有关部门。

第十六条　核准机关、备案机关以及依法对项目负有监督管理职责的其他有关部门应当加强事中事后监管，按照谁审批谁监管、谁主管谁监管的原则，落实监管责任，采取在线监测、现场核查等方式，加强对项目实施的监督检查。

企业应当通过在线平台如实报送项目开工建设、建设进度、竣工的基本信息。

第十七条　核准机关、备案机关以及依法对项目负有监督管理职责的其他有关部门应当建立项目信息共享机制，通过在线平台实现信息共享。

企业在项目核准、备案以及项目实施中的违法行为及其处理信息，通过国家社会信用信息平台向社会公示。

第十八条　实行核准管理的项目，企业未依照本条例规定办理核准手续开工建设或者未按照核准的建设地点、建设规模、建设内容等进行建设的，由核准机关责令停止建设或者责令停产，对企业处项目总投资额1‰以上5‰以下的罚款；对直接负责的主管人员和其他直接责任人员处2万元以上5万元以下的罚款，属于国家工作人员的，依法给予处分。

以欺骗、贿赂等不正当手段取得项目核准文件，尚未开工建设的，由核准机关撤销核准文件，处项目总投资额1‰以上5‰以下的罚款；已经开工建设的，依照前款规定予以处罚；构成犯罪的，依法追究刑事责任。

第十九条　实行备案管理的项目，企业未依照本条例规定将项目信息或者已备案项目的信息变更情况告知备案机关，或者向备案机关提供虚假信息的，由备案机关责令限期改正；逾期不改正的，处2万元以上5万元以下的罚款。

第二十条　企业投资建设产业政策禁止投资建设项目的，由县级以上人民政府投资主管部门责令停止建设或者责令停产并恢复原状，对企业处项目总投资额5‰以上10‰以下的罚款；对直接负责的主管人员和其他直接责任人员处5万元以上10万元以下的罚款，属于国家工作人员的，依法给予处分。法律、行政法规另有规定的，依照其规定。

第二十一条 核准机关、备案机关及其工作人员在项目核准、备案工作中玩忽职守、滥用职权、徇私舞弊的，对负有责任的领导人员和直接责任人员依法给予处分；构成犯罪的，依法追究刑事责任。

第二十二条 事业单位、社会团体等非企业组织在中国境内投资建设的固定资产投资项目适用本条例，但通过预算安排的固定资产投资项目除外。

第二十三条 国防科技工业企业在中国境内投资建设的固定资产投资项目核准和备案管理办法，由国务院国防科技工业管理部门根据本条例的原则另行制定。

第二十四条 本条例自2017年2月1日起施行。

三、《政府核准的投资项目目录》(2016年12月12日)

效力级别：行政法规
发文机关：国务院
发布日期：2016年12月12日
生效日期：2016年12月12日
时效性：现行有效
文号：国发〔2016〕72号

各省、自治区、直辖市人民政府，国务院各部委、各直属机构：

为贯彻落实《中共中央 国务院关于深化投融资体制改革的意见》，进一步加大简政放权、放管结合、优化服务改革力度，使市场在资源配置中起决定性作用，更好发挥政府作用，切实转变政府投资管理职能，加强和改进宏观调控，确立企业投资主体地位，激发市场主体扩大合理有效投资和创新创业的活力，现发布《政府核准的投资项目目录(2016年本)》，并就有关事项通知如下：

一、企业投资建设本目录内的固定资产投资项目，须按照规定报送有关项目核准机关核准。企业投资建设本目录外的项目，实行备案管理。事业单位、社会团体等投资建设的项目，按照本目录执行。

原油、天然气(含煤层气)开发项目由具有开采权的企业自行决定,并报国务院行业管理部门备案。具有开采权的相关企业应依据相关法律法规,坚持统筹规划,合理开发利用资源,避免资源无序开采。

二、法律、行政法规和国家制定的发展规划、产业政策、总量控制目标、技术政策、准入标准、用地政策、环保政策、用海用岛政策、信贷政策等是企业开展项目前期工作的重要依据,是项目核准机关和国土资源、环境保护、城乡规划、海洋管理、行业管理等部门以及金融机构对项目进行审查的依据。

发展改革部门要会同有关部门抓紧编制完善相关领域专项规划,为各地区做好项目核准工作提供依据。

环境保护部门应根据项目对环境的影响程度实行分级分类管理,对环境影响大、环境风险高的项目严格环评审批,并强化事中事后监管。

三、要充分发挥发展规划、产业政策和准入标准对投资活动的规范引导作用。把发展规划作为引导投资方向,稳定投资运行,规范项目准入,优化项目布局,合理配置资金、土地、能源、人力等资源的重要手段。完善产业结构调整指导目录、外商投资产业指导目录等,为企业投资活动提供依据和指导。构建更加科学、更加完善、更具可操作性的行业准入标准体系,强化节地节能节水、环境、技术、安全等市场准入标准。完善行业宏观调控政策措施和部门间协调机制,形成工作合力,促进相关行业有序发展。

四、对于钢铁、电解铝、水泥、平板玻璃、船舶等产能严重过剩行业的项目,要严格执行《国务院关于化解产能严重过剩矛盾的指导意见》(国发〔2013〕41号),各地方、各部门不得以其他任何名义、任何方式备案新增产能项目,各相关部门和机构不得办理土地(海域、无居民海岛)供应、能评、环评审批和新增授信支持等相关业务,并合力推进化解产能严重过剩矛盾各项工作。

对于煤矿项目,要严格执行《国务院关于煤炭行业化解过剩产能实现脱困发展的意见》(国发〔2016〕7号)要求,从2016年起3年内原则上停止审批新建煤矿项目、新增产能的技术改造项目和产能核增项目;确需新建煤矿的,一律实行减量置换。

严格控制新增传统燃油汽车产能,原则上不再核准新建传统燃油汽车生产企业。积极引导新能源汽车健康有序发展,新建新能源汽车生产企业须具有动力系统等关键技术和整车研发能力，符合《新建纯电动乘用车企业管理规定》等相关要求。

五、项目核准机关要改进完善管理办法，切实提高行政效能，认真履行核准职责，严格按照规定权限、程序和时限等要求进行审查。有关部门要密切配合，按照职责分工，相应改进管理办法，依法加强对投资活动的管理。

六、按照谁审批谁监管、谁主管谁监管的原则，落实监管责任，注重发挥地方政府就近就便监管作用，行业管理部门和环境保护、质量监督、安全监管等部门专业优势，以及投资主管部门综合监管职能，实现协同监管。投资项目核准、备案权限下放后，监管责任要同步下移。地方各级政府及其有关部门要积极探索创新监管方式方法，强化事中事后监管，切实承担起监管职责。

七、按照规定由国务院核准的项目，由国家发展改革委审核后报国务院核准。核报国务院及国务院投资主管部门核准的项目，事前须征求国务院行业管理部门的意见。

八、由地方政府核准的项目，各省级政府可以根据本地实际情况，按照下放层级与承接能力相匹配的原则，具体划分地方各级政府管理权限，制定本行政区域内统一的政府核准投资项目目录。基层政府承接能力要作为政府管理权限划分的重要因素，不宜简单地“一放到底”。对于涉及本地区重大规划布局、重要资源开发配置的项目，应充分发挥省级部门在政策把握、技术力量等方面的优势，由省级政府核准，原则上不下放到地市级政府、一律不得下放到县级及以下政府。

九、对取消核准改为备案管理的项目，项目备案机关要加强发展规划、产业政策和准入标准把关，行业管理部门与城乡规划、土地管理、环境保护、安全监管等部门要按职责分工加强对项目的指导和约束。

十、法律、行政法规和国家有专门规定的，按照有关规定执行。商务主管部门按国家有关规定对外商投资企业的设立和变更、国内企业在境外投资开办企业(金融企业除外)进行审核或备案管理。

十一、本目录自发布之日起执行，《政府核准的投资项目目录(2014 年本)》即行废止。

国务院

2016 年 12 月 12 日

四、《中华人民共和国土地管理法实施条例》(2021 年 7 月 2 日)

效力级别:行政法规
发文机关:国务院
发布日期:2021 年 7 月 2 日
生效日期:2021 年 9 月 1 日
时效性:现行有效
文号:国务院令第 743 号

第一章　总　　则

第一条　根据《中华人民共和国土地管理法》(以下简称《土地管理法》),制定本条例。

第二章　国土空间规划

第二条　国家建立国土空间规划体系。

土地开发、保护、建设活动应当坚持规划先行。经依法批准的国土空间规划是各类开发、保护、建设活动的基本依据。

已经编制国土空间规划的,不再编制土地利用总体规划和城乡规划。在编制国土空间规划前,经依法批准的土地利用总体规划和城乡规划继续执行。

第三条　国土空间规划应当细化落实国家发展规划提出的国土空间开发保护要求,统筹布局农业、生态、城镇等功能空间,划定落实永久基本农田、生态保护红线和城镇开发边界。

国土空间规划应当包括国土空间开发保护格局和规划用地布局、结构、用途管制要求等内容,明确耕地保有量、建设用地规模、禁止开垦的范围等要求,统筹基础设施和公共设施用地布局,综合利用地上地下空间,合理确定并严格控制新增建设用地规模,提高土地节约集约利用水平,保障土地的可持续利用。

第四条　土地调查应当包括下列内容:

（一）土地权属以及变化情况；

（二）土地利用现状以及变化情况；

（三）土地条件。

全国土地调查成果，报国务院批准后向社会公布。地方土地调查成果，经本级人民政府审核，报上一级人民政府批准后向社会公布。全国土地调查成果公布后，县级以上地方人民政府方可自上而下逐级依次公布本行政区域的土地调查成果。

土地调查成果是编制国土空间规划以及自然资源管理、保护和利用的重要依据。

土地调查技术规程由国务院自然资源主管部门会同有关部门制定。

第五条 国务院自然资源主管部门会同有关部门制定土地等级评定标准。

县级以上人民政府自然资源主管部门应当会同有关部门根据土地等级评定标准，对土地等级进行评定。地方土地等级评定结果经本级人民政府审核，报上一级人民政府自然资源主管部门批准后向社会公布。

根据国民经济和社会发展状况，土地等级每五年重新评定一次。

第六条 县级以上人民政府自然资源主管部门应当加强信息化建设，建立统一的国土空间基础信息平台，实行土地管理全流程信息化管理，对土地利用状况进行动态监测，与发展改革、住房和城乡建设等有关部门建立土地管理信息共享机制，依法公开土地管理信息。

第七条 县级以上人民政府自然资源主管部门应当加强地籍管理，建立健全地籍数据库。

第三章 耕地保护

第八条 国家实行占用耕地补偿制度。在国土空间规划确定的城市和村庄、集镇建设用地范围内经依法批准占用耕地，以及在国土空间规划确定的城市和村庄、集镇建设用地范围外的能源、交通、水利、矿山、军事设施等建设项目经依法批准占用耕地的，分别由县级人民政府、农村集体经济组织和建设单位负责开垦与所占用耕地的数量和质量相当的耕地；没有条件开垦或者开垦的耕地不符合要求的，应当按照省、自治区、直辖市的规定缴纳耕地开垦费，专款用于开垦新的耕地。

省、自治区、直辖市人民政府应当组织自然资源主管部门、农业农村主管部门对开垦的耕地进行验收,确保开垦的耕地落实到地块。划入永久基本农田的还应当纳入国家永久基本农田数据库严格管理。占用耕地补充情况应当按照国家有关规定向社会公布。

个别省、直辖市需要易地开垦耕地的,依照《土地管理法》第三十二条的规定执行。

第九条　禁止任何单位和个人在国土空间规划确定的禁止开垦的范围内从事土地开发活动。

按照国土空间规划,开发未确定土地使用权的国有荒山、荒地、荒滩从事种植业、林业、畜牧业、渔业生产的,应当向土地所在地的县级以上地方人民政府自然资源主管部门提出申请,按照省、自治区、直辖市规定的权限,由县级以上地方人民政府批准。

第十条　县级人民政府应当按照国土空间规划关于统筹布局农业、生态、城镇等功能空间的要求,制定土地整理方案,促进耕地保护和土地节约集约利用。

县、乡(镇)人民政府应当组织农村集体经济组织,实施土地整理方案,对闲散地和废弃地有计划地整治、改造。土地整理新增耕地,可以用作建设所占用耕地的补充。

鼓励社会主体依法参与土地整理。

第十一条　县级以上地方人民政府应当采取措施,预防和治理耕地土壤流失、污染,有计划地改造中低产田,建设高标准农田,提高耕地质量,保护黑土地等优质耕地,并依法对建设所占用耕地耕作层的土壤利用作出合理安排。

非农业建设依法占用永久基本农田的,建设单位应当按照省、自治区、直辖市的规定,将所占用耕地耕作层的土壤用于新开垦耕地、劣质地或者其他耕地的土壤改良。

县级以上地方人民政府应当加强对农业结构调整的引导和管理,防止破坏耕地耕作层;设施农业用地不再使用的,应当及时组织恢复种植条件。

第十二条　国家对耕地实行特殊保护,严守耕地保护红线,严格控制耕地转为林地、草地、园地等其他农用地，并建立耕地保护补偿制度，具体办法和耕地保护补偿实施步骤由国务院自然资源主管部门会同有关部门规定。

非农业建设必须节约使用土地，可以利用荒地的，不得占用耕地；可以利用劣地的，不得占用好地。禁止占用耕地建窑、建坟或者擅自在耕地上建房、挖砂、采石、采矿、取土等。禁止占用永久基本农田发展林果业和挖塘养鱼。

耕地应当优先用于粮食和棉、油、糖、蔬菜等农产品生产。按照国家有关规定需要将耕地转为林地、草地、园地等其他农用地的，应当优先使用难以长期稳定利用的耕地。

第十三条 省、自治区、直辖市人民政府对本行政区域耕地保护负总责，其主要负责人是本行政区域耕地保护的第一责任人。

省、自治区、直辖市人民政府应当将国务院确定的耕地保有量和永久基本农田保护任务分解下达，落实到具体地块。

国务院对省、自治区、直辖市人民政府耕地保护责任目标落实情况进行考核。

第四章 建设用地

第一节 一般规定

第十四条 建设项目需要使用土地的，应当符合国土空间规划、土地利用年度计划和用途管制以及节约资源、保护生态环境的要求，并严格执行建设用地标准，优先使用存量建设用地，提高建设用地使用效率。

从事土地开发利用活动，应当采取有效措施，防止、减少土壤污染，并确保建设用地符合土壤环境质量要求。

第十五条 各级人民政府应当依据国民经济和社会发展规划及年度计划、国土空间规划、国家产业政策以及城乡建设、土地利用的实际状况等，加强土地利用计划管理，实行建设用地总量控制，推动城乡存量建设用地开发利用，引导城镇低效用地再开发，落实建设用地标准控制制度，开展节约集约用地评价，推广应用节地技术和节地模式。

第十六条 县级以上地方人民政府自然资源主管部门应当将本级人民政

府确定的年度建设用地供应总量、结构、时序、地块、用途等在政府网站上向社会公布,供社会公众查阅。

第十七条 建设单位使用国有土地,应当以有偿使用方式取得;但是,法律、行政法规规定可以以划拨方式取得的除外。

国有土地有偿使用的方式包括:

(一)国有土地使用权出让;

(二)国有土地租赁;

(三)国有土地使用权作价出资或者入股。

第十八条 国有土地使用权出让、国有土地租赁等应当依照国家有关规定通过公开的交易平台进行交易,并纳入统一的公共资源交易平台体系。除依法可以采取协议方式外,应当采取招标、拍卖、挂牌等竞争性方式确定土地使用者。

第十九条 《土地管理法》第五十五条规定的新增建设用地的土地有偿使用费,是指国家在新增建设用地中应取得的平均土地纯收益。

第二十条 建设项目施工、地质勘查需要临时使用土地的,应当尽量不占或者少占耕地。

临时用地由县级以上人民政府自然资源主管部门批准,期限一般不超过二年;建设周期较长的能源、交通、水利等基础设施建设使用的临时用地,期限不超过四年;法律、行政法规另有规定的除外。

土地使用者应当自临时用地期满之日起一年内完成土地复垦,使其达到可供利用状态,其中占用耕地的应当恢复种植条件。

第二十一条 抢险救灾、疫情防控等急需使用土地的,可以先行使用土地。其中,属于临时用地的,用后应当恢复原状并交还原土地使用者使用,不再办理用地审批手续;属于永久性建设用地的,建设单位应当在不晚于应急处置工作结束六个月内申请补办建设用地审批手续。

第二十二条 具有重要生态功能的未利用地应当依法划入生态保护红线,实施严格保护。

建设项目占用国土空间规划确定的未利用地的,按照省、自治区、直辖市的规定办理。

第二节　农用地转用

第二十三条　在国土空间规划确定的城市和村庄、集镇建设用地范围内，为实施该规划而将农用地转为建设用地的，由市、县人民政府组织自然资源等部门拟订农用地转用方案，分批次报有批准权的人民政府批准。

农用地转用方案应当重点对建设项目安排、是否符合国土空间规划和土地利用年度计划以及补充耕地情况作出说明。

农用地转用方案经批准后，由市、县人民政府组织实施。

第二十四条　建设项目确需占用国土空间规划确定的城市和村庄、集镇建设用地范围外的农用地，涉及占用永久基本农田的，由国务院批准；不涉及占用永久基本农田的，由国务院或者国务院授权的省、自治区、直辖市人民政府批准。具体按照下列规定办理：

（一）建设项目批准、核准前或者备案前后，由自然资源主管部门对建设项目用地事项进行审查，提出建设项目用地预审意见。建设项目需要申请核发选址意见书的，应当合并办理建设项目用地预审与选址意见书，核发建设项目用地预审与选址意见书。

（二）建设单位持建设项目的批准、核准或者备案文件，向市、县人民政府提出建设用地申请。市、县人民政府组织自然资源等部门拟订农用地转用方案，报有批准权的人民政府批准；依法应当由国务院批准的，由省、自治区、直辖市人民政府审核后上报。农用地转用方案应当重点对是否符合国土空间规划和土地利用年度计划以及补充耕地情况作出说明，涉及占用永久基本农田的，还应当对占用永久基本农田的必要性、合理性和补划可行性作出说明。

（三）农用地转用方案经批准后，由市、县人民政府组织实施。

第二十五条　建设项目需要使用土地的，建设单位原则上应当一次申请，办理建设用地审批手续，确需分期建设的项目，可以根据可行性研究报告确定的方案，分期申请建设用地，分期办理建设用地审批手续。建设过程中用地范围确需调整的，应当依法办理建设用地审批手续。

农用地转用涉及征收土地的，还应当依法办理征收土地手续。

第三节　土地征收

第二十六条　需要征收土地，县级以上地方人民政府认为符合《土地管理法》第四十五条规定的，应当发布征收土地预公告，并开展拟征收土地现状调查和社会稳定风险评估。

征收土地预公告应当包括征收范围、征收目的、开展土地现状调查的安排等内容。征收土地预公告应当采用有利于社会公众知晓的方式，在拟征收土地所在的乡（镇）和村、村民小组范围内发布，预公告时间不少于十个工作日。自征收土地预公告发布之日起，任何单位和个人不得在拟征收范围内抢栽抢建；违反规定抢栽抢建的，对抢栽抢建部分不予补偿。

土地现状调查应当查明土地的位置、权属、地类、面积，以及农村村民住宅、其他地上附着物和青苗等的权属、种类、数量等情况。

社会稳定风险评估应当对征收土地的社会稳定风险状况进行综合研判，确定风险点，提出风险防范措施和处置预案。社会稳定风险评估应当有被征地的农村集体经济组织及其成员、村民委员会和其他利害关系人参加，评估结果是申请征收土地的重要依据。

第二十七条　县级以上地方人民政府应当依据社会稳定风险评估结果，结合土地现状调查情况，组织自然资源、财政、农业农村、人力资源和社会保障等有关部门拟定征地补偿安置方案。

征地补偿安置方案应当包括征收范围、土地现状、征收目的、补偿方式和标准、安置对象、安置方式、社会保障等内容。

第二十八条　征地补偿安置方案拟定后，县级以上地方人民政府应当在拟征收土地所在的乡（镇）和村、村民小组范围内公告，公告时间不少于三十日。

征地补偿安置公告应当同时载明办理补偿登记的方式和期限、异议反馈渠道等内容。

多数被征地的农村集体经济组织成员认为拟定的征地补偿安置方案不符合法律、法规规定的，县级以上地方人民政府应当组织听证。

第二十九条　县级以上地方人民政府根据法律、法规规定和听证会等情况确定征地补偿安置方案后，应当组织有关部门与拟征收土地的所有权人、使用权人签订征地补偿安置协议。征地补偿安置协议示范文本由省、自治区、直辖市人民政府制定。

对个别确实难以达成征地补偿安置协议的，县级以上地方人民政府应当在申请征收土地时如实说明。

第三十条 县级以上地方人民政府完成本条例规定的征地前期工作后，方可提出征收土地申请，依照《土地管理法》第四十六条的规定报有批准权的人民政府批准。

有批准权的人民政府应当对征收土地的必要性、合理性、是否符合《土地管理法》第四十五条规定的为了公共利益确需征收土地的情形以及是否符合法定程序进行审查。

第三十一条 征收土地申请经依法批准后，县级以上地方人民政府应当自收到批准文件之日起十五个工作日内在拟征收土地所在的乡（镇）和村、村民小组范围内发布征收土地公告，公布征收范围、征收时间等具体工作安排，对个别未达成征地补偿安置协议的应当作出征地补偿安置决定，并依法组织实施。

第三十二条 省、自治区、直辖市应当制定公布区片综合地价，确定征收农用地的土地补偿费、安置补助费标准，并制定土地补偿费、安置补助费分配办法。

地上附着物和青苗等的补偿费用，归其所有权人所有。

社会保障费用主要用于符合条件的被征地农民的养老保险等社会保险缴费补贴，按照省、自治区、直辖市的规定单独列支。

申请征收土地的县级以上地方人民政府应当及时落实土地补偿费、安置补助费、农村村民住宅以及其他地上附着物和青苗等的补偿费用、社会保障费用等，并保证足额到位，专款专用。有关费用未足额到位的，不得批准征收土地。

第四节 宅基地管理

第三十三条 农村居民点布局和建设用地规模应当遵循节约集约、因地制宜的原则合理规划。县级以上地方人民政府应当按照国家规定安排建设用地指标，合理保障本行政区域农村村民宅基地需求。

乡（镇）、县、市国土空间规划和村庄规划应当统筹考虑农村村民生产、生活需求，突出节约集约用地导向，科学划定宅基地范围。

第三十四条　农村村民申请宅基地的，应当以户为单位向农村集体经济组织提出申请；没有设立农村集体经济组织的，应当向所在的村民小组或者村民委员会提出申请。宅基地申请依法经农村村民集体讨论通过并在本集体范围内公示后，报乡(镇)人民政府审核批准。

涉及占用农用地的，应当依法办理农用地转用审批手续。

第三十五条　国家允许进城落户的农村村民依法自愿有偿退出宅基地。乡(镇)人民政府和农村集体经济组织、村民委员会等应当将退出的宅基地优先用于保障该农村集体经济组织成员的宅基地需求。

第三十六条　依法取得的宅基地和宅基地上的农村村民住宅及其附属设施受法律保护。

禁止违背农村村民意愿强制流转宅基地，禁止违法收回农村村民依法取得的宅基地，禁止以退出宅基地作为农村村民进城落户的条件，禁止强迫农村村民搬迁退出宅基地。

第五节　集体经营性建设用地管理

第三十七条　国土空间规划应当统筹并合理安排集体经营性建设用地布局和用途，依法控制集体经营性建设用地规模，促进集体经营性建设用地的节约集约利用。

鼓励乡村重点产业和项目使用集体经营性建设用地。

第三十八条　国土空间规划确定为工业、商业等经营性用途，且已依法办理土地所有权登记的集体经营性建设用地，土地所有权人可以通过出让、出租等方式交由单位或者个人在一定年限内有偿使用。

第三十九条　土地所有权人拟出让、出租集体经营性建设用地的，市、县人民政府自然资源主管部门应当依据国土空间规划提出拟出让、出租的集体经营性建设用地的规划条件，明确土地界址、面积、用途和开发建设强度等。

市、县人民政府自然资源主管部门应当会同有关部门提出产业准入和生态环境保护要求。

第四十条　土地所有权人应当依据规划条件、产业准入和生态环境保护要求等,编制集体经营性建设用地出让、出租等方案,并依照《土地管理法》第六十三条的规定,由本集体经济组织形成书面意见,在出让、出租前不少于十个工作日报市、县人民政府。市、县人民政府认为该方案不符合规划条件或者产业准入和生态环境保护要求等的,应当在收到方案后五个工作日内提出修改意见。土地所有权人应当按照市、县人民政府的意见进行修改。

集体经营性建设用地出让、出租等方案应当载明宗地的土地界址、面积、用途、规划条件、产业准入和生态环境保护要求、使用期限、交易方式、入市价格、集体收益分配安排等内容。

第四十一条　土地所有权人应当依据集体经营性建设用地出让、出租等方案,以招标、拍卖、挂牌或者协议等方式确定土地使用者,双方应当签订书面合同,载明土地界址、面积、用途、规划条件、使用期限、交易价款支付、交地时间和开工竣工期限、产业准入和生态环境保护要求,约定提前收回的条件、补偿方式、土地使用权届满续期和地上建筑物、构筑物等附着物处理方式,以及违约责任和解决争议的方法等,并报市、县人民政府自然资源主管部门备案。未依法将规划条件、产业准入和生态环境保护要求纳入合同的,合同无效;造成损失的,依法承担民事责任。合同示范文本由国务院自然资源主管部门制定。

第四十二条　集体经营性建设用地使用者应当按照约定及时支付集体经营性建设用地价款,并依法缴纳相关税费,对集体经营性建设用地使用权以及依法利用集体经营性建设用地建造的建筑物、构筑物及其附属设施的所有权,依法申请办理不动产登记。

第四十三条　通过出让等方式取得的集体经营性建设用地使用权依法转让、互换、出资、赠与或者抵押的,双方应当签订书面合同,并书面通知土地所有权人。

集体经营性建设用地的出租,集体建设用地使用权的出让及其最高年限、转让、互换、出资、赠与、抵押等,参照同类用途的国有建设用地执行,法律、行政法规另有规定的除外。

第五章　监督检查

第四十四条　国家自然资源督察机构根据授权对省、自治区、直辖市人民政府以及国务院确定的城市人民政府下列土地利用和土地管理情况进行督察：

（一）耕地保护情况；

（二）土地节约集约利用情况；

（三）国土空间规划编制和实施情况；

（四）国家有关土地管理重大决策落实情况；

（五）土地管理法律、行政法规执行情况；

（六）其他土地利用和土地管理情况。

第四十五条　国家自然资源督察机构进行督察时，有权向有关单位和个人了解督察事项有关情况，有关单位和个人应当支持、协助督察机构工作，如实反映情况，并提供有关材料。

第四十六条　被督察的地方人民政府违反土地管理法律、行政法规，或者落实国家有关土地管理重大决策不力的，国家自然资源督察机构可以向被督察的地方人民政府下达督察意见书，地方人民政府应当认真组织整改，并及时报告整改情况；国家自然资源督察机构可以约谈被督察的地方人民政府有关负责人，并可以依法向监察机关、任免机关等有关机关提出追究相关责任人责任的建议。

第四十七条　土地管理监督检查人员应当经过培训，经考核合格，取得行政执法证件后，方可从事土地管理监督检查工作。

第四十八条　自然资源主管部门、农业农村主管部门按照职责分工进行监督检查时，可以采取下列措施：

（一）询问违法案件涉及的单位或者个人；

（二）进入被检查单位或者个人涉嫌土地违法的现场进行拍照、摄像；

（三）责令当事人停止正在进行的土地违法行为；

（四）对涉嫌土地违法的单位或者个人，在调查期间暂停办理与该违法案件相关的土地审批、登记等手续；

（五）对可能被转移、销毁、隐匿或者篡改的文件、资料予以封存，责令涉嫌土地违法的单位或者个人在调查期间不得变卖、转移与案件有关的财物；

（六）《土地管理法》第六十八条规定的其他监督检查措施。

第四十九条　依照《土地管理法》第七十三条的规定给予处分的，应当按照管理权限由责令作出行政处罚决定或者直接给予行政处罚的上级人民政府自然资源主管部门或者其他任免机关、单位作出。

第五十条 县级以上人民政府自然资源主管部门应当会同有关部门建立信用监管、动态巡查等机制，加强对建设用地供应交易和供后开发利用的监管，对建设用地市场重大失信行为依法实施惩戒，并依法公开相关信息。

第六章 法律责任

第五十一条 违反《土地管理法》第三十七条的规定，非法占用永久基本农田发展林果业或者挖塘养鱼的，由县级以上人民政府自然资源主管部门责令限期改正；逾期不改正的，按占用面积处耕地开垦费2倍以上5倍以下的罚款；破坏种植条件的，依照《土地管理法》第七十五条的规定处罚。

第五十二条 违反《土地管理法》第五十七条的规定，在临时使用的土地上修建永久性建筑物的，由县级以上人民政府自然资源主管部门责令限期拆除，按占用面积处土地复垦费5倍以上10倍以下的罚款；逾期不拆除的，由作出行政决定的机关依法申请人民法院强制执行。

第五十三条 违反《土地管理法》第六十五条的规定，对建筑物、构筑物进行重建、扩建的，由县级以上人民政府自然资源主管部门责令限期拆除；逾期不拆除的，由作出行政决定的机关依法申请人民法院强制执行。

第五十四条 依照《土地管理法》第七十四条的规定处以罚款的，罚款额为违法所得的10%以上50%以下。

第五十五条 依照《土地管理法》第七十五条的规定处以罚款的，罚款额为耕地开垦费的5倍以上10倍以下；破坏黑土地等优质耕地的，从重处罚。

第五十六条 依照《土地管理法》第七十六条的规定处以罚款的，罚款额为土地复垦费的2倍以上5倍以下。

违反本条例规定，临时用地期满之日起一年内未完成复垦或者未恢复种植条件的，由县级以上人民政府自然资源主管部门责令限期改正，依照《土地管理法》第七十六条的规定处罚，并由县级以上人民政府自然资源主管部门会同农业农村主管部门代为完成复垦或者恢复种植条件。

第五十七条 依照《土地管理法》第七十七条的规定处以罚款的，罚款额为非法占用土地每平方米100元以上1000元以下。

违反本条例规定，在国土空间规划确定的禁止开垦的范围内从事土地开发活动的，由县级以上人民政府自然资源主管部门责令限期改正，并依照《土地管理法》第七十七条的规定处罚。

第五十八条　依照《土地管理法》第七十四条、第七十七条的规定，县级以上人民政府自然资源主管部门没收在非法转让或者非法占用的土地上新建的建筑物和其他设施的，应当于九十日内交由本级人民政府或者其指定的部门依法管理和处置。

第五十九条　依照《土地管理法》第八十一条的规定处以罚款的，罚款额为非法占用土地每平方米100元以上500元以下。

第六十条　依照《土地管理法》第八十二条的规定处以罚款的，罚款额为违法所得的10%以上30%以下。

第六十一条　阻碍自然资源主管部门、农业农村主管部门的工作人员依法执行职务，构成违反治安管理行为的，依法给予治安管理处罚。

第六十二条　违反土地管理法律、法规规定，阻挠国家建设征收土地的，由县级以上地方人民政府责令交出土地；拒不交出土地的，依法申请人民法院强制执行。

第六十三条　违反本条例规定，侵犯农村村民依法取得的宅基地权益的，责令限期改正，对有关责任单位通报批评、给予警告；造成损失的，依法承担赔偿责任；对直接负责的主管人员和其他直接责任人员，依法给予处分。

第六十四条　贪污、侵占、挪用、私分、截留、拖欠征地补偿安置费用和其他有关费用的，责令改正，追回有关款项，限期退还违法所得，对有关责任单位通报批评、给予警告；造成损失的，依法承担赔偿责任；对直接负责的主管人员和其他直接责任人员，依法给予处分。

第六十五条　各级人民政府及自然资源主管部门、农业农村主管部门工作人员玩忽职守、滥用职权、徇私舞弊的，依法给予处分。

第六十六条　违反本条例规定，构成犯罪的，依法追究刑事责任。

第七章　附　　则

第六十七条　本条例自2021年9月1日起施行。

第二节　部门规章及其他规范性文件

一、国家能源局关于印发《风电开发建设管理暂行办法》的通知(2011 年 8 月 25 日)

效力级别:部门规范性文件
发文机关:国家能源局
发布日期:2011 年 8 月 25 日
生效日期:2011 年 8 月 25 日
时效性:现行有效
文号:国能新能〔2011〕285 号

各省(区、市)发展改革委(能源局),国家电网公司、南方电网公司、华能集团公司、大唐集团公司、华电集团公司、国电集团公司、中电投集团公司、神华集团公司、中广核集团公司、中节能集团公司、水电水利规划设计总院:

为加强风电项目管理,规范风电的产业发展和保障并网运行,现将《风电开发建设管理暂行办法》印发你们,请遵照执行。

附:风电开发建设管理暂行办法

国家能源局

二〇一一年八月二十五日

第一章　总　　则

第一条　为加强风能资源开发管理,规范风电项目建设,促进风电有序健康发展,根据《中华人民共和国行政许可法》、《中华人民共和国可再生能源法》和《企业投资项目核准暂行办法》,制定本办法。

第二条　风电开发建设管理包括风电场工程的建设规划、项目前期工作、项目核准、竣工验收、运行监督等环节的行政组织管理和技术质量管理。

第三条　国务院能源主管部门负责全国风电开发建设管理。各省(区、市)政府能源主管部门在国务院能源主管部门的指导和组织下,按照国家有关规定负责本地区风电开发建设管理。委托国家风电建设技术归口管理单位承担全国风电技术质量管理。

第四条　本办法适用于国务院投资主管部门和省级政府投资主管部门核准的所有风电项目。海上风电开发建设还应符合《海上风电开发建设管理暂行办法》(国能新能〔2010〕29 号)的要求。

第二章　建设规划

第五条　风电场工程建设规划是风电场工程项目建设的基本依据,要坚持"统筹规划、有序开发、分步实施、协调发展"的方针,协调好风电开发与环境保护、土地及海域利用、军事设施保护、电网建设及运行的关系。

第六条　国务院能源主管部门负责全国风电场工程建设规划(含百万千瓦级、千万千瓦级风电基地规划)的编制和实施工作,在进行风能资源评价、风电市场消纳、土地及海域使用、环境保护等建设条件论证的基础上,确定全国风电建设规模和区域布局。

第七条　省级政府能源主管部门根据全国风电场工程建设规划要求,在落实项目风能资源、项目场址和电网接入等条件的基础上,综合项目建设的经济效益和社会效益,按照有关技术规范要求组织编制本地区的风电场工程建设规划与年度开发计划,报国务院能源主管部门备案,并抄送国家风电建设技术归口管理单位。

第八条　风电建设技术归口管理单位综合考虑风能资源、能源需求和技术进步等因素,负责对各省(区、市)风电场工程建设规划与年度开发计划进行技术经济评价。

第九条　国务院能源主管部门依法对地方规划进行备案管理,各省(区、市)风电场工程年度开发计划内的项目经国务院能源主管部门备案后,方可享受国家可再生能源发展基金的电价补贴。

第十条　各电网企业依据国务院能源主管部门备案的各省(区、市)风电场工程建设规划、年度开发计划,落实风电场工程配套电力送出工程。

第三章 项目前期工作

第十一条 项目前期工作包括选址测风、风能资源评价、建设条件论证、项目开发申请、可行性研究和项目核准前的各项准备工作。

企业开展测风要向县级以上政府能源主管部门提出申请，按照气象观测管理要求开展相关工作。

第十二条 风电项目开发企业开展前期工作之前应向省级以上政府能源主管部门提出开展风电场项目开发前期工作的申请。按照项目核准权限划分，5万千瓦及以上项目开发前期工作申请由省级政府能源主管部门受理后，上报国务院能源主管部门批复。

第十三条 省级政府能源主管部门提出的年度开发计划，应包括建设总规模和各项目的开发申请报告，国务院投资主管部门和省级政府投资主管部门核准的项目均应包括在内。项目的开发申请报告应在预可行性研究阶段工作成果的基础上编制，包括以下内容：

（一）风电场风能资源测量与评估成果、风电场地形图测量成果、工程地质勘察成果及工程建设条件；

（二）项目建设必要性，初步确定开发任务、工程规模、设计方案和电网接入条件；

（三）初拟建设用地或用海的类别、范围，环境影响初步评价；

（四）初步的项目经济和社会效益分析；

国务院能源主管部门对满足上述要求的项目予以备案。

第十四条 为促进风电技术进步，国务院能源主管部门可根据需要选择特定开发区域及项目，组织省级政府能源主管部门采取特许权招标方式确定项目投资开发主体及项目关键设备。也可对已明确投资开发主体的大型风电基地的项目提出统一的技术条件，会同项目所在地省级政府能源主管部门指导项目单位对关键设备集中招标采购。

第四章 项目核准

第十五条 为做好地方规划及项目建设与国家规划衔接，根据项目核准管理权限,省级政府投资主管部门核准的风电场工程项目,须按照报国务院能源主管部门备案后的风电场工程建设规划和年度开发计划进行。

第十六条　风电场工程项目按照国务院规定的项目核准管理权限,分别由国务院投资主管部门和省级政府投资主管部门核准。

由国务院投资主管部门核准的风电场工程项目,经所在地省级政府能源主管部门对项目申请报告初审后,按项目核准程序,上报国务院投资主管部门核准。项目单位属于中央企业的,所属集团公司需同时向国务院投资主管部门报送项目核准申请。

第十七条　项目单位应遵循节约、集约和合理利用土地资源的原则,按照有关法律法规与技术规定要求落实建设方案和建设条件,编写项目申请报告,办理项目核准所需的支持性文件。

第十八条　风电场工程项目申请报告应达到可行性研究的深度,并附有下列文件:

(一)项目列入全国或所在省(区、市)风电场工程建设规划及年度开发计划的依据文件;

(二)项目开发前期工作批复文件,或项目特许权协议,或特许权项目中标通知书;

(三)项目可行性研究报告及其技术审查意见;

(四)土地管理部门出具的关于项目用地预审意见;

(五)环境保护管理部门出具的环境影响评价批复意见;

(六)安全生产监督管理部门出具的风电场工程安全预评价报告备案函;

(七)电网企业出具的关于风电场接入电网运行的意见,或省级以上政府能源主管部门关于项目接入电网的协调意见。

(八)金融机构同意给予项目融资贷款的文件;

(九)根据有关法律法规应提交的其他文件。

第十九条　风电场工程项目须经过核准后方可开工建设。项目核准后2年内不开工建设的,项目原核准机构可按照规定收回项目。风电场工程开工以第一台风电机组基础施工为标志。

第五章 竣工验收与运行监督

第二十条 项目所在省级政府能源主管部门负责指导和监督项目竣工验收,协调和督促电网企业完成电网接入配套设施建设并与项目单位签订并网调度协议和购售电合同。项目单位完成土建施工、设备安装和配套电力送出设施,办理好各专项验收,待电网企业建成电力送出配套电网设施后,制定整体工程竣工验收方案,报项目所在地省级政府能源主管部门备案。项目单位和电网企业按有关技术规定和备案的验收方案进行竣工验收,将结果报告省级政府能源主管部门,省级政府能源主管部门审核后报国务院能源主管部门备案。

第二十一条 电网企业配合进行项目并网运行调试,按照相关技术规定进行项目电力送出工程和并网运行的竣工验收。完成竣工验收后将结果报告省级政府能源主管部门,省级政府能源主管部门审核后报国务院能源主管部门备案。

第二十二条 项目单位应根据电网调度和信息管理要求,向电网调度机构及可再生能源信息管理机构传送和报告运行信息。未经批准,项目运行实时数据不得向境外传送,项目控制系统不能与公共互联网直接联接。项目单位长期保留的测风塔、机组附带的测风仪的使用要符合气象观测管理的有关要求。

第二十三条 项目投产 1 年后,国务院能源主管部门可组织有规定资质的单位,根据相关技术规定对项目建设和运行情况进行后评估,3 个月内完成评估报告,评估结果作为项目单位参与后续风电项目开发的依据。项目单位应按照评估报告对项目设施和运行管理进行必要的改进。

第二十四条 多个风电场工程在同一地域同期建设,可由项目所在地省级政府能源主管部门组织有关单位统一协调办理电网接入、建设用地或用海预审、环境影响评价、安全预评价等手续。

第二十五条 风电项目单位应按照国务院能源主管部门及国家可再生能源信息管理机构的要求,报告风电场工程相关运行信息。如发生火灾、风电机组严重损毁以及其他停产 7 天以上事故,或风电机组部件发生批量质量问题,应在第一时间向国务院能源主管部门及省级政府能源主管部门报告。

第六章　违规责任

第二十六条　风电场工程未按规定程序和条件获得核准擅自开工建设，不能享受国家可再生能源发展基金的电价补贴，电网企业不予接受其并网运行。

第二十七条　对于违规擅自开工建设的项目，一经发现，省级以上政府能源主管部门将责令其停止建设，并依法追究有关责任人的法律和行政责任。

第二十八条　通过国家特许权招标方式获得投资开发主体资格的项目单位发生违约，项目单位承担特许权协议规定的相关责任；情节严重的，按照招投标法规定，自违约时间起 3 年内取消其参与同类项目投标资格，并予以公告。参加国家特许权项目招标或设备集中招标的设备制造企业违反招标约定，自违约发生时间起 3 年内该企业不得参与同类项目投标。

第二十九条　风电场发生火灾、风电机组严重损毁以及其他停产 7 天以上事故，或风电机组部件发生批量质量问题，超过 7 天未以任何方式报告情况，或未按规定向国家可再生能源信息管理机构提交有关信息的，省级以上政府能源主管部门将责令其改正，并依法追究有关责任人的法律和行政责任。

第七章　附　　则

第三十条　本办法由国家能源局负责解释。

第三十一条　本办法由国家能源局发布，自发布之日起施行。

二、国家发展和改革委员会关于印发《国家发展改革委重大固定资产投资项目社会稳定风险评估暂行办法》的通知（2012 年 8 月 16 日）

效力级别：部门规章
发文机关：国家发展和改革委员会
发布日期：2012 年 8 月 16 日
生效日期：2012 年 8 月 16 日
时效性：现行有效
文号：发改投资〔2012〕2492 号

各省、自治区、直辖市及计划单列市、新疆生产建设兵团发展改革委，国务院各部门、直属机构、办事机构、直属事业单位，各中央管理企业：

为建立和规范重大固定资产投资项目社会稳定风险评估机制，我委制定了《国家发展改革委重大固定资产投资项目社会稳定风险评估暂行办法》，现印发给你们，请按照执行。

附件：国家发展改革委重大固定资产投资项目社会稳定风险评估暂行办法

国家发展改革委

二〇一二年八月十六日

国家发展改革委重大固定资产投资项目社会稳定风险评估暂行办法

第一条 为促进科学决策、民主决策、依法决策，预防和化解社会矛盾，建立和规范重大固定资产投资项目社会稳定风险评估机制，制定本办法。

第二条 国家发展改革委审批、核准或者核报国务院审批、核准的在中华人民共和国境内建设实施的固定资产投资项目（简称“项目”下同），适用本办法。

第三条 项目单位在组织开展重大项目前期工作时，应当对社会稳定风险进行调查分析，征询相关群众意见，查找并列出风险点、风险发生的可能性及影响程度，提出防范和化解风险的方案措施，提出采取相关措施后的社会稳定风险等级建议。

社会稳定风险分析应当作为项目可行性研究报告、项目申请报告的重要内容并设独立篇章。

第四条 重大项目社会稳定风险等级分为三级：

高风险：大部分群众对项目有意见、反应特别强烈，可能引发大规模群体性事件。

中风险：部分群众对项目有意见、反应强烈，可能引发矛盾冲突。

低风险：多数群众理解支持但少部分人对项目有意见，通过有效工作可防范和化解矛盾。

第五条 由项目所在地人民政府或其有关部门指定的评估主体组织对项

目单位做出的社会稳定风险分析开展评估论证，根据实际情况可以采取公示、问卷调查、实地走访和召开座谈会、听证会等多种方式听取各方面意见，分析判断并确定风险等级，提出社会稳定风险评估报告。评估报告的主要内容为项目建设实施的合法性、合理性、可行性、可控性，可能引发的社会稳定风险，各方面意见及其采纳情况，风险评估结论和对策建议，风险防范和化解措施以及应急处置预案等内容。

第六条　国务院有关部门、省级发展改革部门、中央管理企业在向国家发展改革委报送项目可行性研究报告、项目申请报告的申报文件中，应当包含对该项目社会稳定风险评估报告的意见，并附社会稳定风险评估报告。

第七条　国家发展改革委在委托工程咨询机构评估项目可行性研究报告、项目申请报告时，可以根据情况在咨询评估委托书中要求对社会稳定风险分析和评估报告提出咨询意见。

第八条　评估主体作出的社会稳定风险评估报告是国家发展改革委审批、核准或者核报国务院审批、核准项目的重要依据。评估报告认为项目存在高风险或者中风险的，国家发展改革委不予审批、核准和核报；存在低风险但有可靠防控措施的，国家发展改革委可以审批、核准或者核报国务院审批、核准，并应在批复文件中对有关方面提出切实落实防范、化解风险措施的要求。

第九条　国家发展改革委未按照本办法规定，对项目可行性研究报告、项目申请报告作出批复，给党、国家和人民利益以及公共财产造成较大或者重大损失等后果的，应当依法依纪追究国家发展改革委有关单位和责任人的责任。

评估主体不按规定的程序和要求进行评估导致决策失误，或者隐瞒真实情况、弄虚作假，给党、国家和人民利益以及公共财产造成较大或者重大损失等后果的，应当依法依纪追究有关责任人的责任。

第十条　国家发展改革委、有关部门和机构及其工作人员应当遵守工作纪律和保密规定。

第十一条　各级地方发展改革部门可参照本办法，建立健全本地区重大项目社会稳定风险评估机制。

第十二条　本办法由国家发展改革委负责解释。

第十三条　自本办法印发之日起，国家发展改革委受理的申报项目执行本办法。

三、国家能源局关于印发《分布式光伏发电项目管理暂行办法》的通知(2013年11月18日)

效力级别:部门规章
发文机关:国家能源局
发布日期:2013年11月18日
生效日期:2013年11月18日
时效性:现行有效
文号:国能新能〔2013〕433号

各省(自治区、直辖市)发展改革委(能源局)、计划单列市发展改革委、新疆生产建设兵团发展改革委,国家电网公司、南方电网公司,水电水利规划设计总院:

为推进分布式光伏发电应用,规范分布式光伏发电项目管理,现将《分布式光伏发电项目管理暂行办法》印送你们,请遵照执行。

国家能源局
2013年11月18日

分布式光伏发电项目管理暂行办法

第一章 总 则

第一条 为规范分布式光伏发电项目建设管理,推进分布式光伏发电应用,根据《中华人民共和国可再生能源法》、《中华人民共和国电力法》、《中华人民共和国行政许可法》,以及《国务院关于促进光伏产业健康发展的若干意见》,制定本办法。

第二条 分布式光伏发电是指在用户所在场地或附近建设运行,以用户侧自发自用为主、多余电量上网且在配电网系统平衡调节为特征的光伏发电设施。

第三条　鼓励各类电力用户、投资企业、专业化合同能源服务公司、个人等作为项目单位,投资建设和经营分布式光伏发电项目。

第四条　国务院能源主管部门负责全国分布式光伏发电规划指导和监督管理;地方能源主管部门在国务院能源主管部门指导下,负责本地区分布式光伏发电规划、建设的监督管理;国家能源局派出机构负责对本地区分布式光伏发电规划和政策执行、并网运行、市场公平及运行安全进行监管。

第五条　分布式光伏发电实行"自发自用、余电上网、就近消纳、电网调节"的运营模式。电网企业采用先进技术优化电网运行管理,为分布式光伏发电运行提供系统支撑,保障电力用户安全用电。鼓励项目投资经营主体与同一供电区内的电力用户在电网企业配合下以多种方式实现分布式光伏发电就近消纳。

第二章　规模管理

第六条　国务院能源主管部门依据全国太阳能发电相关规划、各地区分布式光伏发电发展需求和建设条件,对需要国家资金补贴的项目实行总量平衡和年度指导规模管理。不需要国家资金补贴的项目不纳入年度指导规模管理范围。

第七条　省级能源主管部门根据本地区分布式光伏发电发展情况,提出下一年度需要国家资金补贴的项目规模申请。国务院能源主管部门结合各地项目资源、实际应用以及可再生能源电价附加征收情况,统筹协调平衡后,下达各地区年度指导规模,在年度中期可视各地区实施情况进行微调。

第八条　国务院能源主管部门下达的分布式光伏发电年度指导规模,在该年度内未使用的规模指标自动失效。当年规模指标与实际需求差距较大的,地方能源主管部门可适时提出调整申请。

第九条　鼓励各级地方政府通过市场竞争方式降低分布式光伏发电的补贴标准。优先支持申请低于国家补贴标准的分布式光伏发电项目建设。

第三章　项目备案

第十条　省级及以下能源主管部门依据国务院投资项目管理规定和国务

院能源主管部门下达的本地区分布式光伏发电的年度指导规模指标，对分布式光伏发电项目实行备案管理。具体备案办法由省级人民政府制定。

第十一条 项目备案工作应根据分布式光伏发电项目特点尽可能简化程序，免除发电业务许可、规划选址、土地预审、水土保持、环境影响评价、节能评估及社会风险评估等支持性文件。

第十二条 对个人利用自有住宅及在住宅区域内建设的分布式光伏发电项目，由当地电网企业直接登记并集中向当地能源主管部门备案。不需要国家资金补贴的项目由省级能源主管部门自行管理。

第十三条 各级管理部门和项目单位不得自行变更项目备案文件的主要事项，包括投资主体、建设地点、项目规模、运营模式等。确需变更时，由备案部门按程序办理。

第十四条 在年度指导规模指标范围内的分布式光伏发电项目，自备案之日起两年内未建成投产的，在年度指导规模中取消，并同时取消享受国家资金补贴的资格。

第十五条 鼓励地市级或县级政府结合当地实际，建立与电网接入申请、并网调试和验收、电费结算和补贴发放等相结合的分布式光伏发电项目备案、竣工验收等一站式服务体系，简化办理流程，提高管理效率。

第四章 建设条件

第十六条 分布式光伏发电项目所依托的建筑物及设施应具有合法性，项目单位与项目所依托的建筑物、场地及设施所有人非同一主体时，项目单位应与所有人签订建筑物、场地及设施的使用或租用协议，视经营方式与电力用户签订合同能源服务协议。

第十七条 分布式光伏发电项目的设计和安装应符合有关管理规定、设备标准、建筑工程规范和安全规范等要求。承担项目设计、咨询、安装和监理的单位，应具有国家规定的相应资质。

第十八条 分布式光伏发电项目采用的光伏电池组件、逆变器等设备应通过符合国家规定的认证认可机构的检测认证，符合相关接入电网的技术要求。

第五章 电网接入和运行

第十九条 电网企业收到项目单位并网接入申请后,应在20个工作日内出具并网接入意见,对于集中多点接入的分布式光伏发电项目可延长到30个工作日。

第二十条 以35千伏及以下电压等级接入电网的分布式光伏发电项目,由地市级或县级电网企业按照简化程序办理相关并网手续,并提供并网咨询、电能表安装、并网调试及验收等服务。

第二十一条 以35千伏以上电压等级接入电网且所发电力在并网点范围内使用的分布式光伏发电项目,电网企业应根据其接入方式、电量使用范围,本着简便和及时高效的原则做好并网管理,提供相关服务。

第二十二条 接入公共电网的分布式光伏发电项目,接入系统工程以及因接入引起的公共电网改造部分由电网企业投资建设。接入用户侧的分布式光伏发电项目,用户侧的配套工程由项目单位投资建设。因项目接入电网引起的公共电网改造部分由电网企业投资建设。

第二十三条 电网企业应采用先进运行控制技术,提高配电网智能化水平,为接纳分布式光伏发电创造条件。在分布式光伏发电安装规模较大、占电网负荷比重较高的供电区,电网企业应根据发展需要建设分布式光伏发电并网运行监测、功率预测和优化运行相结合的综合技术体系,实现分布式光伏发电高效利用和系统安全运行。

第六章 计量与结算

第二十四条 分布式光伏发电项目本体工程建成后,向电网企业提出并网调试和验收申请。电网企业指导和配合项目单位开展并网运行调试和验收。电网企业应根据国家有关标准制定分布式光伏发电电网接入和并网运行验收办法。

第二十五条 电网企业负责对分布式光伏发电项目的全部发电量、上网电量分别计量,免费提供并安装电能计量表,不向项目单位收取系统备用容量费。电网企业在有关并网接入和运行等所有环节提供的服务均不向项目单位收取费用。

第二十六条 享受电量补贴政策的分布式光伏发电项目,由电网企业负责向项目单位按月转付国家补贴资金,按月结算余电上网电量电费。

第二十七条 在经济开发区等相对独立的供电区统一组织建设的分布式光伏发电项目,余电上网部分可向该供电区内其他电力用户直接售电。

第七章 产业信息监测

第二十八条 组织地市级或县级能源主管部门按月汇总项目备案信息。省级能源主管部门按季分类汇总备案信息后报送国务院能源主管部门。

第二十九条 各省级能源主管部门负责本地区分布式光伏发电项目建设和运行信息统计,并分别于每年7月、次年1月向国务院能源主管部门报送上半年和上一年度的统计信息,同时抄送国家能源局及其派出监管机构、国家可再生能源信息中心。

第三十条 电网企业负责建设本级电网覆盖范围内分布式光伏发电的运行监测体系,配合本级能源主管部门向所在地的能源管理部门按季报送项目建设运行信息,包括项目建设、发电量、上网电量、电费和补贴发放与结算等信息。

第三十一条 国务院能源主管部门委托国家可再生能源信息中心开展分布式光伏发电行业信息管理,组织研究制定工程设计、安装、验收等环节的标准规范,统计全国分布式光伏发电项目建设运行信息,分析评价行业发展现状和趋势,及时提出相关政策建议。经国务院能源主管部门批准,适时发布相关产业信息。

第八章 违规责任

第三十二条 电网企业未按照规定收购分布式光伏发电项目余电上网电量,造成项目单位损失的,应当按照《中华人民共和国可再生能源法》的规定承担经济赔偿责任。

第九章 附 则

第三十三条 本办法由国家能源局负责解释,自发布之日起施行。

附表1:________年度________省(区、市)第____季度分布式光伏发电项目备案汇总表

附表2:________年度________省(区、市)1兆瓦以上分布式光伏发电项目汇总表

附表1:________年度________省(区、市)第____季度分布式光伏发电项目备案汇总表

盖章:

编号	地级市(区)	项目个数	备案规模(万千瓦)	实际装机规模(万千瓦)	实际发电量(万千瓦时)	总投(万元)	预计年补助资金(万元)	备注
1								
2								
3								
4								
5								
6								
7								
8								
9								
10								
11								
……								
总计								

注:本表由省级能源主管部门按照各市(盟/州/地区)、县(县级市/旗/区)分布式光伏发电项目总体规模进行汇总。

联系人/联系方式:

附表 2：________年度________省（区、市）1 兆瓦以上分布式光伏发电项目汇总表

盖章：

编号	（1）项目名称	（2）项目建设地点	（3）项目容量（MW）	（4）项目公司	（5）建设方式	（6）光伏电力用户	（7）光伏电力消纳方式	（8）并网电压等级（kV）	（9）年平均发电量（万 kW·h）	（10）项目投资（万元）	（11）光伏电力用户侧电价（元/kW·h）	（12）预计年补助资金（万元）	（13）自发自用比例（%）	（14）备注
1														
2														
3														
4														
5														
6														
7														
8														
9														
10														
11														
……														

注：本表由省级能源主管部门填写。（1）应包括投资人、建设场址和建设容量等主要内容；（2）应按省（自治区/直辖市）、市（盟/州/地区）、县（县级市/旗/区）使用全称；（3）应保留两位小数；（4）应填写在工商主管部门注册的全称；（5）应填写分布式光伏项目的建设方式，包括屋顶、南立面、BIPV、BAPV、厂房空地等；（6）应填写分布式光伏电力负荷用户在工商主管部门注册的全称；（7）应根据分布式光伏项目用户侧特点填写“自发自用”或“合同能源管理”；（8）应填写产权分界点的并网电压等级；（9）应填写运行期年平均发电量；（10）应填写概算或施工阶段投资总额；（11）应填写光伏电力负荷用户的用户侧销售电价；（12）应根据当地脱硫燃煤标杆电价、项目用户侧电价和自发自用比例等参数，按相关主管部门政策估算项目预计年补助金额，保留 2 位小数。

四、国家发展改革委、中央编办关于一律不得将企业经营自主权事项作为企业投资项目核准前置条件的通知（2014 年 12 月 31 日）

效力级别：部门规章
发文机关：国家发展和改革委员会、中央机构编制委员会办公室
发布日期：2014 年 12 月 31 日
生效日期：2014 年 12 月 31 日
时效性：现行有效
文号：发改投资〔2014〕2999 号

各省、自治区、直辖市及计划单列市人民政府、新疆生产建设兵团，工业和信息化部、国家烟草局、国家能源局：

根据《国务院办公厅关于印发精简审批事项规范中介服务实行企业投资项目网上并联核准制度工作方案的通知》（国办发〔2014〕59 号）要求，对于属于企业经营自主权的事项，一律不再作为企业投资项目核准前置条件，并要求 2014 年底前公布取消。现将有关事项通知如下：

一、总体要求

全面贯彻落实党的十八大和十八届二中、三中、四中全会精神，按照使市场在资源配置中起决定性作用和更好发挥政府作用的要求，全面深化投资体制改革，按照“谁投资、谁决策、谁受益、谁承担风险”的原则，确立企业投资主体地位。企业投资项目，除关系国家安全和生态安全、涉及全国重大生产力布局、战略性资源开发和重大公共利益等项目外，一律由企业依法依规自主决策。

企业投资建设实行核准制的项目，政府仅从维护经济安全、合理开发利用资源、保护生态环境、优化重大布局、保障公共利益、防止出现垄断等“外部性”方面进行核准。对外商投资项目，还要从市场准入、资金项目管理等方面进行核准。项目的市场前景、经济效益、资金来源和产品技术方案等“内部性”条件，均由企业自主决策、自担风险，项目核准机关不得干预企业投资自主权，不得将属于企业经营自主权的事项作为企业投资项目核准的前置条件。

二、取消范围

下列事项一律不再作为企业投资项目核准的前置条件：

（一）银行贷款承诺；

（二）融资意向书；

（三）资金信用证明；

（四）股东出资承诺；

（五）其他资金落实情况证明材料；

（六）可行性研究报告审查意见；

（七）规划设计方案审查意见；

（八）电网接入意见；

（九）接入系统设计评审意见；

（十）铁路专用线接轨意见；

（十一）原材料运输协议；

（十二）燃料运输协议；

（十三）供水协议；

（十四）与相关企业签署的副产品资源综合利用意向协议；

（十五）与相关供应商签署的原材料供应协议等；

（十六）与合作方签署的合作意向书、协议、框架协议（中外合资、合作项目除外）；

（十七）通过企业间协商和市场调节能够解决的协议、承诺、合同等事项；

（十八）其他属于企业经营自主决策范围的事项。

三、工作要求

（一）按照"法无授权不可为"的原则，除法律、行政法规明确规定作为项目核准前置条件的外，项目核准机关一律不得将其他事项作为项目核准的前置条件。

（二）项目核准机关不得以任何形式和任何理由，将属于企业经营自主权的事项及内容作为项目申请报告的前置条件。企业在项目申报过程中，有权拒绝将属于企业经营自主权的事项作为项目核准前置条件的要求。

（三）项目申请报告中属于企业经营自主权的相关内容，仅供项目核准机关在核准过程中了解，项目核准机关不得以"内部性"条件否决企业的项目申请。

(四)相关制度规定、通知及办事指南等将属于企业经营自主权事项规定为项目核准前置条件的,相关条款一律无效,制定部门应及时清理调整。同时,新制定的制度规定、通知及办事指南等,一律不得将属于企业经营自主权事项规定为项目核准的前置条件,否则,相关条款一律无效。

四、上述规定自本通知发布之日起施行。

国家发展改革委

中央编办

2014 年 12 月 31 日

五、国家发展和改革委员会、国家能源局关于做好风电、光伏发电全额保障性收购管理工作的通知(2016 年 5 月 27 日)

效力级别:部门规章

发文机关:国家发展和改革委员会、国家能源局

发布日期:2016 年 5 月 27 日

生效日期:2016 年 5 月 27 日

时效性:现行有效

文号:发改能源〔2016〕1150 号

各省(自治区、直辖市)、新疆生产建设兵团发展改革委(能源局)、经信委(工信委、工信厅),国家能源局各派出机构,国家电网公司、南方电网公司、内蒙古电力(集团)有限责任公司,华能、大唐、华电、国电、国电投、神华、三峡、华润、中核、中广核、中国节能集团公司:

为做好可再生能源发电全额保障性收购工作,保障风电、光伏发电的持续健康发展,现将有关事项通知如下:

一、根据《可再生能源发电全额保障性收购管理办法》(发改能源〔2016〕625 号),综合考虑电力系统消纳能力,按照各类标杆电价覆盖区域,参考准许成本加合理收益,现核定了部分存在弃风、弃光问题地区规划内的风电、光伏发电最低保障收购年利用小时数(详见附表)。最低保障收购年利用小时数将根

据新能源并网运行、成本变化等情况适时调整。

二、各有关省（区、市）能源主管部门和经济运行主管部门要严格落实规划内的风电、光伏发电保障性收购电量，认真落实《国家能源局关于做好“三北”地区可再生能源消纳工作的通知》以及优先发电、优先购电相关制度的有关要求，按照附表核定最低保障收购年利用小时数并安排发电计划，确保最低保障收购年利用小时数以内的电量以最高优先等级优先发电。已安排2016年度发电计划的省（区、市）须按照附表核定最低保障收购年利用小时数对发电计划及时进行调整。

各省（区、市）主管部门和电网调度机构应严格落实《关于有序放开发用电计划的实施意见》中关于优先发电顺序的要求，严禁对保障范围内的电量采取由可再生能源发电项目向煤电等其他电源支付费用的方式来获取发电权，妥善处理好可再生能源保障性收购、调峰机组优先发电和辅助服务市场之间的关系，并与电力交易方案做好衔接。

三、保障性收购电量应由电网企业按标杆上网电价和最低保障收购年利用小时数全额结算，超出最低保障收购年利用小时数的部分应通过市场交易方式消纳，由风电、光伏发电企业与售电企业或电力用户通过市场化的方式进行交易，并按新能源标杆上网电价与当地煤电标杆上网电价（含脱硫、脱硝、除尘）的差额享受可再生能源补贴。

地方政府能源主管部门或经济运行主管部门应积极组织风电、光伏发电企业与售电企业或电力用户开展对接，确保最低保障收购年利用小时数以外的电量能够以市场化的方式全额消纳。

四、保障性收购电量为最低保障目标，鼓励各相关省（区、市）提出并落实更高的保障目标。目前实际运行小时数低于最低保障收购年利用小时数的省（区、市）应根据实际情况，制定具体工作方案，采取有效措施尽快确保在运行的风电、光伏电站达到最低保障收购年利用小时数要求。具体工作方案应向全社会公布并抄送国家发展改革委和国家能源局。

除资源条件影响外，未达到最低保障收购年利用小时数要求的省（区、市），不得再新开工建设风电、光伏电站项目（含已纳入规划或完成核准的项目）。

未制定保障性收购要求的地区应根据资源条件按标杆上网电价全额收购

风电、光伏发电项目发电量。未经国家发改委、国家能源局同意,不得随意设定最低保障收购年利用小时数。

五、各省(区、市)有关部门在制定发电计划和电量交易方案时,要充分预留风电和光伏发电保障性收购电量空间,不允许在月度保障性收购电量未完成的情况下结算市场交易部分电量,已经制定的市场交易机制需落实保障月度保障性电量的要求。

电网企业(电力交易机构)应将各风电、光伏发电项目的全年保障性收购电量根据历史和功率预测情况分解到各月,并优先结算当月的可再生能源保障性收购电量,月度保障性收购电量结算完成后再结算市场交易部分电量,年终统一清算。

六、风电、光伏发电企业要协助各省级电网企业或地方电网企业及电力交易机构按国家有关规定对限发电量按月进行统计。对于保障性收购电量范围内的限发电量要予以补偿,电网企业协助电力交易机构根据《可再生能源发电全额保障性收购管理办法》(发改能源〔2016〕625 号)的要求,按照风电、光伏发电项目所在地的标杆上网电价和限发电量明确补偿金额,同时要确定补偿分摊的机组,相关报表和报告按月报送国家能源局派出机构和省级经济运行主管部门备案并公示。电网企业应保留限电时段相关运行数据,以备监管机构检查。

各电网企业于 2016 年 6 月 30 日前与按照可再生能源开发利用规划建设、依法取得行政许可或者报送备案、符合并网技术标准的风电、光伏发电企业签订 2016 年度优先发电合同,并于每年年底前签订下一年度的优先发电合同。

七、国务院能源主管部门派出机构会同省级能源主管部门和经济运行主管部门要加强对可再生能源发电全额保障性收购执行情况的监管和考核工作,定期对电网企业与风电、光伏发电项目企业签订优先发电合同和执行可再生能源发电全额保障性收购情况进行专项监管,对违反《可再生能源发电全额保障性收购管理办法》(发改能源〔2016〕625 号)和本通知要求的要按规定采取监管措施,相关情况及时报国家发展改革委和国家能源局。

落实可再生能源发电全额保障性收购制度是电力体制改革工作的一项重要任务,也是解决弃风、弃光限电问题和促进可再生能源持续健康发展的重要措施。各部门要按照上述要求认真做好可再生能源发电全额保障性收购工作,确保弃风、弃光问题得到有效缓。

国家发展改革委
国家能源局
2016 年 5 月 27 日

附件:

1. 风电重点地区最低保障收购年利用小时数核定表

2. 光伏发电重点地区最低保障收购年利用小时数核定表

附件 1　风电重点地区最低保障收购年利用小时数核定表

资源区	地区	保障性收购利用小时数
Ⅰ类资源区	内蒙古自治区除赤峰市、通辽市、兴安盟、呼伦贝尔市以外其他地区	2000
	新疆维吾尔自治区乌鲁木齐市、伊犁哈萨克族自治州、克拉玛依市、石河子市	1900
Ⅱ类资源区	内蒙古自治区赤峰市、通辽市、兴安盟、呼伦贝尔市	1900
	河北省张家口市	2000
	甘肃省嘉峪关市、酒泉市	1800
Ⅲ类资源区	甘肃省除嘉峪关市、酒泉市以外其他地区	1800
	新疆维吾尔自治区除乌鲁木齐市、伊犁哈萨克族自治州、克拉玛依市、石河子市以外其他地区	1800
	吉林省白城市、松原市	1800
	黑龙江省鸡西市、双鸭山市、七台河市、绥化市、伊春市,大兴安岭地区	1900
	宁夏回族自治区	1850
Ⅳ类资源区	黑龙江省其他地区	1850
	吉林省其他地区	1800
	辽宁省	1850
	山西省忻州市、朔州市、大同市	1900

附件 2　光伏发电重点地区最低保障收购年利用小时数核定表

资源区	地区	保障性收购利用小时数
Ⅰ类资源区	宁夏	1500
	青海海西	1500
	甘肃嘉峪关、武威、张掖、酒泉、敦煌、金昌	1500
	新疆哈密、塔城、阿勒泰、克拉玛依	1500
	内蒙除赤峰、通辽、兴安盟、呼伦贝尔以外地区	1500
Ⅱ类资源区	青海除Ⅰ　类外其他地区	1450
	甘肃除Ⅰ　类外其他地区	1400
	新疆除Ⅰ　类外其他地区	1350
	内蒙古赤峰、通辽、兴安盟、呼伦贝尔	1400
	黑龙江	1300
	吉林	1300
	辽宁	1300
	河北承德、张家口、唐山、秦皇岛	1400
	山西大同、朔州、忻州	1400
	陕西榆林、延安	1300

六、建设项目用地预审管理办法(2016 年 11 月 29 日)

效力级别:部门规章
发文机关:国土资源部(已撤销)
发布日期:2016 年 11 月 29 日
生效日期:2017 年 1 月 1 日
时效性:现行有效
文号:国土资源部令第 68 号

第一条　为保证土地利用总体规划的实施,充分发挥土地供应的宏观调控作用,控制建设用地总量,根据《中华人民共和国土地管理法》、《中华人民共和国土地管理法实施条例》和《国务院关于深化改革严格土地管理的决定》,制定本办法。

第二条　本办法所称建设项目用地预审,是指国土资源主管部门在建设项目审批、核准、备案阶段,依法对建设项目涉及的土地利用事项进行的审查。

第三条　预审应当遵循下列原则:

(一)符合土地利用总体规划;

(二)保护耕地,特别是基本农田;

(三)合理和集约节约利用土地;

(四)符合国家供地政策。

第四条　建设项目用地实行分级预审。

需人民政府或有批准权的人民政府发展和改革等部门审批的建设项目,由该人民政府的国土资源主管部门预审。

需核准和备案的建设项目,由与核准、备案机关同级的国土资源主管部门预审。

第五条　需审批的建设项目在可行性研究阶段,由建设用地单位提出预审申请。

需核准的建设项目在项目申请报告核准前,由建设单位提出用地预审申请。

需备案的建设项目在办理备案手续后,由建设单位提出用地预审申请。

第六条　依照本办法第四条规定应当由国土资源部预审的建设项目,国土资源部委托项目所在地的省级国土资源主管部门受理,但建设项目占用规划确定的城市建设用地范围内土地的,委托市级国土资源主管部门受理。受理后,提出初审意见,转报国土资源部。

涉密军事项目和国务院批准的特殊建设项目用地,建设用地单位可直接向国土资源部提出预审申请。

应当由国土资源部负责预审的输电线塔基、钻探井位、通讯基站等小面积零星分散建设项目用地,由省级国土资源主管部门预审,并报国土资源部备案。

第七条　申请用地预审的项目建设单位,应当提交下列材料:

(一)建设项目用地预审申请表;

(二)建设项目用地预审申请报告,内容包括拟建项目的基本情况、拟选址占地情况、拟用地是否符合土地利用总体规划、拟用地面积是否符合土地使用标准、拟用地是否符合供地政策等;

(三)审批项目建议书的建设项目提供项目建议书批复文件,直接审批可行性研究报告或者需核准的建设项目提供建设项目列入相关规划或者产业政策的文件。

前款规定的用地预审申请表样式由国土资源部制定。

第八条　建设单位应当对单独选址建设项目是否位于地质灾害易发区、是否压覆重要矿产资源进行查询核实;位于地质灾害易发区或者压覆重要矿产资源的,应当依据相关法律法规的规定,在办理用地预审手续后,完成地质灾害危险性评估、压覆矿产资源登记等。

第九条　负责初审的国土资源主管部门在转报用地预审申请时,应当提供下列材料:

(一)依据本办法第十一条有关规定,对申报材料作出的初步审查意见;

(二)标注项目用地范围的土地利用总体规划图、土地利用现状图及其他相关图件;

(三)属于《土地管理法》第二十六条规定情形,建设项目用地需修改土地利用总体规划的,应当出具规划修改方案。

第十条　符合本办法第七条规定的预审申请和第九条规定的初审转报件,国土资源主管部门应当受理和接收。不符合的,应当场或在五日内书面通知申请人和转报人,逾期不通知的,视为受理和接收。

受国土资源部委托负责初审的国土资源主管部门应当自受理之日起二十日内完成初审工作,并转报国土资源部。

第十一条　预审应当审查以下内容:

(一)建设项目用地是否符合国家供地政策和土地管理法律、法规规定的条件;

(二)建设项目选址是否符合土地利用总体规划,属《土地管理法》第二十六条规定情形,建设项目用地需修改土地利用总体规划的,规划修改方案是否符合法律、法规的规定;

（三）建设项目用地规模是否符合有关土地使用标准的规定；对国家和地方尚未颁布土地使用标准和建设标准的建设项目，以及确需突破土地使用标准确定的规模和功能分区的建设项目，是否已组织建设项目节地评价并出具评审论证意见。

占用基本农田或者其他耕地规模较大的建设项目，还应当审查是否已经组织踏勘论证。

第十二条 国土资源主管部门应当自受理预审申请或者收到转报材料之日起二十日内，完成审查工作，并出具预审意见。二十日内不能出具预审意见的，经负责预审的国土资源主管部门负责人批准，可以延长十日。

第十三条 预审意见应当包括对本办法第十一条规定内容的结论性意见和对建设用地单位的具体要求。

第十四条 预审意见是有关部门审批项目可行性研究报告、核准项目申请报告的必备文件。

第十五条 建设项目用地预审文件有效期为三年，自批准之日起计算。已经预审的项目，如需对土地用途、建设项目选址等进行重大调整的，应当重新申请预审。

未经预审或者预审未通过的，不得批复可行性研究报告、核准项目申请报告；不得批准农用地转用、土地征收，不得办理供地手续。预审审查的相关内容在建设用地报批时，未发生重大变化的，不再重复审查。

第十六条 本办法自2009年1月1日起施行。

七、企业投资项目核准和备案管理办法（2023年3月23日）

效力级别：部门规章
发文机关：国家发展和改革委员会
发布日期：2023年3月23日
生效日期：2023年5月1日
时效性：现行有效
文号：国家发展和改革委员会令第1号

第一章　总　　则

第一条　为落实企业投资自主权，规范政府对企业投资项目的核准和备案行为，实现便利、高效服务和有效管理，依法保护企业合法权益，依据《行政许可法》、《企业投资项目核准和备案管理条例》等有关法律法规，制定本办法。

第二条　本办法所称企业投资项目（以下简称项目），是指企业在中国境内投资建设的固定资产投资项目，包括企业使用自己筹措资金的项目，以及使用自己筹措的资金并申请使用政府投资补助或贷款贴息等的项目。

项目申请使用政府投资补助、贷款贴息的，应在履行核准或备案手续后，提出资金申请报告。

第三条　县级以上人民政府投资主管部门对投资项目履行综合管理职责。

县级以上人民政府其他部门依照法律、法规规定，按照本级政府规定职责分工，对投资项目履行相应管理职责。

第四条　根据项目不同情况，分别实行核准管理或备案管理。

对关系国家安全、涉及全国重大生产力布局、战略性资源开发和重大公共利益等项目，实行核准管理。其他项目实行备案管理。

第五条　实行核准管理的具体项目范围以及核准机关、核准权限，由国务院颁布的《政府核准的投资项目目录》（以下简称《核准目录》）确定。法律、行政法规和国务院对项目核准的范围、权限有专门规定的，从其规定。

《核准目录》由国务院投资主管部门会同有关部门研究提出，报国务院批准后实施，并根据情况适时调整。

未经国务院批准，各部门、各地区不得擅自调整《核准目录》确定的核准范围和权限。

第六条　除国务院另有规定外，实行备案管理的项目按照属地原则备案。

各省级政府负责制定本行政区域内的项目备案管理办法，明确备案机关及其权限。

第七条　依据本办法第五条第一款规定具有项目核准权限的行政机关统称项目核准机关。《核准目录》所称国务院投资主管部门是指国家发展和改革委员会；《核准目录》规定由省级政府、地方政府核准的项目，其具体项目核准机关由省级政府确定。

项目核准机关对项目进行的核准是行政许可事项，实施行政许可所需经费应当由本级财政予以保障。

依据国务院专门规定和省级政府规定具有项目备案权限的行政机关统称项目备案机关。

第八条 项目的市场前景、经济效益、资金来源和产品技术方案等，应当依法由企业自主决策、自担风险，项目核准、备案机关及其他行政机关不得非法干预企业的投资自主权。

第九条 项目核准、备案机关及其工作人员应当依法对项目进行核准或者备案，不得擅自增减审查条件，不得超出办理时限。

第十条 项目核准、备案机关应当遵循便民、高效原则，提高办事效率，提供优质服务。

项目核准、备案机关应当制定并公开服务指南，列明项目核准的申报材料及所需附件、受理方式、审查条件、办理流程、办理时限等；列明项目备案所需信息内容、办理流程等，提高工作透明度，为企业提供指导和服务。

第十一条 县级以上地方人民政府有关部门应当依照相关法律法规和本级政府有关规定，建立健全对项目核准、备案机关的监督制度，加强对项目核准、备案行为的监督检查。

各级政府及其有关部门应当依照相关法律法规及规定对企业从事固定资产投资活动实施监督管理。

任何单位和个人都有权对项目核准、备案、建设实施过程中的违法违规行为向有关部门检举。有关部门应当及时核实、处理。

第十二条 除涉及国家秘密的项目外，项目核准、备案通过全国投资项目在线审批监管平台（以下简称在线平台）实行网上受理、办理、监管和服务，实现核准、备案过程和结果的可查询、可监督。

第十三条 项目核准、备案机关以及其他有关部门统一使用在线平台生成的项目代码办理相关手续。

项目通过在线平台申报时，生成作为该项目整个建设周期身份标识的唯一项目代码。项目的审批信息、监管（处罚）信息，以及工程实施过程中的重要信息,统一汇集至项目代码,并与社会信用体系对接,作为后续监管的基础条件。

第十四条 项目核准、备案机关及有关部门应当通过在线平台公开与项目有关的发展规划、产业政策和准入标准,公开项目核准、备案等事项的办理条件、办理流程、办理时限等。

项目核准、备案机关应根据《政府信息公开条例》有关规定将核准、备案结果予以公开,不得违法违规公开重大工程的关键信息。

第十五条 企业投资建设固定资产投资项目,应当遵守国家法律法规,符合国民经济和社会发展总体规划、专项规划、区域规划、产业政策、市场准入标准、资源开发、能耗与环境管理等要求,依法履行项目核准或者备案及其他相关手续,并依法办理城乡规划、土地(海域)使用、环境保护、能源资源利用、安全生产等相关手续,如实提供相关材料,报告相关信息。

第十六条 对项目核准、备案机关实施的项目核准、备案行为,相关利害关系人有权依法申请行政复议或者提起行政诉讼。

第二章 项目核准的申请文件

第十七条 企业办理项目核准手续,应当按照国家有关要求编制项目申请报告,取得第二十二条规定依法应当附具的有关文件后,按照本办法第二十三条规定报送。

第十八条 组织编制和报送项目申请报告的项目单位,应当对项目申请报告以及依法应当附具文件的真实性、合法性和完整性负责。

第十九条 项目申请报告应当主要包括以下内容:

(一)项目单位情况;

(二)拟建项目情况,包括项目名称、建设地点、建设规模、建设内容等;

(三)项目资源利用情况分析以及对生态环境的影响分析;

(四)项目对经济和社会的影响分析。

第二十条 项目申请报告通用文本由国务院投资主管部门会同有关部门制定,主要行业的项目申请报告示范文本由相应的项目核准机关参照项目申请报告通用文本制定,明确编制内容、深度要求等。

第二十一条 项目申请报告可以由项目单位自行编写,也可以由项目单位自主委托具有相关经验和能力的工程咨询单位编写。任何单位和个人不得强制项目单位委托中介服务机构编制项目申请报告。

项目单位或者其委托的工程咨询单位应当按照项目申请报告通用文本和行业示范文本的要求编写项目申请报告。

工程咨询单位接受委托编制有关文件,应当做到依法、独立、客观、公正,对其编制的文件负责。

第二十二条 项目单位在报送项目申请报告时,应当根据国家法律法规的规定附具以下文件:

(一)自然资源主管部门出具的用地(用海)预审与选址意见书;

(二)法律、行政法规规定需要办理的其他相关手续。

第三章 项目核准的基本程序

第二十三条 地方企业投资建设应当分别由国务院投资主管部门、国务院行业管理部门核准的项目,可以分别通过项目所在地省级政府投资主管部门、行业管理部门向国务院投资主管部门、国务院行业管理部门转送项目申请报告。属于国务院投资主管部门核准权限的项目,项目所在地省级政府规定由省级政府行业管理部门转送的,可以由省级政府投资主管部门与其联合报送。

国务院有关部门所属单位、计划单列企业集团、中央管理企业投资建设应当由国务院有关部门核准的项目,直接向相应的项目核准机关报送项目申请报告,并附行业管理部门的意见。

企业投资建设应当由国务院核准的项目,按照本条第一、二款规定向国务院投资主管部门报送项目申请报告,由国务院投资主管部门审核后报国务院核准。新建运输机场项目由相关省级政府直接向国务院、中央军委报送项目申请报告。

第二十四条 企业投资建设应当由地方政府核准的项目,应当按照地方政府的有关规定,向相应的项目核准机关报送项目申请报告。

第二十五条 项目申报材料齐全、符合法定形式的,项目核准机关应当予以受理。

申报材料不齐全或者不符合法定形式的,项目核准机关应当在收到项目申报材料之日起5个工作日内一次告知项目单位补充相关文件，或对相关内容进行调整。逾期不告知的，自收到项目申报材料之日起即为受理。

项目核准机关受理或者不予受理申报材料，都应当出具加盖本机关专用印章并注明日期的书面凭证。对于受理的申报材料，书面凭证应注明项目代码，项目单位可以根据项目代码在线查询、监督核准过程和结果。

第二十六条　项目核准机关在正式受理项目申请报告后，需要评估的，应在4个工作日内按照有关规定委托具有相应资质的工程咨询机构进行评估。项目核准机关在委托评估时，应当根据项目具体情况，提出评估重点，明确评估时限。

工程咨询机构与编制项目申请报告的工程咨询机构为同一单位、存在控股、管理关系或者负责人为同一人的，该工程咨询机构不得承担该项目的评估工作。工程咨询机构与项目单位存在控股、管理关系或者负责人为同一人的，该工程咨询机构不得承担该项目单位的项目评估工作。

除项目情况复杂的，评估时限不得超过30个工作日。接受委托的工程咨询机构应当在项目核准机关规定的时间内提出评估报告，并对评估结论承担责任。项目情况复杂的，履行批准程序后，可以延长评估时限，但延长的期限不得超过60个工作日。

项目核准机关应当将项目评估报告与核准文件一并存档备查。

评估费用由委托评估的项目核准机关承担，评估机构及其工作人员不得收取项目单位的任何费用。

第二十七条　项目涉及有关行业管理部门或者项目所在地地方政府职责的，项目核准机关应当商请有关行业管理部门或地方人民政府在7个工作日内出具书面审查意见。有关行业管理部门或地方人民政府逾期没有反馈书面审查意见的，视为同意。

第二十八条　项目建设可能对公众利益构成重大影响的，项目核准机关在作出核准决定前，应当采取适当方式征求公众意见。

相关部门对直接涉及群众切身利益的用地（用海）、环境影响、移民安置、社会稳定风险等事项已经进行实质性审查并出具了相关审批文件的，项目核准机关可不再就相关内容重复征求公众意见。

对于特别重大的项目,可以实行专家评议制度。除项目情况特别复杂外,专家评议时限原则上不得超过30个工作日。

第二十九条 项目核准机关可以根据评估意见、部门意见和公众意见等,要求项目单位对相关内容进行调整,或者对有关情况和文件做进一步澄清、补充。

第三十条 项目违反相关法律法规,或者不符合发展规划、产业政策和市场准入标准要求的,项目核准机关可以不经过委托评估、征求意见等程序,直接作出不予核准的决定。

第三十一条 项目核准机关应当在正式受理申报材料后20个工作日内作出是否予以核准的决定,或向上级项目核准机关提出审核意见。项目情况复杂或者需要征求有关单位意见的,经本行政机关主要负责人批准,可以延长核准时限,但延长的时限不得超过40个工作日,并应当将延长期限的理由告知项目单位。

项目核准机关需要委托评估或进行专家评议的,所需时间不计算在前款规定的期限内。项目核准机关应当将咨询评估或专家评议所需时间书面告知项目单位。

第三十二条 项目符合核准条件的,项目核准机关应当对项目予以核准并向项目单位出具项目核准文件。项目不符合核准条件的,项目核准机关应当出具不予核准的书面通知,并说明不予核准的理由。

属于国务院核准权限的项目,由国务院投资主管部门根据国务院的决定向项目单位出具项目核准文件或者不予核准的书面通知。

项目核准机关出具项目核准文件或者不予核准的书面通知应当抄送同级行业管理、城乡规划、国土资源、水行政管理、环境保护、节能审查等相关部门和下级机关。

第三十三条 项目核准文件和不予核准书面通知的格式文本,由国务院投资主管部门制定。

第三十四条 项目核准机关应制定内部工作规则,不断优化工作流程,提高核准工作效率。

第四章　项目核准的审查及效力

第三十五条　项目核准机关应当从以下方面对项目进行审查：

（一）是否危害经济安全、社会安全、生态安全等国家安全；

（二）是否符合相关发展建设规划、产业政策和技术标准；

（三）是否合理开发并有效利用资源；

（四）是否对重大公共利益产生不利影响。

项目核准机关应当制定审查工作细则，明确审查具体内容、审查标准、审查要点、注意事项及不当行为需要承担的后果等。

第三十六条　除本办法第二十二条要求提供的项目申请报告附送文件之外，项目单位还应在开工前依法办理其他相关手续。

第三十七条　取得项目核准文件的项目，有下列情形之一的，项目单位应当及时以书面形式向原项目核准机关提出变更申请。原项目核准机关应当自受理申请之日起20个工作日内作出是否同意变更的书面决定：

（一）建设地点发生变更的；

（二）投资规模、建设规模、建设内容发生较大变化的；

（三）项目变更可能对经济、社会、环境等产生重大不利影响的；

（四）需要对项目核准文件所规定的内容进行调整的其他重大情形。

第三十八条　项目自核准机关出具项目核准文件或同意项目变更决定2年内未开工建设，需要延期开工建设的，项目单位应当在2年期限届满的30个工作日前，向项目核准机关申请延期开工建设。项目核准机关应当自受理申请之日起20个工作日内，作出是否同意延期开工建设的决定，并出具相应文件。开工建设只能延期一次，期限最长不得超过1年。国家对项目延期开工建设另有规定的，依照其规定。

在2年期限内未开工建设也未按照规定向项目核准机关申请延期的，项目核准文件或同意项目变更决定自动失效。

第五章　项目备案

第三十九条　实行备案管理的项目，项目单位应当在开工建设前通过在线平台将相关信息告知项目备案机关，依法履行投资项目信息告知义务，并遵循诚信和规范原则。

第四十条 项目备案机关应当制定项目备案基本信息格式文本，具体包括以下内容：

（一）项目单位基本情况；

（二）项目名称、建设地点、建设规模、建设内容；

（三）项目总投资额；

（四）项目符合产业政策声明。

项目单位应当对备案项目信息的真实性、合法性和完整性负责。

第四十一条 项目备案机关收到本办法第四十条规定的全部信息即为备案。项目备案信息不完整的，备案机关应当及时以适当方式提醒和指导项目单位补正。

项目备案机关发现项目属产业政策禁止投资建设或者依法应实行核准管理，以及不属于固定资产投资项目、依法应实施审批管理、不属于本备案机关权限等情形的，应当通过在线平台及时告知企业予以纠正或者依法申请办理相关手续。

第四十二条 项目备案相关信息通过在线平台在相关部门之间实现互通共享。

项目单位需要备案证明的，可以通过在线平台自行打印或者要求备案机关出具。

第四十三条 项目备案后，项目法人发生变化，项目建设地点、规模、内容发生重大变更，或者放弃项目建设的，项目单位应当通过在线平台及时告知项目备案机关，并修改相关信息。

第四十四条 实行备案管理的项目，项目单位在开工建设前还应当根据相关法律法规规定办理其他相关手续。

第六章 监督管理

第四十五条 上级项目核准、备案机关应当加强对下级项目核准、备案机关的指导和监督，及时纠正项目管理中存在的违法违规行为。

第四十六条　项目核准和备案机关、行业管理、城乡规划(建设)、国家安全、国土(海洋)资源、环境保护、节能审查、金融监管、安全生产监管、审计等部门,应当按照谁审批谁监管、谁主管谁监管的原则,采取在线监测、现场核查等方式,依法加强对项目的事中事后监管。

项目核准、备案机关应当根据法律法规和发展规划、产业政策、总量控制目标、技术政策、准入标准及相关环保要求等,对项目进行监管。

城乡规划、国土(海洋)资源、环境保护、节能审查、安全监管、建设、行业管理等部门,应当履行法律法规赋予的监管职责,在各自职责范围内对项目进行监管。

金融监管部门应当加强指导和监督,引导金融机构按照商业原则,依法独立审贷。

审计部门应当依法加强对国有企业投资项目、申请使用政府投资资金的项目以及其他公共工程项目的审计监督。

第四十七条　各级地方政府有关部门应按照相关法律法规及职责分工,加强对本行政区域内项目的监督检查,发现违法违规行为的,应当依法予以处理,并通过在线平台登记相关违法违规信息。

第四十八条　对不符合法定条件的项目予以核准,或者超越法定职权予以核准的,应依法予以撤销。

第四十九条　各级项目核准、备案机关的项目核准或备案信息,以及国土(海洋)资源、城乡规划、水行政管理、环境保护、节能审查、安全监管、建设、工商等部门的相关手续办理信息、审批结果信息、监管(处罚)信息,应当通过在线平台实现互通共享。

第五十条　项目单位应当通过在线平台如实报送项目开工建设、建设进度、竣工的基本信息。

项目开工前,项目单位应当登录在线平台报备项目开工基本信息。项目开工后,项目单位应当按年度在线报备项目建设动态进度基本信息。项目竣工验收后,项目单位应当在线报备项目竣工基本信息。

第五十一条　项目单位有下列行为之一的,相关信息列入项目异常信用记录,并纳入全国信用信息共享平台:

(一)应申请办理项目核准但未依法取得核准文件的;

(二)提供虚假项目核准或备案信息,或者未依法将项目信息告知备案机关,或者已备案项目信息变更未告知备案机关的;

(三)违反法律法规擅自开工建设的;

(四)不按照批准内容组织实施的;

(五)项目单位未按本办法第五十条规定报送项目开工建设、建设进度、竣工等基本信息,或者报送虚假信息的;

(六)其他违法违规行为。

第七章　法律责任

第五十二条　项目核准、备案机关有下列情形之一的,由其上级行政机关责令改正,对负有责任的领导人员和直接责任人员由有关单位和部门依纪依法给予处分:

(一)超越法定职权予以核准或备案的;

(二)对不符合法定条件的项目予以核准的;

(三)对符合法定条件的项目不予核准的;

(四)擅自增减核准审查条件的,或者以备案名义变相审批、核准的;

(五)不在法定期限内作出核准决定的;

(六)不依法履行监管职责或者监督不力,造成严重后果的。

第五十三条　项目核准、备案机关及其工作人员,以及其他相关部门及其工作人员,在项目核准、备案以及相关审批手续办理过程中玩忽职守、滥用职权、徇私舞弊、索贿受贿的,对负有责任的领导人员和直接责任人员依法给予处分;构成犯罪的,依法追究刑事责任。

第五十四条　项目核准、备案机关,以及国土(海洋)资源、城乡规划、水行政管理、环境保护、节能审查、安全监管、建设等部门违反相关法律法规规定,未依法履行监管职责的,对直接负责的主管人员和其他直接责任人员,依法给予处分;构成犯罪的,依法追究刑事责任。

项目所在地的地方政府有关部门不履行企业投资监管职责的,对直接负责的主管人员和其他直接责任人员,依法给予处分。

第五十五条 企业以分拆项目、隐瞒有关情况或者提供虚假申报材料等不正当手段申请核准、备案的，项目核准机关不予受理或者不予核准、备案，并给予警告。

第五十六条 实行核准管理的项目，企业未依法办理核准手续开工建设或者未按照核准的建设地点、建设规模、建设内容等进行建设的，由核准机关责令停止建设或者责令停产，对企业处项目总投资额1‰以上5‰以下的罚款；对直接负责的主管人员和其他直接责任人员处2万元以上5万元以下的罚款，属于国家工作人员的，依法给予处分。项目应视情况予以拆除或者补办相关手续。

以欺骗、贿赂等不正当手段取得项目核准文件，尚未开工建设的，由核准机关撤销核准文件，处项目总投资额1‰以上5‰以下的罚款；已经开工建设的，依照前款规定予以处罚；构成犯罪的，依法追究刑事责任。

第五十七条 实行备案管理的项目，企业未依法将项目信息或者已备案项目信息变更情况告知备案机关，或者向备案机关提供虚假信息的，由备案机关责令限期改正；逾期不改正的，处2万元以上5万元以下的罚款。

第五十八条 企业投资建设产业政策禁止投资建设项目的，由县级以上人民政府投资主管部门责令停止建设或者责令停产并恢复原状，对企业处项目总投资额5‰以上10‰以下的罚款；对直接负责的主管人员和其他直接责任人员处5万元以上10万元以下的罚款，属于国家工作人员的，依法给予处分。法律、行政法规另有规定的，依照其规定。

第五十九条 项目单位在项目建设过程中不遵守国土(海洋)资源、城乡规划、环境保护、节能、安全监管、建设等方面法律法规和有关审批文件要求的，相关部门应依法予以处理。

第六十条 承担项目申请报告编写、评估任务的工程咨询评估机构及其人员、参与专家评议的专家，在编制项目申请报告、受项目核准机关委托开展评估或者参与专家评议过程中，违反从业规定，造成重大损失和恶劣影响的，依法降低或撤销工程咨询单位资格，取消主要责任人员的相关职业资格。

第八章 附 则

第六十一条 本办法所称省级政府包括各省、自治区、直辖市及计划单列市人民政府和新疆生产建设兵团。

第六十二条 外商投资项目和境外投资项目的核准和备案管理办法另行制定。

第六十三条 省级政府和国务院行业管理部门,可以按照《企业投资项目核准和备案管理条例》和本办法的规定,制订具体实施办法。

第六十四条 事业单位、社会团体等非企业组织在中国境内利用自有资金、不申请政府投资建设的固定资产投资项目,按照企业投资项目进行管理。

个人投资建设项目参照本办法的相关规定执行。

第六十五条 本办法由国家发展和改革委员会负责解释。

第六十六条 本办法自 2017 年 4 月 8 日起施行。《政府核准投资项目管理办法》(国家发展改革委令第 11 号)同时废止。

八、《国家能源局关于深化能源行业投融资体制改革的实施意见》(2017 年 3 月 27 日)

效力级别:部门规章
发文机关:国家能源局
发布日期:2017 年 3 月 27 日
生效日期:2017 年 3 月 27 日
时效性:现行有效
文号:中发〔2016〕18 号

为贯彻落实《中共中央、国务院关于深化投融资体制改革的意见》(中发〔2016〕18 号),进一步发挥能源投融资对稳增长、调结构、惠民生,推进供给侧结构性改革的重要作用,坚持企业为主、规划引导、放管结合、优化服务、创新机制、畅通渠道、统筹兼顾、协同推进的原则,提出以下实施意见。

一、充分激发社会资本参与能源投资的动力和活力

(一)确立能源企业投资主体地位。在增量配电网、规划内风电、背压式热电联产、燃气分布式发电等项目先行试点企业投资项目承诺制,推动以政策性条件引导、企业信用承诺、监管有效约束为核心的管理模式。

(二)实行能源投资项目管理负面清单制度。进一步取消下放能源投资项目核准权限。严格按照《政府核准的投资项目目录》规定核准能源项目,目录范围外的项目,一律实行备案制,不得进行任何形式的审批。

(三)建立能源投资项目管理权力清单制度。能源项目核准机关要根据《政府核准的投资项目目录》,制定本级能源投资项目管理权力清单,国家能源局要抓紧制定并试行《国家能源局权力和责任清单》。各省级能源项目核准机关要根据《政府核准的投资项目目录》规定的权限开展核准工作,要坚持投资审批权限下放层级与承接能力匹配,对涉及本地区重大规划布局、重要能源资源开发配置的项目,原则上不下放到地市级政府、一律不得下放到县级及以下政府核准。

(四)建立能源投资项目管理责任清单制度。能源项目核准机关要厘清职权所对应的责任事项,明确责任主体,健全问责机制。按照简化程序、优化流程、透明高效的原则,制作行政职权运行流程图,规范每个环节的承办机构、办理程序、办理要求、办理时限等,确保权力规范行使。

(五)规范能源投资项目备案管理制度。实行备案制的能源投资项目,备案机关要通过全国投资项目在线审批监管平台或政务服务大厅,提供快捷备案服务,备案不得设置任何前置条件。

(六)优化能源投资项目核准流程。实行核准制的能源投资项目,核准机关要依托全国投资项目在线审批监管平台或政务服务大厅实行并联核准,项目核准的前置许可条件不得互为前置。按照并联办理、联合评审的要求,配合推动相关部门协同下放审批权限,探索建立多评合一、统一评审的新模式。

(七)精简能源投资项目核准前置许可。能源投资项目核准只保留选址意见和用地(用海)预审作为前置条件,除法律法规明确规定的,各级能源项目核准机关一律不得设置任何项目核准的前置条件,不得发放同意开展项目前期工作的“路条”性文件。

(八)创新能源投资项目业主确定方式。在光伏、生物质能、火电站、水电站、风电等项目开展以竞争性方式确定能源投资项目业主试点。根据资源调查和专项规划,委托有资质的中介机构对纳入规划的项目进行咨询评估,通过招标、竞争性磋商等方式，公开、公平、公正确定业主。

（九）加强能源企业投资行为事中事后监管。企业投资能源项目要严格按照国家有关规定实施。未依法办理核准或备案手续开工建设，或者未按照核准的建设地点、建设规模、建设内容等进行建设的，核准机关应当根据法律法规规定，按情节轻重依法给予警告、责令停止建设、责令停产等处罚。

二、发挥好能源行业政府投资的引导和带动作用

（十）正确把握政府投资方向，明确投资范围。能源领域政府投资资金重点支持农村电网改造、煤矿安全改造、国家石油储备基地等市场不能有效配置资源的基础设施和公共服务类项目。

（十一）优化完善政府投资资金安排方式。对农村电网改造、煤矿安全改造、油气储备设施建设等政府投资的能源项目，建立政府投资资金分配信息发布机制，具备条件的项目采用招投标的方式取代行政指定性的资金分配方式，不设置歧视性条件，平等对待各类投资主体。对确需支持的经营性能源项目，政府投资主要采取资本金注入方式，也可适当采取投资补助、贷款贴息等方式进行引导。

（十二）编制能源领域三年滚动政府投资计划。依据国家宏观调控总体要求和能源发展规划，编制能源领域三年滚动政府投资计划，明确规划期内政府投资的重大能源项目。建立能源领域政府投资项目库，未入库项目原则上不予安排政府投资。

（十三）加强能源领域政府投资事中事后监管。以更严格标准加强对能源领域政府投资的概算预算、建设标准、建设工期、竣工验收等事项的要求。严格按照项目建设进度下达政府投资计划。严格概算执行和造价控制，健全概算审批、调整等管理制度。加强政府投资项目的竣工验收管理。探索与投资项目审计监督、重大项目稽察等部门实施联合监督的新机制，强化政府投资监管。

（十四）建立政府投资资金使用情况后评估制度。对能源领域政府投资项目的质量、工期、资金使用和安全性评价等事项进行专项监管和动态跟踪。完善政府投资追责体系，建立政府投资黑名单制度，项目一经发现违法违规问题，视情节轻重限制、禁止项目业主申请中央预算内投资资金，并追究法律责任。

（十五）鼓励政府和社会资本合作。落实《国家能源局关于在能源领域积极推广政府和社会资本合作模式的通知》(国能法改〔2016〕96 号),重点在城镇配电网、农村电网、电动汽车充电桩、城市燃气管网、液化天然气(LNG)储运设施等领域推广运用政府和社会资本合作(PPP)模式。建立 PPP 项目联审机制,进一步简化 PPP 项目审批流程,提高行政服务效率。建立主要由市场决定能源价格的机制,为社会资本投资能源领域创造有利条件。对确定采用 PPP 模式的能源项目,通过竞争性机制公平择优选择社会资本作为合作伙伴。

三、畅通能源投资项目融资渠道

(十六)鼓励发展能源项目直接融资。依托多层次资本市场体系,拓宽和优化能源领域投资项目的直接融资渠道,鼓励符合条件的能源企业开展股票上市融资。总结能源领域资产证券化实践经验,鼓励金融机构选择符合条件的能源信贷资产、企业应收款、信托受益权、基础设施收益权等为基础资产,开展形式多样的资产证券化业务,盘活存量能源设施资产。加大创新力度,丰富债券品种,鼓励有条件的能源企业发行企业债券、项目收益债、重点产业专项债,通过债券市场筹措资金。

(十七)大力加强能源领域"双创"项目金融扶持力度。加大对电动汽车充电基础设施、氢燃料电池、储能、综合智慧能源等科技程度高、资本密度低,并处于种子期、初创期项目的金融支持力度,鼓励金融机构有针对性地为能源领域"双创"项目提供股权、债券以及信用贷款等融资综合服务。

(十八)建立能源领域政府、银行、企业、社会合作对接机制。搭建政银企社合作平台,通过联合开展项目推介会等方式,加强与政策性、开发性金融机构以及广大社会资本的对接,为能源领域重大项目获取长期稳定、低成本的资金支持创造条件。

(十九)完善保险资金等机构资金对能源项目建设的投资机制。大力发展债权投资计划、产业投资基金、资产支持计划等融资工具,引导社保资金、保险资金、企业年金等用于收益稳定、回收期长的能源项目。建立信贷、证券、保险和基金等机构资金支持重大能源项目建设的合作对接机制,保障重大项目资金需求。

(二十)构建更加开放的投融资体制。加强与金融机构的协调配合,促进金融机构对重大能源基础设施建设合作项目提供信贷、担保、保险、国际结算等全方位、全流程的金融服务。促进金融机构针对能源领域对外合作的需求和特点，主动创新金融产品和服务方式，加快拓展和优化境外服务网络，为能源企业“走出去”和重点国际合作项目提供境内外一体化金融服务。积极搭建能源领域双多边政府间合作平台，建立健全能源行业“走出去”协调服务机制，更好地支持能源对外投资项目。加强与国际金融机构和各国政府、企业、金融机构在能源领域的多层次投融资合作。

四、提升综合服务管理水平

（二十一）落实能源投资项目审批负责制。探索建立并逐步推行能源投资项目审批、核准和备案首问负责制。能源项目核准、备案机关或审批协调机构实行“一站式”受理、“全流程”服务，一家负责到底。

（二十二）大力推进阳光审批。落实投资项目统一代码制度相关要求，充分利用全国投资项目在线审批监管平台，做好能源项目审批、监管等信息公开工作，提高透明度。制定能源项目审批工作规则，梳理整合办事环节，编制、更新企业办事流程图。推进能源项目审批管理工作的信息公开制度，及时公开项目受理情况、办理过程、审批结果。鼓励新闻媒体、公民、法人和其他组织依法对能源部门的服务管理行为进行监督。

（二十三）加强规划引领。完善能源规划体系，强化地方规划与国家规划的衔接，加强能源规划与城乡、土地、环保等领域规划的衔接。完善能源规划的约束引导机制，发挥好规划对能源投资的龙头性、引领性作用，促进能源产业科学有序发展。处理好规划和具体投资项目的关系，既要依据规划布局项目，也要防止规划制定过细、规划变相指定项目单位、规划套规划搞层层加码等有碍市场在能源投资中起决定性作用的问题出现。

（二十四）健全监管机制。按照谁审批谁监管、谁主管谁监管的原则，依托能源投资项目在线审批监管平台，加强项目建设全过程监管。完善有关规章制度，制定监管工作指南和操作规程，促进监管工作标准化、规范化、公开化。

（二十五）加强重点领域专项监管。煤矿、火电等产能过剩或存在潜在过剩风险的投资领域要严格按照国家专项规划和产业政策开展项目建设，对违规、违建项目责令停止建设或责令停产。切实保护社会资本在能源投资中的正当权益，加大监管力度，保障投资者合法合理诉求得到解决。

（二十六）加强能源企业信用体系建设。按照国家统一规划和部署，加强能源企业信用体系建设，实现信用信息公开共享。开展信用评价，曝光严重违法失信、发生重大以上安全事故“黑名单”企业。将企业信用记录纳入全国信用信息共享平台，强化政府和投资者的契约意识和诚信意识，形成守信激励、失信惩戒的约束机制，促使相关主体切实承担责任，履行法定义务，确保投资建设市场安全高效运行。

五、确保改革任务落实到位

（二十七）加强分工协作。建立能源投融资体制改革工作会商制度和协调机制，分解任务，明确责任，加强协同配合。能源项目审核机关要充分认识深化投融资体制改革的重要性和紧迫性，及时制定具体工作方案，明确任务分工、时间节点，做好相关支持配合工作。国家能源局派出能源监管机构要充分发挥监管职能，按照统一部署开展能源投融资体制改革工作落实情况专项监管。

（二十八）加快法制建设。完善与能源投融资相关的规章制度和行业标准，制定能源领域贯彻落实投资领域立法的具体管理办法或实施方案。加快推进《电力法》、《煤炭法》修订，积极推动《能源法》、《核电管理条例》、《国家石油储备条例》、《能源监管条例》、《海洋石油天然气管道保护条例》等法律法规制定出台。加快制定修订能耗、碳排放等领域技术标准，实施能效“领跑者”制度，研究建立煤电机组能效领跑者机制。

（二十九）推进配套改革。能源投融资体制改革与其他领域改革要协同推进，形成叠加效应，充分释放改革红利。加快能源体制改革，落实电力体制改革措施，深化石油天然气体制改革，推进电力市场建设、售电侧改革、油气行业上游勘探开发领域改革等试点工作，有序放开油气勘查、开采、市场准入，完善油气进出口管理体制、完善油气加工环节准入和淘汰机制，推动油气管网基础设施公平开放。推动能源价格改革，完善油气产品定价机制，有序放开上网电价和公益性以外的销售电价。积极鼓励国有能源企业开展混合所有制改革，推动体制机制创新，为社会资本在能源领域开展投融资活动创造有利条件。

九、国家林业和草原局关于规范风电场项目建设使用林地的通知（2019年2月26日）

效力级别：部门规章
发文机关：国家林业和草原局
发布日期：2019年2月26日
生效日期：2019年2月26日
时效性：现行有效
文号：林资发〔2019〕17号

各省、自治区、直辖市林业和草原主管部门，内蒙古、大兴安岭森工（林业）集团公司，新疆生产建设兵团林业和草原局，国家林业和草原局各派出机构：

近些年来，各地大规模发展风电，风电场项目占用森林和林地面积大幅上升，违法违规使用林地、野蛮施工、植被恢复不到位等问题时有发生，对森林生态功能、森林景观等造成较大损害，引起社会广泛关注。为规范风电场项目建设使用林地，减少对森林植被和生态环境的损害与影响，现将有关事项通知如下：

一、充分认识规范风电场建设使用林地的重要性

陆上风电场项目建设过程中，多沿地势较高的山脊、山岗布设风机，并配套建设道路和集电线路，点多线长，这些地方既是山地生态系统重要的分水岭，也是生态最脆弱的地带，风机基础挖掘、场地平整、道路和集电线路施工等使用林地，大范围扰动地表，破坏地表植被，极易造成大面积水土流失，加剧区域生态退化，对森林资源安全和森林生态整体功能发挥影响较大。发展风电产业是我国推进能源转型、应对气候变化的重要途径之一，但是，我国是一个缺林少绿、生态脆弱的国家，风电开发必须正确处理好与森林资源保护的关系。各地要深入贯彻落实党的十九大精神，以习近平生态文明思想为指导，牢固树立社会主义生态文明观，坚持节约资源和保护环境的基本国策，实行最严格的生态保护制度，依法规范风电场建设使用林地，促进风电产业健康发展，推动人与自然和谐共生。

二、风电场建设使用林地禁建区域

严格保护生态功能重要、生态脆弱敏感区域的林地。自然遗产地、国家公园、自然保护区、森林公园、湿地公园、地质公园、风景名胜区、鸟类主要迁徙通道和迁徙地等区域以及沿海基干林带和消浪林带，为风电场项目禁止建设区域。

三、风电场建设使用林地限制范围

风电场建设应当节约集约使用林地。风机基础、施工和检修道路、升压站、集电线路等，禁止占用天然乔木林（竹林）地、年降雨量400毫米以下区域的有林地、一级国家级公益林地和二级国家级公益林中的有林地。本通知下发之前已经核准但未取得使用林地手续的风电场项目，要重新合理优化选址和建设方案，加强生态影响分析和评估，不得占用年降雨量400毫米以下区域的有林地和一级国家级公益林地，避让二级国家级公益林中有林地集中区域。

四、强化风电场道路建设和临时用地管理

风电场施工和检修道路，应尽可能利用现有森林防火道路、林区道路、乡村道路等道路，在其基础上扩建的风电场道路原则上不得改变现有道路性质。风电场新建配套道路应与风电场一同办理使用林地手续，风电场配套道路要严格控制道路宽度，提高标准，合理建设排水沟、过水涵洞、挡土墙等设施；严格按照设计规范施工，禁止强推强挖式放坡施工，防止废弃砂石任意放置和随意滚落，同步实施水土保持和恢复林业生产条件的措施。吊装平台、施工道路、弃渣场、集电线路等临时占用林地的，应在临时占用林地期满后一年内恢复林业生产条件，并及时恢复植被。

五、加强风电场建设使用林地的指导和监管

各级林业和草原主管部门要与本地区能源主管部门做好风电开发建设规划和核准工作的衔接，提前介入测风选址工作，指导建设单位避让生态脆弱区和生态敏感区；定期检查，依法严厉打击风电场项目未批先占、少批多占、拆分报批、以其他名义骗取使用林地行政许可等违法违规行为；对野蛮施工破坏林地、林木，未及时恢复林业生产条件及弄虚作假骗取使用林地行政许可的风电场项目，要依法追责。

国家林业和草原局各派驻森林资源监督机构要加强对风电场项目建设的监督检查。

本通知自发布之日起施行,有效期至2024年2月28日。

特此通知。

国家林业和草原局

2019年2月26日

十、《自然资源部关于以“多规合一”为基础推进规划用地“多审合一、多证合一”改革的通知》(2019年9月17日)

效力级别:部门规章

发文机关:自然资源部

发布日期:2019年9月17日

生效日期:2019年9月17日

时效性:现行有效

文号:自然资规〔2019〕2号

各省、自治区、直辖市及计划单列市自然资源主管部门、新疆生产建设兵团自然资源主管部门,中央军委后勤保障部军事设施建设局,国家林业和草原局,中国地质调查局及部其他直属单位,各派出机构,部机关各司局:

为落实党中央、国务院推进政府职能转变、深化“放管服”改革和优化营商环境的要求,现就以“多规合一”为基础推进规划用地“多审合一、多证合一”改革的有关事项通知如下:

一、合并规划选址和用地预审

将建设项目选址意见书、建设项目用地预审意见合并,自然资源主管部门统一核发建设项目用地预审与选址意见书(见附件1),不再单独核发建设项目选址意见书、建设项目用地预审意见。

涉及新增建设用地,用地预审权限在自然资源部的,建设单位向地方自然资源主管部门提出用地预审与选址申请,由地方自然资源主管部门受理;经省级自然资源主管部门报自然资源部通过用地预审后，地方自然资源主管部门向建设单位核发建设项目用地预审与选址意见书。用地预审权限在省级以下自然资源主管部门的，由省级自然资源主管部门确定建设项目用地预审与选址意见书办理的层级和权限。

使用已经依法批准的建设用地进行建设的项目，不再办理用地预审；需要办理规划选址的，由地方自然资源主管部门对规划选址情况进行审查，核发建设项目用地预审与选址意见书。

建设项目用地预审与选址意见书有效期为三年，自批准之日起计算。

二、合并建设用地规划许可和用地批准

将建设用地规划许可证、建设用地批准书合并，自然资源主管部门统一核发新的建设用地规划许可证（见附件2），不再单独核发建设用地批准书。

以划拨方式取得国有土地使用权的，建设单位向所在地的市、县自然资源主管部门提出建设用地规划许可申请，经有建设用地批准权的人民政府批准后，市、县自然资源主管部门向建设单位同步核发建设用地规划许可证、国有土地划拨决定书。

以出让方式取得国有土地使用权的，市、县自然资源主管部门依据规划条件编制土地出让方案，经依法批准后组织土地供应，将规划条件纳入国有建设用地使用权出让合同。建设单位在签订国有建设用地使用权出让合同后，市、县自然资源主管部门向建设单位核发建设用地规划许可证。

三、推进多测整合、多验合一

以统一规范标准、强化成果共享为重点，将建设用地审批、城乡规划许可、规划核实、竣工验收和不动产登记等多项测绘业务整合，归口成果管理，推进"多测合并、联合测绘、成果共享"。不得重复审核和要求建设单位或者个人多次提交对同一标的物的测绘成果；确有需要的，可以进行核实更新和补充测绘。在建设项目竣工验收阶段，将自然资源主管部门负责的规划核实、土地核验、不动产测绘等合并为一个验收事项。

四、简化报件审批材料

各地要依据"多审合一、多证合一"改革要求，核发新版证书。对现有建设用地审批和城乡规划许可的办事指南、申请表单和申报材料清单进行清理，进一步简化和规范申报材料。除法定的批准文件和证书以外,地方自行设立的各类通知书、审查意见等一律取消。加快信息化建设,可以通过政府内部信息共享获得的有关文件、证书等材料,不得要求行政相对人提交;对行政相对人前期已提供且无变化的材料,不得要求重复提交。支持各地探索以互联网、手机APP等方式,为行政相对人提供在线办理、进度查询和文书下载打印等服务。

本通知自发布之日起执行,有效期5年。各地可结合实际,制订实施细则。

自然资源部

2019年9月17日

十一、电力业务许可证监督管理办法(2020年12月25日)

效力级别:部门规章

发文机关:国家能源局

发布日期:2020年12月25日

生效日期:2020年12月25日

时效性:现行有效

文号:国能发资质〔2020〕69号

各派出机构,国家电网有限公司、中国南方电网有限责任公司、中国华能集团有限公司、中国大唐集团有限公司、中国华电集团有限公司、国家电力投资集团有限公司、国家能源投资集团有限责任公司、内蒙古电力(集团)有限责任公司,有关电力企业:

为进一步完善电力业务许可制度,优化电力业务许可证监督管理,国家能源局对《电力业务许可证(发电类)监督管理办法(试行)》(电监资质〔2010〕36号)和《电力业务许可证(输电类、供电类)监督管理办法(试行)》(电监资质〔2011〕10号)进行合并修订。现将修订后的《电力业务许可证监督管理办法》印发你们,请遵照执行。

国家能源局

2020年12月25日

第一章　总　　则

第一条　为加强电力业务许可证监督管理，规范电力业务许可行为，维护电力市场秩序，保护电力企业合法权益，保障电力系统安全、优质、经济运行，根据《电力监管条例》《电力业务许可证管理规定》及相关法律、行政法规的规定，制定本办法。

第二条　本办法适用于对发电企业、输电企业、供电企业（含拥有配电网运营权的售电公司）及电力交易机构遵守电力业务许可制度的监督管理。

第三条　国家能源局负责全国电力业务许可证的监督管理工作。

国家能源局派出机构（以下简称派出机构）负责辖区内电力业务许可证的监督管理工作。

第四条　电力业务许可证监督管理工作遵循依法、公正、公开、高效的原则。

国家能源局及其派出机构依法开展电力业务许可证监督管理工作，发电、输电、供电企业及电力交易机构应当予以配合，并按照要求如实提供有关情况和材料。

第五条　任何组织或者个人有权对发电、输电、供电企业及电力交易机构违反电力业务许可制度的行为进行举报或投诉，国家能源局及其派出机构按照有关规定核实、处理。

第二章　准入与条件保持

第六条　国家能源局及其派出机构对发电、输电、供电企业实施许可准入监管和相关行为的监督管理。

除国家能源局规定的豁免情形外，任何单位或者个人未取得电力业务许可证（发电类、输电类、供电类），不得从事相应的发电、输电、供电业务（含增量配电业务）。

取得电力业务许可证的企业（以下简称持证企业），应当遵守国家法律、法规和能源监管规章制度，按照《电力业务许可证管理规定》规定的权利和义务在许可范围内从事发电、输电、供电业务，并接受国家能源局及其派出机构的监督管理。

第七条　国家能源局及其派出机构对发电、输电、供电企业及时取得许可证情况实施监督管理。

除豁免情形外，发电企业应在项目完成启动试运工作后3个月内（风电、光伏发电项目应当在并网后6个月内）取得电力业务许可证，分批投产的发电项目可分批申请。超过规定时限仍未取得电力业务许可证的，有关机组不得继续发电上网。

拥有配电网运营权的售电公司具备向配电区域内现有负荷供电的能力，具有配电网络后续建设规划，承诺供电能力、供电质量符合《供电监管办法》等有关规定，即可申请电力业务许可证，不需待完成配电区域内所有配电网络建设后申请。

第八条　国家能源局及其派出机构对发电、输电、供电企业申请电力业务许可证时有关承诺的真实性实施监督管理。

对于采用告知承诺方式取得电力业务许可证的企业，派出机构应按告知承诺制有关规定对企业承诺的真实性进行监督检查。

第九条　国家能源局及其派出机构对持证企业按照电力业务许可证确定的条件、范围从事电力业务的情况进行监督检查。持证企业应当保持许可条件，并在许可证确定的范围内从事电力业务。

持证企业生产运行负责人、技术负责人、安全负责人和财务负责人的任职资格和工作经历应符合《电力业务许可证管理规定》要求。主要管理人员发生变化的，应在30日内向所在地派出机构报告。

第十条　国家能源局及其派出机构可以根据国家有关政策要求，规定电力业务许可证的"特别规定事项"。持证企业应当履行许可证载明的"特别规定事项"，并将履行结果及时报送所在地派出机构。

第三章　变更延续与退出

第十一条　持证企业具有下列情形之一的，应当自变化之日起30日内向派出机构提出登记事项变更申请：

（一）企业名称、住所、法定代表人等发生变化的；

（二）发电企业发电机组调度关系发生变化的；

（三）发电企业发电机组类型、单机容量发生变化的。

发电机组技改后装机容量发生变化的，应符合国家有关规定。

第十二条　持证供电企业主要供电设施及供电营业分支机构发生变化的，应当于每年二季度集中向派出机构提出登记事项变更申请。

第十三条　持证企业具有下列情形之一的，应当自变化之日起 30 日内向派出机构提出许可事项变更申请：

（一）发电企业新建、改建发电机组投入运营的；

（二）发电企业取得或者转让已运营的发电机组的；

（三）发电企业发电机组退役的；

（四）供电企业供电营业区变更的。

前款第一项所列情形应在本办法第七条规定的时限内完成许可事项变更。

第十四条　持证输电企业主网架新建、改建输电线路或变电设施投入运营，以及主网架输电线路或变电设施终止运营的，应当于每年二季度集中向派出机构提出许可事项变更申请。

第十五条　发电机组运行达到设计使用年限的，应当向派出机构申请退役或申请延续运行。申请延续运行的，应当符合下列条件：

（一）符合国家产业政策和节能减排政策；

（二）未纳入政府有关部门关停或停运计划；

（三）机组实行必要的改造并经过相关安全评估。

机组延续运行时限依据相关评估结论确定。

第十六条　输电、供电企业（以下简称电网企业）因故需要停业、歇业的，应当在停业、歇业之前以书面形式向发证机关提出申请，经批准后方可停业、歇业。

未经批准，电网企业不得擅自停业、歇业。

电网企业被撤销的，其上级单位应当在撤销之前以书面形式将实施方案报告发证机关。

第十七条　电力业务许可证有效期届满需要延续的，持证企业应当在有效期届满 30 日前向派出机构提出许可证有效期延续申请。

第十八条 持证企业电力业务许可证损毁、遗失的,应当及时向派出机构申请补办。派出机构原则上应在受理当日予以补办,并在派出机构官方网站发布公告。补办许可证有效期应与原证一致。

第十九条 持证企业具有下列情形之一的,派出机构应当按照有关规定办理电力业务许可证注销手续:

(一)许可证有效期届满未延续的;

(二)不再具有发电机组、输电网络或者供电营业区的;

(三)申请停业、歇业被批准的;

(四)因解散、破产、倒闭等原因而依法终止的;

(五)许可证依法被吊销,或者许可被撤销、撤回的;

(六)经核查,已丧失从事许可事项活动能力的;

(七)法律、法规规定应当注销的其他情形。

持证企业未配合派出机构在规定时间内办理注销手续的,派出机构可公告注销其电力业务许可证。

第二十条 发电企业变更、延续或注销电力业务许可证后,应将有关情况及时告知相关电网企业、电力交易机构。

第二十一条 派出机构应当及时公告电力业务许可证颁发、变更、延续、注销、补办等有关情况。

第四章 并网与交易注册

第二十二条 国家能源局及其派出机构对电网企业及电力调度机构落实许可制度情况实施监督管理。

电网企业在与发电企业签订并执行《并网调度协议》和《购售电合同》时,应核实发电企业是否取得电力业务许可证、机组信息是否与许可证记录相符。

发电企业在本办法第七条规定时限之前签订《并网调度协议》和《购售电合同》的,可暂不提供电力业务许可证;取得电力业务许可证后,应将有关许可内容及时告知相关电网企业。超过规定时限仍未取得电力业务许可证、并网机组信息与许可证记录信息差异较大的机组不得继续发电上网。

电力调度机构应当在每年第一季度向所在地派出机构报送其调度管辖的

上一年度发电机组清单等信息。

第二十三条　国家能源局及其派出机构对电力交易机构落实许可制度情况实施监督管理。

发电企业、拥有配电网运营权的售电公司在电力交易机构注册时，电力交易机构应当核实其是否取得电力业务许可证，注册信息是否与许可证记录相符。

发电企业在本办法第七条规定时限之前到电力交易机构注册的，可暂不提供电力业务许可证；取得电力业务许可证后，应将有关许可内容及时告知相关电力交易机构。超过规定时限仍未取得电力业务许可证的、注册信息与许可证记录信息差异较大的机组不得继续参与交易。

拥有配电网运营权的售电公司未按规定取得电力业务许可证的，电力交易机构不得允许其注册、交易。

第五章　监督管理方式

第二十四条　派出机构应对持证企业执行许可制度情况开展日常监管；国家能源局及其派出机构可针对重点领域、重点问题开展不定期的专项监管。

第二十五条　国家能源局及其派出机构应按照电力业务许可信用监管要求，开展持证企业信用状况综合评价，根据企业信用等级采取差异化监管措施。对监管中产生的信用信息，国家能源局及其派出机构应及时归集至能源行业信用信息平台和全国信用信息共享平台。

第二十六条　国家能源局及其派出机构开展监督检查可采取现场和非现场方式。监督检查应落实“双随机、一公开”要求，并结合企业信用状况，确定企业抽查比例、频次和检查方式。

第二十七条　国家能源局及其派出机构进行监督检查时，应当将监督检查情况、检查结果、违规行为处理意见如实记录，并将有关情况反馈被检查单位。国家能源局及其派出机构可根据监管需要公布有关信息。

第六章　法 律 责 任

第二十八条　国家能源局及其派出机构在监督管理中发现企业违反电力

业务许可制度的，按照《电力监管条例》《电力业务许可证管理规定》及有关法律、行政法规的规定处理。

第二十九条 电网企业违反本办法第二十二条规定，允许超过规定时限仍未取得电力业务许可证的机组发电上网的，或未按要求核实机组信息与许可证记录是否相符的，由派出机构责令改正；拒不改正的，按照《电力监管条例》及有关规定处理。

电力交易机构违反第二十三条规定，允许超过规定时限仍未取得电力业务许可证的发电企业、拥有配电网运营权的售电公司注册、交易的，或未按要求核实企业注册信息与许可证记录是否相符的，由派出机构责令改正；拒不改正的，按照《电力监管条例》及有关规定处理。

第三十条 持证企业违反本办法第十一、十二、十三、十四条规定，未在规定时限内提出登记事项变更、许可事项变更申请的，由派出机构责令改正，并按照《电力业务许可证管理规定》有关规定处理。

第三十一条 国家能源局及其派出机构工作人员在电力业务许可证监督管理中有违法违规行为的，按照《电力监管条例》《电力业务许可证管理规定》及有关法律、行政法规的规定处理。

第七章 附　　则

第三十二条 派出机构可依据本办法制定实施细则，并报国家能源局备案。

第三十三条 本办法自发布之日起施行。原《关于印发〈电力业务许可证(发电类)监督管理办法(试行)〉的通知》(电监资质〔2010〕36 号)和《关于印发〈电力业务许可证(输电类、供电类)监督管理办法(试行)〉的通知》(电监资质〔2011〕10 号)同时废止。

十二、建设工程消防设计审查验收管理暂行规定(2023年8月21日)

效力级别:部门规章
发文机关:住房和城乡建设部
发布日期:2023年8月21日
生效日期:2023年10月30日
时效性:现行有效
文号:住房和城乡建设部令第51号

第一章　总　则

第一条　为了加强建设工程消防设计审查验收管理,保证建设工程消防设计、施工质量,根据《中华人民共和国建筑法》、《中华人民共和国消防法》、《建设工程质量管理条例》等法律、行政法规,制定本规定。

第二条　特殊建设工程的消防设计审查、消防验收,以及其他建设工程的消防验收备案(以下简称备案)、抽查,适用本规定。

本规定所称特殊建设工程,是指本规定第十四条所列的建设工程。

本规定所称其他建设工程,是指特殊建设工程以外的其他按照国家工程建设消防技术标准需要进行消防设计的建设工程。

第三条　国务院住房和城乡建设主管部门负责指导监督全国建设工程消防设计审查验收工作。

县级以上地方人民政府住房和城乡建设主管部门(以下简称消防设计审查验收主管部门)依职责承担本行政区域内建设工程的消防设计审查、消防验收、备案和抽查工作。

跨行政区域建设工程的消防设计审查、消防验收、备案和抽查工作,由该建设工程所在行政区域消防设计审查验收主管部门共同的上一级主管部门指定负责。

第四条　消防设计审查验收主管部门应当运用互联网技术等信息化手段

开展消防设计审查、消防验收、备案和抽查工作，建立健全有关单位和从业人员的信用管理制度，不断提升政务服务水平。

第五条　消防设计审查验收主管部门实施消防设计审查、消防验收、备案和抽查工作所需经费，按照《中华人民共和国行政许可法》等有关法律法规的规定执行。

第六条　消防设计审查验收主管部门应当及时将消防验收、备案和抽查情况告知消防救援机构，并与消防救援机构共享建筑平面图、消防设施平面布置图、消防设施系统图等资料。

第七条　从事建设工程消防设计审查验收的工作人员，以及建设、设计、施工、工程监理、技术服务等单位的从业人员，应当具备相应的专业技术能力，定期参加职业培训。

第二章　有关单位的消防设计、施工质量责任与义务

第八条　建设单位依法对建设工程消防设计、施工质量负首要责任。设计、施工、工程监理、技术服务等单位依法对建设工程消防设计、施工质量负主体责任。建设、设计、施工、工程监理、技术服务等单位的从业人员依法对建设工程消防设计、施工质量承担相应的个人责任。

第九条　建设单位应当履行下列消防设计、施工质量责任和义务：

（一）不得明示或者暗示设计、施工、工程监理、技术服务等单位及其从业人员违反建设工程法律法规和国家工程建设消防技术标准，降低建设工程消防设计、施工质量；

（二）依法申请建设工程消防设计审查、消防验收，办理备案并接受抽查；

（三）实行工程监理的建设工程，依法将消防施工质量委托监理；

（四）委托具有相应资质的设计、施工、工程监理单位；

（五）按照工程消防设计要求和合同约定，选用合格的消防产品和满足防火性能要求的建筑材料、建筑构配件和设备；

（六）组织有关单位进行建设工程竣工验收时，对建设工程是否符合消防要求进行查验；

（七）依法及时向档案管理机构移交建设工程消防有关档案。

第十条　设计单位应当履行下列消防设计、施工质量责任和义务：

（一）按照建设工程法律法规和国家工程建设消防技术标准进行设计，编制符合要求的消防设计文件，不得违反国家工程建设消防技术标准强制性条文；

（二）在设计文件中选用的消防产品和具有防火性能要求的建筑材料、建筑构配件和设备，应当注明规格、性能等技术指标，符合国家规定的标准；

（三）参加建设单位组织的建设工程竣工验收，对建设工程消防设计实施情况签章确认，并对建设工程消防设计质量负责。

第十一条　施工单位应当履行下列消防设计、施工质量责任和义务：

（一）按照建设工程法律法规、国家工程建设消防技术标准，以及经消防设计审查合格或者满足工程需要的消防设计文件组织施工，不得擅自改变消防设计进行施工，降低消防施工质量；

（二）按照消防设计要求、施工技术标准和合同约定检验消防产品和具有防火性能要求的建筑材料、建筑构配件和设备的质量，使用合格产品，保证消防施工质量；

（三）参加建设单位组织的建设工程竣工验收，对建设工程消防施工质量签章确认，并对建设工程消防施工质量负责。

第十二条　工程监理单位应当履行下列消防设计、施工质量责任和义务：

（一）按照建设工程法律法规、国家工程建设消防技术标准，以及经消防设计审查合格或者满足工程需要的消防设计文件实施工程监理；

（二）在消防产品和具有防火性能要求的建筑材料、建筑构配件和设备使用、安装前，核查产品质量证明文件，不得同意使用或者安装不合格的消防产品和防火性能不符合要求的建筑材料、建筑构配件和设备；

（三）参加建设单位组织的建设工程竣工验收，对建设工程消防施工质量签章确认，并对建设工程消防施工质量承担监理责任。

第十三条　提供建设工程消防设计图纸技术审查、消防设施检测或者建设工程消防验收现场评定等服务的技术服务机构，应当按照建设工程法律法规、国家工程建设消防技术标准和国家有关规定提供服务，并对出具的意见或者报告负责。

第三章　特殊建设工程的消防设计审查

第十四条　具有下列情形之一的建设工程是特殊建设工程：

（一）总建筑面积大于二万平方米的体育场馆、会堂，公共展览馆、博物馆的展示厅；

（二）总建筑面积大于一万五千平方米的民用机场航站楼、客运车站候车室、客运码头候船厅；

（三）总建筑面积大于一万平方米的宾馆、饭店、商场、市场；

（四）总建筑面积大于二千五百平方米的影剧院，公共图书馆的阅览室，营业性室内健身、休闲场馆，医院的门诊楼，大学的教学楼、图书馆、食堂，劳动密集型企业的生产加工车间，寺庙、教堂；

（五）总建筑面积大于一千平方米的托儿所、幼儿园的儿童用房，儿童游乐厅等室内儿童活动场所，养老院、福利院，医院、疗养院的病房楼，中小学校的教学楼、图书馆、食堂，学校的集体宿舍，劳动密集型企业的员工集体宿舍；

（六）总建筑面积大于五百平方米的歌舞厅、录像厅、放映厅、卡拉 OK 厅、夜总会、游艺厅、桑拿浴室、网吧、酒吧，具有娱乐功能的餐馆、茶馆、咖啡厅；

（七）国家工程建设消防技术标准规定的一类高层住宅建筑；

（八）城市轨道交通、隧道工程，大型发电、变配电工程；

（九）生产、储存、装卸易燃易爆危险物品的工厂、仓库和专用车站、码头，易燃易爆气体和液体的充装站、供应站、调压站；

（十）国家机关办公楼、电力调度楼、电信楼、邮政楼、防灾指挥调度楼、广播电视楼、档案楼；

（十一）设有本条第一项至第六项所列情形的建设工程；

（十二）本条第十项、第十一项规定以外的单体建筑面积大于四万平方米或者建筑高度超过五十米的公共建筑。

第十五条　对特殊建设工程实行消防设计审查制度。

特殊建设工程的建设单位应当向消防设计审查验收主管部门申请消防设计审查，消防设计审查验收主管部门依法对审查的结果负责。

特殊建设工程未经消防设计审查或者审查不合格的，建设单位、施工单位不得施工。

第十六条　建设单位申请消防设计审查,应当提交下列材料:

(一)消防设计审查申请表;

(二)消防设计文件;

(三)依法需要办理建设工程规划许可的,应当提交建设工程规划许可文件;

(四)依法需要批准的临时性建筑,应当提交批准文件。

第十七条　特殊建设工程具有下列情形之一的,建设单位除提交本规定第十六条所列材料外,还应当同时提交特殊消防设计技术资料:

(一)国家工程建设消防技术标准没有规定的;

(二)消防设计文件拟采用的新技术、新工艺、新材料不符合国家工程建设消防技术标准规定的;

(三)因保护利用历史建筑、历史文化街区需要,确实无法满足国家工程建设消防技术标准要求的。

前款所称特殊消防设计技术资料,应当包括特殊消防设计文件,以及两个以上有关的应用实例、产品说明等资料。

特殊消防设计涉及采用国际标准或者境外工程建设消防技术标准的,还应当提供相应的中文文本。

第十八条　特殊消防设计文件应当包括特殊消防设计必要性论证、特殊消防设计方案、火灾数值模拟分析等内容,重大工程、火灾危险等级高的应当包括实体试验验证内容。

特殊消防设计方案应当对两种以上方案进行比选,从安全性、经济性、可实施性等方面进行综合分析后形成。

火灾数值模拟分析应当科学设定火灾场景和模拟参数,实体试验应当与实际场景相符。火灾数值模拟分析结论和实体试验结论应当一致。

第十九条　消防设计审查验收主管部门收到建设单位提交的消防设计审查申请后,对申请材料齐全的,应当出具受理凭证;申请材料不齐全的,应当一次性告知需要补正的全部内容。

第二十条　对具有本规定第十七条情形之一的建设工程,消防设计审查验收主管部门应当自受理消防设计审查申请之日起五个工作日内,将申请材料报送省、自治区、直辖市人民政府住房和城乡建设主管部门组织专家评审。

第二十一条 省、自治区、直辖市人民政府住房和城乡建设主管部门应当建立由具有工程消防、建筑等专业高级技术职称人员组成的专家库,制定专家库管理制度。

第二十二条 省、自治区、直辖市人民政府住房和城乡建设主管部门应当在收到申请材料之日起十个工作日内组织召开专家评审会,对建设单位提交的特殊消防设计技术资料进行评审。

评审专家从专家库随机抽取,对于技术复杂、专业性强或者国家有特殊要求的项目,可以直接邀请相应专业的中国科学院院士、中国工程院院士、全国工程勘察设计大师以及境外具有相应资历的专家参加评审;与特殊建设工程设计单位有利害关系的专家不得参加评审。

评审专家应当符合相关专业要求,总数不得少于七人,且独立出具同意或者不同意的评审意见。特殊消防设计技术资料经四分之三以上评审专家同意即为评审通过,评审专家有不同意见的,应当注明。省、自治区、直辖市人民政府住房和城乡建设主管部门应当将专家评审意见,书面通知报请评审的消防设计审查验收主管部门。

第二十三条 消防设计审查验收主管部门应当自受理消防设计审查申请之日起十五个工作日内出具书面审查意见。依照本规定需要组织专家评审的,专家评审时间不超过二十个工作日。

第二十四条 对符合下列条件的,消防设计审查验收主管部门应当出具消防设计审查合格意见:

(一)申请材料齐全、符合法定形式;

(二)设计单位具有相应资质;

(三)消防设计文件符合国家工程建设消防技术标准(具有本规定第十七条情形之一的特殊建设工程,特殊消防设计技术资料通过专家评审)。

对不符合前款规定条件的,消防设计审查验收主管部门应当出具消防设计审查不合格意见,并说明理由。

第二十五条 实行施工图设计文件联合审查的,应当将建设工程消防设计的技术审查并入联合审查。

第二十六条　建设、设计、施工单位不得擅自修改经审查合格的消防设计文件。确需修改的，建设单位应当依照本规定重新申请消防设计审查。

第四章　特殊建设工程的消防验收

第二十七条　对特殊建设工程实行消防验收制度。

特殊建设工程竣工验收后，建设单位应当向消防设计审查验收主管部门申请消防验收；未经消防验收或者消防验收不合格的，禁止投入使用。

第二十八条　建设单位组织竣工验收时，应当对建设工程是否符合下列要求进行查验：

（一）完成工程消防设计和合同约定的消防各项内容；

（二）有完整的工程消防技术档案和施工管理资料（含涉及消防的建筑材料、建筑构配件和设备的进场试验报告）；

（三）建设单位对工程涉及消防的各分部分项工程验收合格；施工、设计、工程监理、技术服务等单位确认工程消防质量符合有关标准；

（四）消防设施性能、系统功能联调联试等内容检测合格。

经查验不符合前款规定的建设工程，建设单位不得编制工程竣工验收报告。

第二十九条　建设单位申请消防验收，应当提交下列材料：

（一）消防验收申请表；

（二）工程竣工验收报告；

（三）涉及消防的建设工程竣工图纸。

消防设计审查验收主管部门收到建设单位提交的消防验收申请后，对申请材料齐全的，应当出具受理凭证；申请材料不齐全的，应当一次性告知需要补正的全部内容。

第三十条　消防设计审查验收主管部门受理消防验收申请后，应当按照国家有关规定，对特殊建设工程进行现场评定。现场评定包括对建筑物防（灭）火设施的外观进行现场抽样查看；通过专业仪器设备对涉及距离、高度、宽度、长度、面积、厚度等可测量的指标进行现场抽样测量；对消防设施的功能进行抽样测试、联调联试消防设施的系统功能等内容。

第三十一条 消防设计审查验收主管部门应当自受理消防验收申请之日起十五日内出具消防验收意见。对符合下列条件的,应当出具消防验收合格意见:

(一)申请材料齐全、符合法定形式;

(二)工程竣工验收报告内容完备;

(三)涉及消防的建设工程竣工图纸与经审查合格的消防设计文件相符;

(四)现场评定结论合格。

对不符合前款规定条件的,消防设计审查验收主管部门应当出具消防验收不合格意见,并说明理由。

第三十二条 实行规划、土地、消防、人防、档案等事项联合验收的建设工程,消防验收意见由地方人民政府指定的部门统一出具。

第五章 其他建设工程的消防设计、备案与抽查

第三十三条 其他建设工程,建设单位申请施工许可或者申请批准开工报告时,应当提供满足施工需要的消防设计图纸及技术资料。

未提供满足施工需要的消防设计图纸及技术资料的,有关部门不得发放施工许可证或者批准开工报告。

第三十四条 对其他建设工程实行备案抽查制度,分类管理。

其他建设工程经依法抽查不合格的,应当停止使用。

第三十五条 省、自治区、直辖市人民政府住房和城乡建设主管部门应当制定其他建设工程分类管理目录清单。

其他建设工程应当依据建筑所在区域环境、建筑使用功能、建筑规模和高度、建筑耐火等级、疏散能力、消防设施设备配置水平等因素分为一般项目、重点项目等两类。

第三十六条 其他建设工程竣工验收合格之日起五个工作日内,建设单位应当报消防设计审查验收主管部门备案。

建设单位办理备案,应当提交下列材料:

(一)消防验收备案表;

（二）工程竣工验收报告；

（三）涉及消防的建设工程竣工图纸。

本规定第二十八条有关建设单位竣工验收消防查验的规定，适用于其他建设工程。

第三十七条　消防设计审查验收主管部门收到建设单位备案材料后，对备案材料齐全的，应当出具备案凭证；备案材料不齐全的，应当一次性告知需要补正的全部内容。

一般项目可以采用告知承诺制的方式申请备案，消防设计审查验收主管部门依据承诺书出具备案凭证。

第三十八条　消防设计审查验收主管部门应当对备案的其他建设工程进行抽查，加强对重点项目的抽查。

抽查工作推行"双随机、一公开"制度，随机抽取检查对象，随机选派检查人员。抽取比例由省、自治区、直辖市人民政府住房和城乡建设主管部门，结合辖区内消防设计、施工质量情况确定，并向社会公示。

第三十九条　消防设计审查验收主管部门应当自其他建设工程被确定为检查对象之日起十五个工作日内，按照建设工程消防验收有关规定完成检查，制作检查记录。检查结果应当通知建设单位，并向社会公示。

第四十条　建设单位收到检查不合格整改通知后，应当停止使用建设工程，并组织整改，整改完成后，向消防设计审查验收主管部门申请复查。

消防设计审查验收主管部门应当自收到书面申请之日起七个工作日内进行复查，并出具复查意见。复查合格后方可使用建设工程。

第六章　附　　则

第四十一条　违反本规定的行为，依照《中华人民共和国建筑法》、《中华人民共和国消防法》、《建设工程质量管理条例》等法律法规给予处罚；构成犯罪的，依法追究刑事责任。

建设、设计、施工、工程监理、技术服务等单位及其从业人员违反有关建设工程法律法规和国家工程建设消防技术标准，除依法给予处罚或者追究刑事责任外，还应当依法承担相应的民事责任。

第四十二条 建设工程消防设计审查验收规则和执行本规定所需要的文书式样,由国务院住房和城乡建设主管部门制定。

第四十三条 新颁布的国家工程建设消防技术标准实施之前,建设工程的消防设计已经依法审查合格的,按原审查意见的标准执行。

第四十四条 住宅室内装饰装修、村民自建住宅、救灾和非人员密集场所的临时性建筑的建设活动,不适用本规定。

第四十五条 省、自治区、直辖市人民政府住房和城乡建设主管部门可以根据有关法律法规和本规定,结合本地实际情况,制定实施细则。

第四十六条 本规定自2020年6月1日起施行。

十三、国家能源局关于印发《电力并网运行管理规定》的通知(2021年12月21日)

效力级别:部门规章
发文机关:国家能源局
发布日期:2021年12月21日
生效日期:2021年12月21日
时效性:现行有效
文号:国能发监管规〔2021〕60号

各派出机构,中国核工业集团有限公司、国家电网有限公司、中国南方电网有限责任公司、中国华能集团有限公司、中国大唐集团有限公司、中国华电集团有限公司、国家电力投资集团有限公司、中国长江三峡集团有限公司、国家能源投资集团有限责任公司、国家开发投资集团有限公司、华润(集团)有限公司、中国广核集团有限公司、内蒙古电力(集团)有限责任公司,北京电力交易中心有限公司、广州电力交易中心有限责任公司:

为深入贯彻落实党中央、国务院决策部署,完整准确全面贯彻新发展理念,做好碳达峰、碳中和工作,推动构建新型电力系统,规范电力系统并网运行管理,国家能源局对《发电厂并网运行管理规定》(电监市场〔2006〕42号)进行了修订,并将名称修改为《电力并网运行管理规定》(以下简称《规定》),现将《规定》印发给你们,请遵照执行。

国家能源局各派出机构要根据《规定》要求,组织相关部门和单位制修订各地现行管理实施细则,并报国家能源局备案。

国家能源局

2021 年 12 月 21 日

附件:

电力并网运行管理规定

第一章 总 则

第一条 为深入贯彻落实党中央、国务院决策部署,完整准确全面贯彻新发展理念,做好碳达峰、碳中和工作,构建新型电力系统,深化电力体制改革,持续推动能源高质量发展,保障电力系统安全、优质、经济运行及电力市场有序运营,促进源网荷储协调发展,维护社会公共利益和电力投资者、经营者、使用者的合法权益,根据《中华人民共和国电力法》《电力监管条例》等有关法律法规,制定本规定。

第二条 本规定适用于省级及以上电力调度机构直接调度的火电、水电、核电、风电、光伏发电、光热发电、抽水蓄能、自备电厂等发电侧并网主体,以及电化学、压缩空气、飞轮等新型储能。传统高载能工业负荷、工商业可中断负荷、电动汽车充电网络等能够响应电力调度指令的可调节负荷(含通过聚合商、虚拟电厂等形式聚合)等负荷侧并网主体,省级以下电力调度机构调度管辖范围内的并网主体,视其对电力系统运行的影响参照本规定执行。

第三条 并网主体并网运行遵循电力系统客观规律、市场经济规律以及国家能源发展战略的要求,实行统一调度、分级管理,贯彻安全第一方针,坚持公开、公平、公正的原则。

第二章 运 行 管 理

第四条 电力调度机构负责电力系统运行的组织、指挥、指导和协调。并网主体、电网企业均应严格遵守国家有关法律法规、标准以及电力调度管理规程、电气设备运行规程，共同维护电力系统安全稳定运行。

第五条 发电侧并网主体中涉及电网安全稳定运行的继电保护和安全自动装置、调度通信设备、调度自动化设备、励磁系统和电力系统稳定器、调速系统和一次调频系统、二次调频、调压、直流系统、新能源功率预测系统、水电厂水库调度自动化系统设备、高压侧或升压站电气设备以及涉及网源协调的有关设备和参数等，规划、设计、建设和运行管理应满足国家法律法规、行业标准及电网稳定性要求。有关运行和检修管理、操作票和工作票等制度，应符合国家、行业等有关规定和具体要求。其他并网主体的规划、设计、建设和运行管理应满足国家法律法规、行业标准及电网稳定性要求。

第六条 并网主体应确保涉网一、二次设备满足电力系统安全稳定运行及有关标准的要求。

第七条 并网主体应与电网企业根据平等互利、协商一致和确保电力系统安全运行的原则，参照国家有关部门制订的《并网调度协议》《购售电合同》等示范文本及时签订并网调度协议和购售电合同，无协议(合同)不得并网运行。

第八条 电力调度机构针对电力系统运行中存在的安全问题，应及时制定反事故措施；涉及并网主体的，并网主体应制定整改计划并予以落实。当发生电力安全事故(事件)时，在未获得调度机构允许前，有关并网主体不得并网运行。

第九条 并网主体按照所在电网防止大面积停电预案的统一部署，落实相应措施，编制停电事故处理预案及其他反事故预案，参加反事故演练。

第十条 电力调度机构应及时向有关并网主体通报电力安全事故(事件)情况、原因及影响分析。并网主体应按照有关规定配合相关机构进行事故调查，落实防范措施。

第十一条 并网主体应严格执行电力调度机构制定或市场出清的运行方式和发电调度计划曲线。并网主体运行应严格服从电力调度机构指挥，并迅速、准确执行调度指令。若并网主体值班人员认为执行调度指令可能危及人身、设备或系统安全，应立即向电力调度机构报告并说明理由，由电力调度机构决定是否继续执行。

第十二条 并网主体应在电力调度机构的统一调度下,考虑机组运行特点,落实调频、调压有关措施,保证电能质量符合国家标准。

(一)发电侧并网主体应根据国家能源局派出机构有关规定要求,具备相应的一次调频、自动发电控制(AGC)和无功服务能力。

(二)发电侧并网主体的调频、调压能力和具体指标应满足有关规定和具体要求。

对发电侧并网主体一次调频的考核内容,包括一次调频可用率、调节容量、调节速率、调节精度、响应时间及相关性能等。

对发电侧并网主体提供AGC服务的考核内容,包括AGC可用率、调节容量、调节速率、调节精度和响应时间等。

对发电侧并网主体提供无功服务的考核内容,包括无功补偿装置或自动电压控制(AVC)装置投运率、调节合格率、母线电压合格率等。受所并入电网系统电压影响,经过调整仍无法达到电压目标的不予考核。

(三)提供调频、调压的其他并网主体,调频、调压能力和具体指标应满足国家有关规定和具体要求。

第十三条 发电侧并网主体调峰能力应达到国家能源局派出机构有关规定要求,达不到要求的按照其调峰能力的缺额进行考核。并网主体参与电力系统调峰时,调频、调压等涉网性能应满足相关规定和具体要求。

第十四条 电力调度机构依据所在地电力并网运行管理实施细则对发电侧并网主体非计划停运/脱网、调度指令执行偏差和新能源功率预测偏差等情况进行考核。

第十五条 黑启动电源点由电力调度机构控制区电网的黑启动预案确定。作为黑启动电源的并网主体,应按照相关规定做好各项黑启动安全管理措施。黑启动电源点在电网需要提供服务时,黑启动并网主体应当及时可靠地执行黑启动预案,帮助系统恢复正常运行。对并网主体由于自身原因未能完成黑启动任务的,应进行考核。

第十六条 发电侧并网主体应根据有关设备检修规定、规程和设备实际状况,提出设备检修计划申请,并按电力调度机构要求提交。电力调度机构统筹安排管辖范围内发电侧并网主体的设备检修计划。

（一）检修计划确定之后，双方应严格执行。

（二）发电侧并网主体变更检修计划，应提前向电力调度机构申请并说明原因，电力调度机构视电网运行情况和其他发电侧并网主体的检修计划统筹安排；确实无法安排变更的，应及时通知该发电侧并网主体按原批复计划执行，并说明原因。因电网原因需变更发电侧并网主体检修计划的，电网企业和并网主体应按照事前约定或事后协商的方式解决。电力调度机构和电力交易机构应按照职责分工，按要求披露相关检修计划及原因，因检修计划调整产生的经济责任，原则上由相应发起主体承担。

（三）电网一次设备检修如影响发电侧并网主体发电或提供辅助服务的，应尽可能与发电侧并网主体设备检修配合进行。

第十七条 电力调度机构应合理安排管辖范围内继电保护和安全自动装置、电力调度自动化及通信、调频、调压等二次设备的检修。发电侧并网主体中此类涉网设备（装置）的检修计划，应经电力调度机构批准后执行。电力调度机构管辖范围内的二次设备检修应尽可能与一次设备检修相配合，原则上不得影响一次设备的正常运行。

第十八条 电力调度机构管辖范围内的设备（装置）参数整定值和保护压板投退应按照电力调度机构下达的整定值和运行管理规定执行。接入电网运行的并网主体二次系统应符合《电力监控系统安全防护规定》和网络与信息安全其他有关规定。并网主体改变其状态和参数前，应经电力调度机构批准。未经电力调度机构许可，不得擅自改变有关技术性能参数。

第十九条 电力调度机构应根据国家能源局及其派出机构的要求和有关规定，开展发电侧并网主体技术指导和管理工作。技术指导和管理的范围主要包括：继电保护和安全自动装置、调度通信设备、调度自动化设备、励磁系统和电力系统稳定器、调速系统和一次调频系统、二次调频、调压、直流系统、新能源功率预测系统、水电厂水库调度自动化系统设备、高压侧或升压站电气设备以及涉及网源协调的有关设备和参数等。

（一）继电保护和安全自动装置技术指导和管理内容包括：

1. 装置和参数是否满足电力系统安全运行要求。

2. 重大问题按期整改情况。

3. 因发电侧并网主体原因造成电力安全事故(事件)情况。

4. 因发电侧并网主体原因造成继电保护和安全自动装置不能正常投入导致电网安全稳定性和可靠性降低的情况。

5. 到更换年限的设备配合电网企业改造计划按期更换的情况。

6. 按继电保护技术监督规定定期向电力调度机构报告本单位继电保护和安全自动装置技术监督总结情况。按评价规程定期向电力调度机构报告继电保护动作报表情况。

7. 保证电力系统安全稳定运行的继电保护和安全自动装置管理要求。

8. 保证电力系统安全稳定运行的继电保护和安全自动装置检修现场安全管理情况。

(二)调度通信技术指导和管理内容包括:

1. 设备和参数是否满足调度通信要求。

2. 重大问题按期整改情况。

3. 因发电侧并网主体原因造成通信事故情况。

4. 因发电侧并网主体通信责任造成电网继电保护和安全自动装置、调度自动化通道中断情况。

5. 调度电话通道中断情况。

6. 因发电侧并网主体通信异常造成电网安全稳定性和可靠性降低的情况。

(三)调度自动化技术指导和管理内容包括:

1. 发电侧并网主体调度自动化设备的功能、性能参数和运行是否满足国家和行业有关标准、规定的要求。

2. 发电侧并网主体调度自动化设备重大问题按期整改情况。

3. 发电侧并网主体执行调度自动化有关运行管理规程、规定的情况。

4. 发电侧并网主体发生事故时遥信、遥测、顺序事件记录器(SOE)反应情况,AGC 或自动功率控制(APC)控制情况和调度自动化设备运行情况。

(四)励磁系统以及电力系统稳定器技术指导和管理内容包括:

1. 励磁系统以及电力系统稳定器强励水平、放大倍数、时间常数等技术性能参数是否达到国家和行业有关标准要求。

2. 未经电力调度机构许可,不得擅自改变励磁系统以及电力系统稳定器有关技术性能参数。

3. 发电侧并网主体按照国家和行业有关标准要求开展涉网试验。

(五)调速系统以及一次调频系统技术指导和管理内容包括:

1. 调速系统的各项技术性能参数是否达到国家和行业有关标准要求,技术规范是否满足接入电网安全稳定运行的要求。

2. 一次调频功能及参数是否满足国家有关规定和具体要求。

3. 未经电力调度机构许可,不得擅自改变调速系统以及一次调频系统有关技术性能参数。

4. 发电侧并网主体应按照国家和行业有关标准要求开展涉网试验。

5. 发电侧并网主体应编制一次调频系统运行管理规程,制订电网大频差动作应急预案。

(六)二次调频技术指导和管理内容包括:

1. 发电侧并网主体二次调频系统的各项技术性能参数应达到国家和行业有关标准要求,技术规范应满足接入电网安全稳定运行的要求。

2. 发电侧并网主体执行二次调频有关运行管理规程、规定的情况。

3. 发电侧并网主体二次调频系统运行、检修等情况。

4. 发电侧并网主体二次调频系统与调度机构数据交互情况,以及发电侧并网主体监控系统、能量管理系统等执行所属调度机构自动化主站下发的 AGC/APC 指令情况。

5. 发电侧并网主体二次调频有关设备重大问题按期整改情况。

6. 发电侧并网主体执行有关规定,规范 AGC 参数管理相关情况。

(七)调压技术指导和管理内容包括:

1. AVC 功能及参数应满足国家有关规定和具体要求。

2. 发电侧并网主体按照国家和行业有关标准要求开展涉网试验以及电力调度机构认为保障电力系统安全所必须的其他试验。

3. 未经电力调度机构许可,不得擅自改变 AVC 有关参数。

(八)新能源场站技术指导和管理内容包括:

1. 新能源场站短路比应达到合理水平。

2. 新能源场站风机过电压保护、风机低电压保护、风机频率异常保护、光伏逆变器过电压保护、光伏逆变器低电压保护、光伏逆变器频率异常保护等涉网保护应满足国家和行业有关标准要求。

3. 应满足网源协调有关标准要求，具备一次调频、快速调压、低电压/高电压穿越能力，电压和频率耐受能力原则上与同步发电机组耐受能力一致。

4. 新能源场站应具备无功功率调节能力和自动电压控制功能，按照电力调度机构要求装设自动电压控制子站，必要时应配置调相机、静止同步补偿器、静止无功补偿器等动态无功调节设备，并保持设备运行的稳定性。

5. 新能源场站应具备有功功率调节能力，配置有功功率控制系统，接收并执行电力调度机构发送的有功功率控制信号。

6. 应提供可用于电磁和机电暂态仿真的技术资料和实测模型参数，用于电力系统稳定计算。

7. 应按国家和行业有关标准要求开展涉网试验。

8. 应开展功率预测工作，并按照有关规定报送功率预测、单机文件、气象信息、装机容量、可用容量、理论功率、可用功率等，功率预测准确性和各类数据完整性应满足国家和行业有关标准要求。

9. 发电机组发生大面积脱网，新能源场站应及时报告电力调度机构和国家能源局派出机构，未经允许不得擅自并网。

10. 新能源场站汇集系统接地方式应满足国家和行业标准要求，汇集线路故障应能快速切除。

（九）水电厂水库调度技术指导和管理内容包括：

1. 水电厂水库调度专业管理有关规程、规定的执行情况。

2. 水电厂重大水库调度事件的报告和处理情况。

3. 水电厂水库调度自动化系统（水情自动测报系统）有关运行管理规定的执行情况。

4. 水电厂水库调度自动化系统（水情自动测报系统）运行情况（运行参数和指标）。

5. 水电厂水库流域水雨情信息和水库运行信息的报送情况。

（十）发电侧并网主体高压侧或升压站电气设备的技术指导和管理内容包括：

1. 发电侧并网主体高压侧或升压站电气设备遮断容量、额定参数、电气主接线是否满足要求。

2. 绝缘是否达到所在地区污秽等级的要求。

3. 接地网是否满足规程要求。

(十一)发电机组涉及网源协调保护的技术指导和管理内容包括:

1. 发电机定子过电压保护、转子过负荷保护、定子过负荷保护、失磁保护、失步保护、过激磁保护、频率异常保护、一类辅机保护、超速保护、顶值限制与过励限制、低励限制、过激磁限制等是否达到国家和行业有关标准要求。

2. 技术规范是否满足接入电网安全稳定运行要求。

(十二)发电侧并网主体设备参数管理内容包括:

1. 发电侧并网主体应向电力调度机构提供发电机、变压器、励磁系统、PSS及调速系统的技术资料和实测模型参数。

2. 励磁系统及调速系统的传递函数及各环节实际参数要求,发电机、变压器、升压站电气设备等设备实际参数是否满足接入电网安全稳定运行要求。

第二十条 新型储能和负荷侧并网主体涉及的技术指导和管理工作,参照发电侧并网主体技术指导和管理相关要求执行。技术指导和管理的范围可包括:继电保护、调度通信设备、调度自动化设备、调频、调压等。

(一)新型储能调度技术指导和管理内容可包括:

1. 储能装置应向电力调度机构提供充放电时间、充放电速率、可调容量范围、最大可调节能力等涉网参数。

2. 继电保护、调频、调压等性能参数是否达到国家和行业有关标准要求,技术规范是否满足接入电网安全稳定运行的要求。

3. 调度通信设备和参数是否满足调度通信要求,调度电话通道中断情况。

4. 调度自动化设备的功能、性能参数和运行是否达到国家和行业有关标准、规定的要求。

5. 由于电池寿命衰减、意外事故等造成的技术性能参数变化,应及时上报电力调度机构。

(二)负荷侧并网主体参数管理内容可包括:

1. 继电保护、调频等涉网性能参数是否满足接入电网安全稳定运行要求。

2. 调度通信设备和参数是否满足调度通信要求。

3. 调度自动化设备的功能、性能参数和运行是否达到国家和行业有关标准、规定要求。

第三章　考核实施

第二十一条　国家能源局各区域监管局依据本规定，商相关省监管办、电网企业、并网主体等修订本区域电力并网运行管理实施细则，报国家能源局备案后施行。各省监管办可在所在区域实施细则的基础上，根据当地实际情况约定不同考核及返还标准，修订辖区内实施细则，保持实施细则在区域内的基本统一和相互协调。

第二十二条　电力调度机构根据实施细则，按照专门记账、收支平衡原则，负责并网运行管理的具体实施工作，对并网主体运行情况进行考核。考核内容应包括运行、检修、技术指导和管理等方面。电力现货试点地区应根据当地电力系统运行和电力市场建设实际，统筹做好衔接，已通过市场机制完全实现的，不得在实施细则中重复考核。

第二十三条　电力调度机构负责电力并网运行管理实施细则的执行、考核费用的计算。电网企业、电力调度机构、电力交易机构按照有关规定和职责分工，向并网主体结算费用。

第二十四条　并网主体运行管理考核原则上采取收取考核费用的方式。考核费用实行专项管理，费用可全部用于考核返还奖励或按辅助服务补偿贡献量大小向有关并网主体进行返还。

第四章　信息披露

第二十五条　信息披露应当遵循真实、准确、完整、及时、易于使用的原则，披露内容应包括但不限于考核/返还、考核种类、调度单元等信息类型。信息披露主体对其提供信息的真实性、准确性、完整性负责。

第二十六条　电力交易机构负责通过信息披露平台向所有市场主体披露相关考核和返还结果，制定信息披露标准格式，开放数据接口。

第二十七条　电力调度机构应及时向电力交易机构按信息类型推送考核

和返还公示信息，由电力交易机构于次月 10 日之前向所有市场主体公示。并网主体对公示有异议的，应在 3 个工作日内提出复核。电力调度机构在接到并网主体问询的 3 个工作日内，应进行核实并予以答复。并网主体经与电力调度机构协商后仍有争议的，可向国家能源局派出机构提出申诉。无异议后，由电力调度机构执行，并将结果报国家能源局派出机构。

第五章 监督管理

第二十八条 国家能源局及其派出机构负责电力并网运行的监督与管理，监管本办法及相关规则的实施。国家能源局派出机构负责建立健全并网工作管理协调机制，调解辖区内并网运行管理争议，可根据实际需要，组织对电力调度机构和电力交易机构的执行情况进行评估和监管。工作中发现的重大问题应及时向国家能源局报告。

第二十九条 健全并网调度协议和交易合同备案制度。省级及以上电力调度机构直接调度的并网主体与电网企业应定期签订并网调度协议和相关交易合同，并在协议（合同）签订后 10 个工作日内向国家能源局相关派出机构备案。与国家电网有限公司、中国南方电网有限责任公司签订并网调度协议和相关交易合同的，直接向国家能源局备案。

第三十条 建立电力调度运行管理情况书面报告制度。省级及以上电力调度机构按月向国家能源局相关派出机构报告电力调度运行管理情况，并在电力调度交易与市场秩序厂网联席会议上通报。国家电力调控中心和南方电网电力调控中心按季度向国家能源局报告电力调度运行管理情况，南方电网电力调控中心同时报告所在地国家能源局派出机构。

第六章 附 则

第三十一条 本规定自发布之日起施行，有效期 5 年。原国家电力监管委员会《发电厂并网运行管理规定》（电监市场〔2006〕42 号）同时废止。

第三十二条 本规定由国家能源局负责解释，国家能源局其他有关文件与本规定不一致的，以本规定为准。

十四、国家能源局关于印发《光伏电站开发建设管理办法》的通知(2022 年 11 月 30 日)

效力级别:部门规章
发文机关:国家能源局
发布日期:2022 年 11 月 30 日
生效日期:2022 年 11 月 30 日
时效性:现行有效
文号:国能发新能规〔2022〕104 号

各省(自治区、直辖市)能源局,有关省(自治区、直辖市)及新疆生产建设兵团发展改革委,各派出机构,中国核工业集团有限公司、国家电网有限公司、中国南方电网有限责任公司、中国华能集团有限公司、中国大唐集团有限公司、中国华电集团有限公司、国家电力投资集团有限公司、中国长江三峡集团有限公司、国家能源投资集团有限责任公司、中国广核集团有限公司、内蒙古电力(集团)有限责任公司,有关发电企业,电力规划设计总院、水电水利规划设计总院,国家可再生能源信息管理中心、全国新能源消纳监测预警中心,中国光伏行业协会:

为规范光伏电站开发建设管理,促进光伏发电持续健康高质量发展,我们对《光伏电站项目管理暂行办法》进行了修订,形成了《光伏电站开发建设管理办法》,现印送你们,请遵照执行。

附件:光伏电站开发建设管理办法

国家能源局
2022 年 11 月 30 日

光伏电站开发建设管理办法

第一章 总 则

第一条 为规范光伏电站开发建设管理，保障光伏电站和电力系统清洁低碳、安全高效运行，促进光伏发电行业持续健康高质量发展，根据《中华人民共和国可再生能源法》《中华人民共和国电力法》《企业投资项目核准和备案管理条例》《电力监管条例》《国务院关于促进光伏产业健康发展的若干意见》《国务院办公厅转发国家发展改革委 国家能源局关于促进新时代新能源高质量发展实施方案的通知》等有关规定，制定本办法。

第二条 本办法适用于集中式光伏电站的行业管理、年度开发建设方案、项目建设管理、电网接入管理、运行监测等。分布式光伏发电管理另行规定。

第三条 国家能源局负责全国光伏电站开发建设和运行的监督管理工作。省级能源主管部门在国家能源局指导下，负责本省（区、市）光伏电站开发建设和运行的监督管理工作。国家能源局派出机构负责所辖区域内光伏电站的国家规划与政策执行、资质许可、公平接网、电力消纳等方面的监管工作。电网企业承担光伏电站并网条件的落实或认定、电网接入、调度能力优化、电量收购等工作，配合各级能源主管部门分析测算电网消纳能力与接入送出条件。有关方面按照国家法律法规和部门职责等规定做好光伏电站的安全生产监督管理工作。

第二章 行 业 管 理

第四条 国家能源局编制全国可再生能源发展规划，确定全国光伏电站开发建设的总体目标和重大布局，并结合发展实际与需要适时调整。

第五条 国家能源局依托国家可再生能源发电项目信息管理平台组织开展并网在运光伏电站项目的建档立卡工作。建档立卡的内容主要包括项目名称、建设地点、项目业主、装机容量、并网时间、项目运行状态等信息。每个建档立卡的光伏电站项目由系统自动生成项目编码，作为项目全生命周期的唯一身份识别代码。

第六条　国家能源局加强对光伏电站项目开发建设及运行的全过程监测，规范市场开发秩序，优化发展环境，根据光伏电站发展的实际情况及时完善行业政策、规范和标准等，并会同有关部门深化“放管服”改革，完善相关支持政策。

第三章　年度开发建设方案

第七条　省级能源主管部门负责做好本省（区、市）可再生能源发展规划与国家能源、可再生能源、电力等发展规划和重大布局的衔接，根据本省（区、市）可再生能源发展规划、非水电可再生能源电力消纳责任权重以及电网接入与消纳条件等，制定光伏电站年度开发建设方案。涉及跨省跨区外送消纳的光伏电站，相关送受端省（区、市）能源主管部门在制定可再生能源发展规划、年度开发建设方案时应充分做好衔接。

第八条　省级能源主管部门制定的光伏电站年度开发建设方案可包括项目清单、开工建设与投产时间、建设要求、保障措施等内容，其中项目清单可视发展需要并结合本地实际分类确定为保障性并网项目和市场化并网项目。各地可结合实际，一次性或分批确定项目清单，并及时向社会公布相关情况。纳入光伏电站年度开发建设方案的项目，电网企业应及时办理电网接入手续。鼓励各级能源主管部门采用建立项目库的管理方式，做好光伏电站项目储备。

第九条　保障性并网项目原则上由省级能源主管部门通过竞争性配置方式确定。市场化并网项目按照国家和各省（区、市）有关规定确定，电网企业应配合省级能源主管部门对市场化并网项目通过自建、合建共享或购买服务等市场化方式落实的并网条件予以认定。

第十条　各省（区、市）光伏电站年度开发建设方案和竞争性配置项目办法应及时向国家能源局报备，并抄送当地国家能源局派出机构。各级能源主管部门要优化营商环境，规范开发建设秩序，不得将强制配套产业或投资、违规收取项目保证金等作为项目开发建设的门槛。

第四章　项目建设管理

第十一条　光伏电站项目建设前应做好规划选址、资源测评、建设条件论证、市场需求分析等各项准备工作，重点落实光伏电站项目的接网消纳条件，符合用地用海和河湖管理、生态环保等有关要求。

第十二条　按照国务院投资项目管理规定，光伏电站项目实行备案管理。各省（区、市）可制定本省（区、市）光伏电站项目备案管理办法，明确备案机关及其权限等，并向社会公布。备案机关及其工作人员应当依法对项目进行备案，不得擅自增减审查条件，不得超出办理时限。备案机关及有关部门应当加强对光伏电站的事中事后监管。

第十三条　光伏电站完成项目备案后，项目单位应抓紧落实各项建设条件。已经完成备案并纳入年度开发建设方案的项目，在办理完成相关法律法规要求的各项建设手续后应及时开工建设，并会同电网企业做好与配套电力送出工程的衔接。

第十四条　光伏电站项目备案容量原则上为交流侧容量（即逆变器额定输出功率之和）。项目单位应按照备案信息进行建设，不得自行变更项目备案信息的重要事项。项目备案后，项目法人发生变化，项目建设地点、规模、内容发生重大变更，或者放弃项目建设的，项目单位应当及时告知备案机关并修改相关信息。各省级能源主管部门和备案机关可视需要组织核查备案后2年内未开工建设或者未办理任何其他手续的项目，及时废止确实不具备建设条件的项目。

第五章　电网接入管理

第十五条　光伏电站配套电力送出工程（含汇集站，下同）建设应与光伏电站建设相协调。光伏电站项目单位负责投资建设项目场址内集电线路和升压站（开关站）工程，原则上电网企业负责投资建设项目场址外配套电力送出工程。各省级能源主管部门负责做好协调工作。

第十六条　电网企业应根据国家确定的光伏电站开发建设总体目标和重大布局、各地区可再生能源发展规划和年度开发建设方案，结合光伏电站发展需要，及时优化电网规划建设方案和投资计划安排，统筹开展光伏电站配套电网建设和改造，鼓励采用智能电网等先进技术，提高电力系统接纳光伏发电的能力。

第十七条　光伏电站项目接入系统设计工作一般应在电源项目本体可行性研究阶段开展，在纳入年度开发建设方案后20个工作日内向电网企业提交接入系统设计方案报告。电网企业应按照积极服务、简捷高效的原则，建立和完善光伏电站项目接网审核和服务程序。项目单位提交接入系统设计报告评审申请后，电网企业应按照电网公平开放的有关要求在规定时间内出具书面回复意见，对于确实不具备接入条件的项目应书面说明原因。鼓励电网企业推广新能源云等信息平台，提供项目可用接入点、可接入容量、技术规范等信息，实现接网全流程线上办理，提高接网申请审核效率。

第十八条　500千伏及以上的光伏电站配套电力送出工程，由项目所在地省（区、市）能源主管部门上报国家能源局，履行纳入规划程序；500千伏以下的光伏电站配套电力送出工程经项目所在地省（区、市）能源主管部门会同电网企业审核确认后自动纳入相应电力规划。

第十九条　电网企业应改进完善内部审批流程，合理安排建设时序，加强网源协调发展，建立网源沟通机制，提高光伏电站配套电力送出工程相关工作的效率，衔接好网源建设进度，确保配套电力送出工程与光伏电站项目建设的进度相匹配，满足相应并网条件后"能并尽并"。光伏电站并网后，电网企业应及时掌握情况并按月报送相关信息。

第二十条　电网企业建设确有困难或规划建设时序不匹配的光伏电站配套电力送出工程，允许光伏电站项目单位投资建设。光伏电站项目单位建设配套送出工程应充分进行论证，并完全自愿，可以多家企业联合建设，也可以一家企业建设，多家企业共享。光伏电站项目单位建设的配套电力送出工程，经电网企业与光伏电站项目单位双方协商同意，可由电网企业依法依规进行回购。

第二十一条　光伏电站项目应符合国家有关光伏电站接入电网的技术标准规范等有关要求，科学合理确定容配比，交流侧容量不得大于备案容量或年度开发建设方案确定的规模。涉网设备必须通过经国家认可的检测认证机构检测认证，经检测认证合格的设备，电网企业非必要不得要求重复检测。项目单位要认真做好涉网设备管理，不得擅自停运和调整参数。

第二十二条　项目主体工程和配套电力送出工程完工后，项目单位应及时组织项目竣工验收。项目单位提交并网运行申请书后，电网企业应按国家有关技术标准规范和管理规定,在规定时间内配合开展光伏电站涉网设备和电力送出工程的并网调试、竣工验收,并参照《新能源场站并网调度协议示范文本》《购售电合同示范文本》与项目单位签订并网调度协议和购售电合同。对于符合条件且自愿参与市场化交易的光伏电站,项目单位按照相关电力市场规则要求执行。

第二十三条 除国家能源局规定的豁免情形外,光伏电站项目应当在并网后6个月内取得电力业务许可证,国家能源局派出机构按规定公开行政许可信息。电网企业不得允许并网后6个月内未取得电力业务许可证的光伏电站项目发电上网。

第二十四条 电网企业应采取系统性技术措施,合理安排电网运行方式,完善光伏电站并网运行的调度技术体系,按照有关规定保障光伏电站安全高效并网运行。光伏电站项目单位应加强运行维护管理,积极配合电网企业的并网运行调度管理。

第六章 运行监测

第二十五条 光伏电站项目单位负责电站建设和运营,是光伏电站的安全生产责任主体,必须贯彻执行国家及行业安全生产管理规定,依法加强光伏电站建设运营全过程的安全生产管理,并加大对安全生产的投入保障力度,改善安全生产条件,提高安全生产水平,确保安全生产。

第二十六条 国家能源局负责全国光伏电站工程的安全监管(包括施工安全监管、质量监督管理及运行监管),国家能源局派出机构依职责承担所辖区域内光伏电站工程的安全监管,地方政府电力管理等部门依据法律法规和相关规定落实"管行业必须管安全、管业务必须管安全、管生产经营必须管安全"的相关工作。光伏电站建设、调试、运行和维护过程中发生电力事故、电力安全事件和信息安全事件时,项目单位和有关参建单位应按相关规定要求及时向有关部门报告。

第二十七条 国家能源局依托国家可再生能源发电项目信息管理平台和全国新能源电力消纳监测预警平台开展光伏电站项目全过程信息监测。省级能源主管部门应督促项目单位按照有关要求,及时在国家可再生能源发电项目信息管理平台和全国新能源电力消纳监测预警平台报送相关信息，填写、更新项目建档立卡内容。

第二十八条　电网企业要会同全国新能源消纳监测预警中心及时公布各省级区域并网消纳情况及预测分析，引导理性投资、有序建设。对项目单位反映的有关问题，省级能源主管部门要会同电网企业等有关单位及时协调、督导和纠正。

第二十九条　鼓励光伏电站开展改造升级工作，应用先进、高效、安全的技术和设备。光伏电站的拆除、设备回收与再利用，应符合国家资源回收利用和生态环境、安全生产等相关法律法规与政策要求，不得造成环境污染破坏与安全事故事件，鼓励项目单位为设备回收与再利用创造便利条件。

第三十条　各省级能源主管部门可根据本办法，制定适应本省（区、市）实际的具体管理办法。

第七章　附　　则

第三十一条　本办法由国家能源局负责解释。

第三十二条　本办法自发布之日起施行，有效期5年。《光伏电站项目管理暂行办法》（国能新能〔2013〕329号）同时废止。

十五、自然资源部办公厅、国家林业和草原局办公室、国家能源局综合司关于支持光伏发电产业发展规范用地管理有关工作的通知（2023年3月20日）

效力级别：部门工作文件
发文机关：自然资源部、国家林业和草原局、国家能源局
发布日期：2023年3月20日
生效日期：2023年3月20日
时效性：现行有效
文号：自然资办法〔2023〕12号

自然资源部办公厅、国家林业和草原局办公室、国家能源局综合司关于支持光伏发电产业发展规范用地管理有关工作的通知

自然资办发〔2023〕12号

各省、自治区、直辖市自然资源、林业和草原、能源主管部门，新疆生产建设兵团自然资源局、林业和草原局、能源局：

为贯彻落实《国务院关于印发扎实稳住经济一揽子政策措施的通知》(国发〔2022〕12号)要求，进一步支持绿色能源发展，加快大型光伏基地建设，规范项目用地管理，现通知如下。

一、引导项目合理布局

(一)做好光伏发电产业发展规划与国土空间规划的衔接。各地要认真做好绿色能源发展规划等专项规划与国土空间规划的衔接，优化大型光伏基地和光伏发电项目空间布局。在市、县、乡镇国土空间总体规划中将其列入重点建设项目清单，合理安排光伏项目新增用地规模、布局和开发建设时序。在符合“三区三线”管控规则的前提下，相关项目经可行性论证后可统筹纳入国土空间规划“一张图”，作为审批光伏项目新增用地用林用草的规划依据。

(二)鼓励利用未利用地和存量建设用地发展光伏发电产业。在严格保护生态前提下，鼓励在沙漠、戈壁、荒漠等区域选址建设大型光伏基地；对于油田、气田以及难以复垦或修复的采煤沉陷区，推进其中的非耕地区域规划建设光伏基地。项目选址应当避让耕地、生态保护红线、历史文化保护线、特殊自然景观价值和文化标识区域、天然林地、国家沙化土地封禁保护区(光伏发电项目输出线路允许穿越国家沙化土地封禁保护区)等；涉及自然保护地的，还应当符合自然保护地相关法规和政策要求。新建、扩建光伏发电项目，一律不得占用永久基本农田、基本草原、Ⅰ级保护林地和东北内蒙古重点国有林区。

二、光伏发电项目用地实行分类管理

光伏发电项目用地包括光伏方阵用地(含光伏面板、采用直埋电缆敷设方式的集电线路等用地)和配套设施用地(含变电站及运行管理中心、集电线路、

场内外道路等用地,具体依据《光伏发电站工程项目用地控制指标》的分类),根据用地性质实行分类管理。

(一)光伏方阵用地。光伏方阵用地不得占用耕地,占用其他农用地的,应根据实际合理控制,节约集约用地,尽量避免对生态和农业生产造成影响。光伏方阵用地涉及使用林地的,须采用林光互补模式,可使用年降水量400毫米以下区域的灌木林地以及其他区域覆盖度低于50%的灌木林地,不得采伐林木、割灌及破坏原有植被,不得将乔木林地、竹林地等采伐改造为灌木林地后架设光伏板;光伏支架最低点应高于灌木高度1米以上,每列光伏板南北方向应合理设置净间距,具体由各地结合实地确定,并采取有效水土保持措施,确保灌木覆盖度等生长状态不低于林光互补前水平。光伏方阵按规定使用灌木林地的,施工期间应办理临时使用林地手续,运营期间相关方签订协议,项目服务期满后应当恢复林地原状。光伏方阵用地涉及占用基本草原外草原的,地方林草主管部门应科学评估本地区草原资源与生态状况,合理确定项目的适建区域、建设模式与建设要求。鼓励采用"草光互补"模式。

光伏方阵用地不得改变地表形态,以第三次全国国土调查及后续开展的年度国土变更调查成果为底版,依法依规进行管理。实行用地备案,不需按非农建设用地审批。

(二)配套设施用地管理。光伏发电项目配套设施用地,按建设用地进行管理,依法依规办理建设用地审批手续。其中,涉及占用耕地的,按规定落实占补平衡。符合光伏用地标准,位于方阵内部和四周,直接配套光伏方阵的道路,可按农村道路用地管理,涉及占用耕地的,按规定落实进出平衡。其他道路按建设用地管理。

三、加快办理项目用地手续

(一)建立用地用林用草联审机制。各地自然资源、林草主管部门要建立项目用地用林用草审查协调联动机制,对于符合国土空间规划和用途管制要求、纳入国土空间规划"一张图"的国家大型光伏基地建设范围项目,在项目立项与论证时,要对项目用地用林用草提出意见与要求,严格执行《光伏发电站工程项目用地控制指标》和光伏电站使用林地有关规定,保障项目用地用林用草合理需求。

（二）及时办理征地或租赁等用地手续。光伏发电项目用地涉及使用建设用地的，可依照土地征收规定办理土地征收手续。光伏方阵用地允许以租赁等方式取得，用地单位与农村集体经济组织或国有土地权利主体、当地乡镇政府签订用地与补偿协议，报当地县级自然资源和林草主管部门备案。

四、加强用地监管

（一）部门协同。省级自然资源、林草、能源主管部门应会同同级有关部门，结合本地实际，制定光伏发电项目用地实施办法与管理措施，加强对光伏发电项目建设的指导与监督，促进产业高质量发展。

（二）强化用地日常监管与执法。自然资源和林草主管部门在开展年度国土变更调查时，将光伏方阵的占地范围作为单独图层作出标注，作为用地监管的基本依据。省级自然资源和林草主管部门要加强对光伏发电项目用地，特别是光伏方阵用地的日常监管，不得改变土地用途，严禁擅自建设非发电必要的配套设施。各地要将光伏发电项目用地纳入日常督察执法，及时发现和严肃查处违法违规用地行为。

五、稳妥处置历史遗留问题

本通知自发布之日起施行。施行之前已按照《关于支持光伏扶贫和规范光伏发电产业用地的意见》（国土资规〔2017〕8号）规定批准立项的光伏发电项目（包括动工和未动工建设），可按批准立项时用地预审和用地有关意见执行，不得扩大项目用地面积和占用耕地林地草地面积；已经通过用地预审或地方明确用地意见、但项目未立项的，按本《通知》规定要求执行。生态保护红线内零星分布的已有光伏设施，按照相关法律法规规定进行管理，严禁扩大现有规模与范围，项目到期后由建设单位负责做好生态修复。

《自然资源部办公厅关于过渡期内支持巩固拓展脱贫攻坚成果同乡村振兴有效衔接的通知》（自然资办发〔2022〕45号）与本《通知》不一致的，以本《通知》为准。

自然资源部办公厅
国家林业和草原局办公室
国家能源局综合司
2023年3月20日

十六、全额保障性收购可再生能源电量监管办法(2024 年 2 月 8 日)

效力级别:部门规章
发文机关:国家发展和改革委员会
发布日期:2024 年 2 月 8 日
生效日期:2024 年 4 月 1 日
时效性:现行有效
文号:国家发展和改革委员会令 15 号

全额保障性收购可再生能源电量监管办法

国家发展和改革委员会令第 15 号

《全额保障性收购可再生能源电量监管办法》已经 2024 年 2 月 5 日第 9 次委务会议审议通过,现予公布,自 2024 年 4 月 1 日起施行。

主任:郑栅洁
2024 年 2 月 8 日

全额保障性收购可再生能源电量监管办法

第一条　为促进可再生能源高质量发展,推动新型电力系统建设,规范电力市场相关成员全额保障性收购可再生能源电量行为,依照《中华人民共和国可再生能源法》《电力监管条例》《企业投资项目核准和备案管理条例》和国家有关规定,制定本办法。

第二条　本办法适用于风力发电、太阳能发电、生物质能发电、海洋能发电、地热能发电等非水可再生能源发电。水力发电参照执行。

第三条　本办法所称全额保障性收购范围是指至少同时满足以下条件的可再生能源发电项目的上网电量:

(一)符合可再生能源开发利用规划(沼气发电除外);

（二）项目依法取得行政许可或者报送备案；

（三）符合并网技术标准。

第四条 可再生能源发电项目的上网电量包括保障性收购电量和市场交易电量。保障性收购电量是指按照国家可再生能源消纳保障机制、比重目标等相关规定，应由电力市场相关成员承担收购义务的电量。市场交易电量是指通过市场化方式形成价格的电量，由售电企业和电力用户等电力市场相关成员共同承担收购责任。

第五条 电网企业、电力调度机构、电力交易机构等应按照国家相关政策要求，组织可再生能源发电企业、售电企业和电力用户等电力市场相关成员，按照以下分工完成可再生能源电量全额保障性收购工作：

（一）电网企业应组织电力市场相关成员，确保可再生能源发电项目保障性收购电量的消纳；

（二）电力交易机构应组织电力市场相关成员，推动可再生能源发电项目参与市场交易；

（三）电力调度机构应落实可再生能源发电项目保障性电量收购政策要求，并保障已达成市场交易电量合同的执行。

对未达成市场交易的电量，在确保电网安全的前提下，电网企业、电力调度机构可按照相关规定，采用临时调度措施充分利用各级电网富余容量进行消纳。

第六条 因可再生能源发电企业原因、电网安全约束、电网检修、市场报价或者不可抗力等因素影响可再生能源电量收购的，对应电量不计入全额保障性收购范围，电网企业、电力调度机构、电力交易机构应记录具体原因及对应的电量。

第七条 国家能源局及其派出机构（以下简称电力监管机构）依照本办法对电网企业、电力调度机构、电力交易机构等电力市场相关成员全额保障性收购可再生能源电量情况实施监管。

第八条 电力企业应依照法律、行政法规和规章的有关规定，从事可再生能源电力的建设、生产和交易，并依法接受电力监管机构的监管。

第九条 电网企业应按照相关规划和规定要求，统筹建设或者改造可再生能源发电项目配套电网设施。电网企业与可再生能源发电企业应加强协调,根据项目建设合理工期安排建设时序,力争实现同步投产。如遇客观原因接入工程无法按期投入运行,电网企业应通过临时接入等方式最大限度保障可再生能源发电机组接入并网。

第十条 电网企业应为可再生能源发电企业提供接入并网设计必要信息、办理流程时限查询、受理咨询答疑等规范便捷的并网服务,并在接网协议中明确接网工程建设时间,提高接网服务效率。

电网企业、电力调度机构应按规定与可再生能源发电企业签订并网调度协议、购售电合同等。售电企业、电力用户、可再生能源发电企业之间应签订代理售电协议、电力交易合同等,并在电网企业、电力调度机构、电力交易机构的组织下完成可再生能源电力消纳。

第十一条 电网企业和可再生能源发电企业应严格落实安全生产主体责任,加强安全生产管理,强化电力可靠性管理,保障设备安全,避免或者减少设备原因影响可再生能源电量收购。双方应按照国家有关规定,确定设备维护和保障设备安全的责任分界点。国家有关规定未明确的,由双方协商确定。

第十二条 电力调度机构应按照相关规定要求,编制可再生能源发电调度计划并组织实施。电力调度机构进行日计划安排和实时调度时,应按照国家有关规定和市场交易规则,保障可再生能源发电优先调度。

第十三条 电力调度机构应根据可再生能源发电机组特性,编制保障可再生能源发电优先调度的具体操作规程。

第十四条 电力交易机构应按照国家有关规定和电力市场公平公正交易的要求,为可再生能源发电企业、售电企业、电力用户等电力市场相关成员做好市场注册服务,严格按照市场交易规则要求组织完成可再生能源电力交易。

第十五条 电网企业和可再生能源发电企业应按要求做好可再生能源电量收购监测统计,真实、完整地记载和保存有关数据资料,及时记录未收购电量(不含自发自用电量),必要时互相进行对照核实,并进行具体原因分析。

第十六条 省级及以上电网企业应于每月 8 日前按对应级别向国家发展改革委、国家能源局及其派出机构报送上一月度可再生能源发电相关信息:

(一)上网电量、保障性收购电量、市场交易电量和临时调度电量等;

（二）未收购电量及相关原因。

第十七条　电力调度机构和电力交易机构应于每月 8 日前向可再生能源发电企业披露上一月度可再生能源电量收购相关信息：

（一）上网电量、电价，保障性收购、市场交易和临时调度的电量、电价；

（二）未收购电量及相关原因。

第十八条　电力监管机构依法对电网企业、电力调度机构、电力交易机构、可再生能源发电企业进行现场检查，被检查单位应予以配合，提供与检查事项有关的文件、资料，并如实回答有关问题。电力监管机构对电网企业、电力调度机构、电力交易机构、可再生能源发电企业提供的统计数据和文件资料可依法进行核查，对核查中发现的问题，应责令限期改正。

第十九条　可再生能源发电并网双方达不成协议，影响可再生能源电力正常消纳的，电力监管机构应进行协调；经协调仍不能达成协议的，由电力监管机构按照有关规定予以裁决。

电网企业、电力调度机构、电力交易机构和可再生能源发电企业因履行合同或协议发生争议，可向电力监管机构申请调解。

电力监管机构对电网企业、电力调度机构、电力交易机构、可再生能源发电企业违反本办法，损害公共利益的行为及其处理情况，可定期向社会公布。

电力监管机构工作人员未依照本办法履行监管职责的，依法追究其责任。

第二十条　电网企业、电力调度机构、电力交易机构有下列行为之一，未按规定收购可再生能源电量造成可再生能源发电企业经济损失的，应承担赔偿责任，并由电力监管机构责令限期改正；拒不改正的，电力监管机构可处以可再生能源发电企业经济损失额一倍以下的罚款：

（一）未按有关规定建设或者未及时完成建设可再生能源发电项目接入工程的；

（二）拒绝或者阻碍与可再生能源发电企业签订购售电合同、并网调度协议和电力交易合同的；

（三）未提供或者未及时提供可再生能源发电并网服务的；

（四）未优先调度可再生能源发电的；

（五）因电网企业、电力调度机构或者电力交易机构原因造成未能全额保障性收购可再生能源电量的其他情形。

第二十一条 电力调度机构、电力交易机构不按照电力市场运行规则组织交易的,由电力监管机构责令改正;拒不改正的,依照《电力监管条例》等规定追究其责任。

第二十二条 电网企业、电力调度机构、电力交易机构、可再生能源发电企业未按照国家有关规定记载和保存可再生能源发电相关资料的,依照《电力监管条例》等规定追究其责任。

第二十三条 国家能源局各派出机构可根据实际制定辖区监管办法实施细则。

第二十四条 本办法自 2024 年 4 月 1 日起施行,2007 年 9 月 1 日起施行的《电网企业全额收购可再生能源电量监管办法》(原国家电力监管委员会令第 25 号)同时废止。

后　记

甲辰龙年的七月酷暑炎热，历经一年多的筹划编写，这本关于新能源项目开发建设合规管理的法律实务书籍即将付梓，我心中充满了感慨与期待。

回首本书的编写，每一个章节、每一个案例的撰写，都源于近年来服务客户过程中对于新能源业务尤其是光伏风电项目开发建设、投资并购合规实践的总结，同时也是业务团队不断深耕能源行业的一种专业探索。

随着全球对可再生能源需求的日益增长，新能源尤其是光伏与风电项目如同双翼齐飞的巨鸟，正引领着绿色能源的新时代。在这个快速发展的行业中，合规管理不仅是企业稳健运营的基石，更是推动整个新能源行业健康、可持续发展的关键，这也是我们编辑本书的初衷。

本书撰写过程中，我们遇到了很多挑战。由于新能源项目的复杂性，法律法规、政策规定的多样性以及技术的不断创新，我们必须不断学习、更新知识，以确保书籍内容的时效性。同时，我们也得到很多行业专家以及一线从业人员的支持与帮助，他们提供的宝贵意见和建议为本书的完善提供了重要保障，在此深表谢意。

同时，感谢我们的客户，是你们一直以来的信任与支持，让我们在新能源法律合规业务中不断成长进步，并获取到最新的行业资讯和政策规定，参与了许多不同的前沿项目；感谢参与本书编写的各位伙伴，是你们的共同努力促成了本书的最终完成，尤其是崔生芸、刘鹏等律师在本书的提纲组稿阶段，在繁杂的工作之余，坚持做了大量基础资料编辑和案例汇总等工作，感谢你们的专业付出和敬业精神；还要感谢法律出版社的各位编辑老师，感谢你们认真排版、设计封面，并仔细校对了文中的每一处错别字、每一个标点符号以及每一张图表，才使得本书完成出版。

最后，要感谢我们的家人对我们工作的鼓励和支持，是你们的陪伴和无私奉献，让这本书得以顺利完成，感恩家人，让爱成书。

“法律的生命从来不是逻辑，而是经验”，所以我深知新能源项目合规管理之路依旧漫长且充满挑战，面对不断变化的法律环境和日益严格的监管要求，我始终相信，只要保持对新能源行业及法律职业的热爱，不断学习，精益求精，坚守初心，必将实现美好的未来。

赵　峰

2024 年 8 月